HERAUSFORDERUNG KONFESSIONSLOSIGKEIT

Michael Domsgen / Dirk Evers (Hrsg.)

Herausforderung Konfessionslosigkeit

Theologie im säkulären Kontext

EVANGELISCHE VERLAGSANSTALT
Leipzig

Bibliographische Information der Deutschen Nationalbibliothek
Die Deutsche Nationalbibliothek verzeichnet diese Publikation in der
Deutschen Nationalbibliographie; detaillierte bibliographische Daten
sind im Internet über http://dnb.dnb.de abrufbar.

© 2014 by Evangelische Verlagsanstalt GmbH · Leipzig
Printed in Germany · H 7721

Das Buch wurde auf alterungsbeständigem Papier gedruckt.

Cover: Zacharias Bähring, Leipzig
Satz: Steffi Glauche, Leipzig
Druck und Binden: Hubert & Co., Göttingen

ISBN 978-3-374-03294-5
www.eva-leipzig.de

VORWORT

Mit der Wiedervereinigung Deutschlands ist ein Thema auf die Tagesordnung gestellt worden, das bis dahin nur als regional begrenzte Herausforderung im Blick war. Mehrheitliche Konfessionslosigkeit galt lange Zeit als Begleiterscheinung des Sozialismus, die hauptsächlich in protestantisch geprägten Ländern auftrat. Nicht wenige verbanden deshalb mit der Friedlichen Revolution in der DDR die Hoffnung auf einen religiösen Neubeginn und ein Aufblühen kirchlicher Religiosität. Dies hat sich bekanntlich nicht bestätigt. Inzwischen ist klar, dass Konfessionslosigkeit nicht nur in Ostdeutschland, sondern in Deutschland insgesamt und darüber hinaus auch in Europa und in den USA ein Thema ist, das Gesellschaft und Kirchen beschäftigt und nachhaltig beschäftigen wird.

So verwundert es nicht, dass in der letzten Zeit die Tatsache, dass Menschen keiner Religionsgemeinschaft (mehr) angehören (wollen), verstärkt ins Blickfeld des Interesses tritt. Dabei sind es nicht nur kirchen- und religionssoziologische Analysen, die vorgelegt werden. Vielmehr erweitert sich das Spektrum des Zugriffs, auch wenn dabei praktisch-theologische und religionspädagogische Arbeiten dominieren sowie systematisch-theologische Überlegungen verstärkt vorgenommen werden.

Was bisher jedoch fehlt, ist der Versuch, sich dem Thema aus der Gesamtheit aller theologischen Disziplinen heraus zuzuwenden, folgen doch aus der beschriebenen Situation Denk- und Gestaltungsaufgaben, die das Ganze der Theologie betreffen. Der vorliegende Band widmet sich diesem Desiderat, indem erstmals eine Theologische Fakultät in ihrer Gesamtheit dieses Thema als gemeinsame Herausforderung begreift und bearbeitet. Vertreter aller theologischen Fächer an der Martin-Luther-Universität Halle-Wittenberg setzen sich aus ihrer jeweiligen Perspektive heraus mit dem Themenfeld auseinander und tragen auf diese Weise zu einer vertieften Wahrnehmung bei. Eine besondere Prägung erhalten die Beiträge nicht zuletzt dadurch, dass hier nicht lediglich über Konfessionslosigkeit geschrieben wird, sondern das theologische Nachdenken in gewisser Weise auch darin eingebettet ist, insofern Sachsen-Anhalt das Bundesland mit der höchsten Konfessionslosigkeit in ganz Deutschland ist.

Verfasst worden sind die Beiträge von Lehrstuhlinhabern und Mitarbeiterinnen und Mitarbeitern der Hallenser Theologischen Fakultät. Allen sei herzlich dafür gedankt, dass sie sich auf dieses fächerübergreifende Projekt eingelassen und es tatkräftig unterstützt haben. Darüber hinaus haben auch andere Anteil am Gelingen dieses Bandes. Bei den Korrekturen halfen die Mitarbeiterinnen und Mitarbeiter der Lehrstühle, die redaktionelle Arbeit wurde von Alexander Tiedemann unterstützt. Frau Dr. Weidhas von der Evangelischen Verlagsanstalt in Leipzig begleitete alles wohlwollend und kompetent. Die Drucklegung wurde durch die Evangelische Kirche in Mitteldeutschland finanziell gefördert. Vielen Dank!

Konfessionslosigkeit als theologische Herausforderung zu reflektieren, ist eine spannende Aufgabe, deren Bearbeitung bei Weitem nicht abgeschlossen ist. Die Relevanz theologischen Nachdenkens hat sich gerade auch dort zu erweisen, wo Menschen mit herkömmlicher Religion nichts oder nur wenig anzufangen wissen. Dieser Band will einen Beitrag dazu leisten – nicht mehr, aber auch nicht weniger.

Halle, im Februar 2014   Michael Domsgen / Dirk Evers

Inhalt

IMPULSE ZUR ORIENTIERUNG – SYSTEMATISCHE PERSPEKTIVEN

Den Kontext verstehen –
Religionstheoretische
Perspektiven

Konfessionslosigkeit

Annäherungen über einen Leitbegriff in Ermangelung
eines besseren

Michael Domsgen

Konfessionslosigkeit als theologische Herausforderung zu bearbeiten, setzt
voraus, dieses Phänomen angemessen zu erfassen und zu begreifen. Doch
bereits an dieser Stelle ergeben sich eine Reihe von Fragen und Interpreta-
tionsspielräumen. Vor Augen führen lässt sich das gut an der Problematik
der begrifflichen Bestimmung. Bereits in der terminologischen Fixierung lassen sich bestimmte Prämissen in der Herangehensweise erkennen. Sie sollen
im Folgenden thematisiert werden, wobei dies ohne Anspruch auf Vollständigkeit geschieht. Vielmehr geht es um eine Sensibilisierung für die darin
innewohnenden Fragestellungen und Grundsatzentscheidungen.

I Konfessionslosigkeit als Entkirchlichung

Seit längerem offensichtlich und seit der Wiedervereinigung Deutschlands
in besonderer Weise präsent sind die Unterschiede hinsichtlich der Kirchenmitgliedschaft, die deutschlandweit, aber auch darüber hinaus zu erkennen
sind. Dabei sticht Ostdeutschland insofern hervor, als dass der Anteil derer,
die keiner Kirche angehören mit 74% an der Gesamtbevölkerung deutlich
über demjenigen in Westdeutschland (17%) liegt.[1] Ein Blick auf die europäischen Nachbarn zeigt jedoch, dass dies nicht unbedingt als singulär zu interpretieren ist. In der Tschechischen Republik (66%), in Estland (65%), in den
Niederlanden (56%) und in Großbritannien (50%) ist der Anteil derer, die

---

[1] Ich beziehe mich hier auf die Berechnungen von Gerd Pickel. Vgl. Ders., Konfessionslose – das ›Residual‹ des Christentums oder Stütze des neuen Atheismus?, in: Theo-
Web. Zeitschrift für Religionspädagogik 12 (2013) 1, 12–31, 15.

kein eingetragenes Mitglied einer Konfession oder Kirche sind, ebenfalls hoch. Im längerfristigen Vergleich zeigt sich zudem eine »Konstanz« im »Anstieg an Konfessionslosen«[2], und zwar in Ost- wie Westdeutschland. So stieg deren Anteil an der Gesamtbevölkerung in den letzten zwanzig Jahren um 6 % im Westen (von 11 auf 17 %) und um 10 % im Osten (von 65 auf 75 %). Dies zeigt, dass es sich um eine kontinuierliche Entwicklung handelt. Die Mitgliedschaft in einer christlichen Kirche hat vor allem in den neuen Bundesländern bereits seit längerem ihre Selbstverständlichkeit verloren. In den alten Bundesländern sieht dies in vielen Regionen anders aus. Allerdings gibt es auch hier Gebiete, in denen Kirchenmitglieder in der Minderheit sind. Das ist vor allem in Großstädten der Fall, wie sich am Beispiel Hamburgs gut zeigen lässt.

Bedeutsam ist nun, dass der Verlust bzw. das Nichtergreifen der Kirchenmitgliedschaft in aller Regel nicht mit einem Engagement in anderen religiösen Gruppierungen einhergeht. Konfessionslose scheinen der Partizipation an organisierter Religion keinen hohen Stellenwert beizumessen. Vergegenwärtigt man sich vor diesem Hintergrund die jeweiligen Anteile an der Gesamtbevölkerung, wird deutlich, weshalb es durchaus sinnvoll ist in Ostdeutschland von einer »Kultur der Konfessionslosigkeit«[3] zu sprechen und diese einer »Kultur der Konfessionsmitgliedschaft« an die Seite zu stellen. Die Prägung der Mehrheit einer Bevölkerung ist ein für die Religionsausübung wesentlicher Faktor. »Was nahezu gewohnheitsmäßig die Überzeugung der Mehrheit ist, bezeichnet gewissermaßen den Normalzustand«[4] und ist insofern »selbstevident«[5].

Angesichts dieser Ausgangslage ist es umso interessanter nach den Einstellungen zu fragen, die diese Mehrheit in rebus religionis prägt. Dass sich dabei bei den kirchenbezogenen Parametern wie dem Kirchgang ein deutlicher Unterschied aufzeigen lässt, verwundert nicht. Auffälliger ist schon, dass für einen Großteil der ostdeutschen Konfessionslosen nicht nur die Kirche, sondern das Christentum insgesamt fremd geworden zu sein scheint.

---

[2]   Ebd.

[3]   Olaf Müller/Gert Pickel/Detlef Pollack, Kirchlichkeit und Religiosität in Ostdeutschland: Muster, Trends, Bestimmungsgründe, in: Michael Domsgen (Hrsg.), Konfessionslos – eine religionspädagogische Herausforderung. Studien am Beispiel Ostdeutschlands, Leipzig 2005, 23–64, 29.

[4]   Helmut Zeddies, Konfessionslosigkeit im Osten Deutschlands. Merkmale und Deutungsversuche einer folgenreichen Entwicklung, in: PTh 91 (2002), 150–167, 152.

[5]   A. a. O., 153.

Das trifft vor allem auf die kultische Fassung zu. Die Position Christ sein zu können, ohne Mitglied der Kirche sein zu müssen, findet sich dementsprechend nur zu einem kleinen Teil. Zudem scheint mit der Abkehr vom Christentum für die Mehrheit eine gewisse Distanz allem Religiösen gegenüber einherzugehen. Legt man in den Umfragen einen substanziell unterlegten Religionsbegriff zugrunde, zeigen sich deutliche Einstellungsänderungen, die darauf hinweisen, dass Ostdeutschland »nicht nur als entkirchlicht oder entchristlicht, sondern auch als weitgehend säkularisiert zu bezeichnen«[6] ist. Vor Augen führen lässt sich das an den Ergebnissen des Religionsmonitors 2008. In deren Interpretation kommt Monika Wohlrab-Sahr zu dem Schluss, dass »gut zwei Drittel« der »Konfessionslosen« (»wobei der Osten Deutschlands dazu in erheblich höherem Maße beiträgt«) als »klar ›religionslos‹ einzustufen«[7] seien: »In ihrem Leben hat Religiosität keine zentrale Stellung. 70% der Konfessionslosen teilen keine religiösen Überzeugungen (etwa den Glauben an Gott oder an ein Leben nach dem Tod), 96% haben keine öffentliche (zum Beispiel Gottesdienstbesuch) und 85% keine private (zum Beispiel Gebet oder Meditation) religiöse Praxis, 81% der Konfessionslosen machen keinerlei religiöse Erfahrungen (zum Beispiel die Erfahrung, von Gott angesprochen zu werden oder mit der Welt eins zu sein).«[8]

Konfessionslosigkeit als Entkirchlichung steht hier in einer direkten Linie auf dem Weg in die Säkularität. Dahinter steht der Befund, dass Gottesglaube und Kirchenverbundenheit miteinander korrelieren. Die dritte EKD-Mitgliedschaftsuntersuchung zeigte diesen Zusammenhang sehr deutlich. Je enger man sich der Kirche verbunden fühlt, desto klarer orientiert man sich am christlich definierten Glauben und umgekehrt.[9] Besonders stark tritt das in Ostdeutschland hervor. Es gehört zu den Regionen mit der niedrigsten Rate an Kirchenmitgliedschaft und gleichzeitig mit dem höchsten Anteil an Personen, die sich selbst als Atheisten bezeichnen. Ca. 50% aller Ostdeutschen beschreiben sich selbst explizit so.[10] Gleichzeitig sind hier die

---

[6] Müller/Pickel/Pollack, Kirchlichkeit (s. Anm. 3), 34.

[7] Monika Wohlrab-Sahr, Das stabile Drittel jenseits der Religiosität. Religionslosigkeit in Deutschland, in: Bertelsmann Stiftung, Religionsmonitor 2008, Gütersloh 2007, 95–102, 98.

[8] Ebd.

[9] Vgl. Klaus Engelhardt/Hermann von Loewenich/Peter Steinacker, Fremde Heimat Kirche. Die dritte EKD-Erhebung über Kirchenmitgliedschaft, Gütersloh 1997, 134.

[10] Vgl. Monika Wohlrab-Sahr/Uta Karstein/Thomas Schmidt-Lux, Forcierte Säkularität. Religiöser Wandel und Generationendynamik im Osten Deutschlands, Frankfurt

unterschiedlichen religiösen Ausprägungen deutlich stärker an Kirche gebunden als in Westdeutschland, was angesichts der Prägung der DDR-Gesellschaft nicht verwundert. Kirche galt als einzig legitimer Ort von Religion, so dass Kirche und Religion geradezu in Eins gesetzt wurden. In praktisch-theologischer Perspektive ergibt sich hier ein interessanter Gestaltungsraum. Gerade weil Kirche unverkennbar für Religion steht, kann sie zum Impulsgeber des Religiösen werden. Religion entsteht, so die Konsequenz, auf die Jan Hermelink pointiert hinweist, »jedenfalls in Ostdeutschland primär *in* der Kirche«[11].

Konfessionslosigkeit als Entkirchlichung zu beschreiben, birgt interessante Perspektiven. Allerdings fußt diese Interpretation darauf, dass es ein Gegenüber gibt, das als Hintergrundfolie dient und Vergleiche möglich macht. Eine solche Perspektive hat dort ihr Recht, wo die Gruppe von Konfessionslosen klein ist und es darum geht, eine Minderheitenposition im Gegenüber zu einer Mehrheit zu beschreiben und dabei Gemeinsamkeiten und Unterschiede zu benennen. An die Grenze stößt eine solche Sichtweise, wenn sich die Größenverhältnisse umdrehen. Dann besteht die Gefahr, dass die Eigenlogik der Konfessionslosen zu wenig im Blick ist oder gar überdeckt wird, weil das, wonach geforscht wird, bereits vorab definiert ist. Allerdings darf diese Perspektive mit Blick auf Ostdeutschland nicht vorschnell ad acta gelegt werden. Eine Stärke dieses Zugangs besteht im hohen Grad an Übereinstimmung mit dem Selbstverständnis vieler Ostdeutscher, die von sich selbst sagen, nicht in der Kirche und auch nicht religiös zu sein. Offen bliebe jedoch, inwiefern die Selbstaussagen einem bestimmten Religionsverständnis aufsitzen, das staatlicherseits in der DDR propagiert und von den Befragten entsprechend verinnerlicht worden ist. Die Kongruenz von Selbst- und Fremdzuschreibung wäre dann vor allem auch Ausdruck eines eingeschränkten Religionsverständnisses.[12] Zweifelsohne jedoch lässt sich eine Zurückdrängung substanzieller religiöser Bestandteile in Ostdeutschland erheben. Die ist jedoch nicht einfach als Leerstelle zu beschreiben. Ein Vakuum im weltanschaulich-reli-

---

a. M. 2009, 13. Auch Gert Pickel kommt zu vergleichbaren Ergebnissen. Er spricht für Ostdeutschland von 27% die sich selbst als Atheisten bezeichnen und von 27% die von sich sagen, nicht zu glauben. Vgl. DERS., Konfessionslose (siehe Anm. 1), 64.

[11] JAN HERMELINK, Fremde Heimat Kirche. Konturen kirchlichen Lebens in Ostdeutschland, in: PrTh 27 (2002), 99–116, 116.

[12] Vgl. MICHAEL DOMSGEN/FRANK M. LÜTZE, Religion erschließen in Ostdeutschland. Perspektiven und Desiderate in einem weiten Feld, in: DIES. (Hrsg.), Religionserschließung im säkularen Kontext. Fragen, Impulse, Perspektiven, Leipzig 2013, 146–155, 147.

giösen Bereich gibt es nicht. Vielmehr scheint eine spezifische Prägung dieses Feldes vorzuherrschen, die es zu entdecken und zu beschreiben gilt. Bei der Suche danach, wie dies zu erfassen ist, kann eine Perspektive hilfreich sein, die hier unter der Überschrift Konfessionslosigkeit als religiöse Indifferenz skizziert wird. Damit treten Ergebnisse einer religionstheoretisch anders gewichtenden Forschung in den Mittelpunkt, die sich stärker an einem funktionalen Religionsbegriff orientiert und die Transformationsprozesse im Feld des Religiösen unter dem Aspekt der Ausdifferenzierung und Individualisierung zu begreifen sucht.

2 KONFESSIONISLOSIGKEIT ALS RELIGIÖSE UNBESTIMMTHEIT

Im Vergleich mit kirchlich bestimmter Religiosität ist Konfessionslosigkeit in gewisser Weise als defizitär zu beschreiben, weil bestimmte Muster der Lebensdeutung und -gestaltung nicht mehr anzutreffen sind. Wenn man sich jedoch von diesem Vergleich frei macht, könnte der Blick stärker auf individuelle Ausformungen von Religiosität gerichtet werden. U. a. wären auch neue Formen von Religiosität zu beschreiben. Unter einer solchen Prämisse erscheint Konfessionslosigkeit nicht als religiös defizitär, sondern vielmehr als religiös unbestimmt. Empirische Forschung hätte dann die Aufgabe, dieses Feld auszuleuchten, um die individuell bestimmten religiösen Transformationsprozesse beschreiben zu können.

Bei alledem jedoch ist die kontextuelle Verankerung jeglicher Transformationen von vornherein zu beachten. Der hohe Grad an Konfessionslosigkeit in Ostdeutschland hat verschiedene Ursachen, ist jedoch in hohem Maße staatlich forciert gewesen.[13] Dem staatlichen Druck korrespondierte eine spezifische Bearbeitung dieser Zwänge in den Familien. Hier könnte ein wesentlicher Grund dafür liegen, weshalb es nach der Wiedervereinigung Deutschlands und dem Wegfall der staatlichen Repressionen nicht zu einer Annäherung an die Kirchen kam.

Um diese kontextuell bestimmten Aspekte aufnehmen zu können, spricht Monika Wohlrab-Sahr mit Blick auf Ostdeutschland von »forcierter Säku-

---

[13]   Zu den Prägungen im Bildungsbereich vgl. MICHAEL DOMSGEN, Religionsunterricht in Ostdeutschland. Die Einführung des evangelischen Religionsunterrichts in Sachsen-Anhalt als religionspädagogisches Problem, Leipzig 1998, 4–133.

larität« im Sinne einer »subjektiven Aneignung des mit Zwangsmitteln Betriebenen«[14]. Diese Aneignungsprozesse werden in den Familien tradiert weshalb sie auch 20 Jahre nach der friedlichen Revolution noch von Bedeutung sind. Bei der Analyse dieser Plausibilisierungsformen kommen Wohlrab-Sahr, Karstein und Schmidt-Lux zu dem Schluss, dass die Haltung der Säkularität tief verinnerlicht worden ist. Dazu gehört maßgeblich die »Distanz zu Religion und Kirchen«, die sich »im Zuge familialer Weitergabe oft selbstverständlich«[15] fortsetzt. Gleichzeitig jedoch beobachten sie »eine spezifische Sinnstruktur«[16]. Die Haltung der Säkularität verfügt durchaus über »eigene Transzendenzen«, wobei Semantiken der Gemeinschaft und Ehrlichkeit, aber auch der Arbeit[17] eine große Rolle spielen. Unter Bezug auf Luckmannsche Begrifflichkeiten könnte man hier von »mittleren Transzendenzen«[18] sprechen, mit denen der eigene Habitus überhöht wird.

Explizite Religiosität spielt für die Lebensdeutung und -gestaltung der Mehrheit der Konfessionslosen keine Rolle. Auch für die Bewältigung persönlicher Krisen greifen sie ausschließlich auf praktische und diesseitige Lösungsstrategien zurück. Traditionelle christliche Interpretationsmuster und Riten sind ihnen fremd geworden, wobei diese Fremdheit oft mit Gleichgültigkeit gekoppelt ist. Es ist mehrheitlich keine trotzige Gleichgültigkeit, sondern vielmehr eine gewohnheitsmäßige. Religion erregt viele nicht mehr, weil sie in einer anderen Welt zu existieren scheint, die mit der eigenen nichts zu tun hat.

Bezüglich des Religiösen scheint es in Ostdeutschland eine weit verbreitete religiöse Indifferenz zu geben, die »sich außerhalb des Gegensatzes von Glauben und Unglauben« befindet, »da sie die Frage nach der Existenz Gottes gar nicht aufwirft«.[19] Werte, die in dieser Welt liegen, wie Familie, Freunde,

---

[14] MONIKA WOHLRAB-SAHR, Forcierte Säkularität *oder* Logiken der Aneignung repressiver Säkularisierung, in: MICHAEL DOMSGEN u. a. (Hrsg.), Was gehen uns ›die anderen‹ an? Schule und Religion in der Säkularität, Göttingen 2012, 27–48, 28.

[15] MONIKA WOHLRAB-SAHR/UTA KARSTEIN/THOMAS SCHMIDT-LUX, Forcierte Säkularität. Religiöser Wandel und Generationendynamik im Osten Deutschlands, Frankfurt a.M. 2009, 350.

[16] WOHLRAB-SAHR, Forcierte Säkularität, 29.

[17] WOHLRAB SAHR, Forcierte Säkularität, 46.

[18] THOMAS LUCKMANN, Über die Funktion von Religion, in: PETER KOSLOWSKI (Hrsg.), Die religiöse Dimension der Gesellschaft, Tübingen 1985, 26–41.

[19] KATJA KLEINSORGE, Religion. Wozu? Das Phänomen religiöser Indifferenz, in: SEBAS-

Liebe, die eigene Person, der eigenen Verstand, persönliche Vorstellungen und Stärken fungieren als Ankerpunkte.

Aller Wahrscheinlichkeit nach sind die vorliegenden Kategorien von gläubig und ungläubig, von religiös und atheistisch kaum dazu geeignet, das Erleben der Menschen adäquat abzubilden. Vielmehr werden neue Kategorien benötigt, um den Zwischenbereich zu erfassen und zu verstehen. Ein Beispiel dafür ist das Konzept der »agnostischen Spiritualität«, das Monika Wohlrab-Sahr, Uta Karstein und Christine Schaumburg entwickelt haben, nachdem sie Interviews mit ostdeutschen Familien zum Thema Tod und Leben nach dem Tod geführt haben.[20] Sie bezeichnen damit eine Haltung, »die einen Transzendenzbezug mehr oder weniger abstrakt aufrechterhält, ohne ihn verbindlich inhaltlich-religiös zu füllen, und die sich dabei von religiösen und materialistischen Vereindeutigungen gleichermaßen absetzt«[21]. So zeigte die Auswertung der Interviews, dass die christliche Semantik für die Befragten nicht mehr anschlussfähig war. Auch der reine Atheismus wurde als unbefriedigend wahrgenommen. Innerhalb dieses Rahmens wird nun versucht, »die Tür zur großen Transzendenz einen Spalt zu öffnen bzw. offen zu halten«[22]. An die Stelle traditioneller christlicher Interpretamente treten »Versatzstücke wissenschaftlicher, parapsychologischer, medialer und neureligiöser Deutungsmuster«[23]. Agnostische Spiritualität ist also synkretistisch angelegt und wird individuell durchaus als rational verstanden. Die hier zusammengefügten Denkfiguren werden viel leichter anschließbar erlebt als theologische Vorstellungen. Hinsichtlich inhaltlicher Aspekte ist agnostische Spiritualität also durchaus unbestimmt. Allerdings ist zu beachten, dass »für einen Teil der Befragten die rein naturwissenschaftliche Betrachtung des Todes durchaus tragfähig ist«[24]. Insofern ist bereits an dieser Stelle Vorsicht geboten vor unzulässigen Verallgemeinerungen. Dass Konfessionslosigkeit mit religiöser Unbestimmtheit einhergeht, gilt nur für einen Teil. Genaue Quantifizierungen darüber anzustellen, ist schwierig, da entsprechende Untersu-

---

TIAN MURKEN (Hrsg.), Ohne Gott leben. Religionspsychologische Aspekte des Unglaubens, Marburg 2008, 141–153, 148.

[20] Vgl. MONIKA WOHLRAB-SAHR/UTA KARSTEIN/CHRISTINE SCHAUMBURG, »Ich würd' mir das offenlassen«. Agnostische Spiritualität als Annäherung an die »große Transzendenz« eines Lebens nach dem Tod, in: Zeitschrift für Religionswissenschaft, 23 (2005), 153–173.

[21] A. a. O., 155.

[22] A. a. O., 158.

[23] Ebd.

[24] A. a. O., 173.

chungen fehlen. Festzuhalten ist jedoch, dass bei weitem nicht alle Konfessionslosen eigene Transzendenzen entwickeln, die über die immanenten Interpretationsmuster hinausgehen.

Gleichzeitig steht die Rede von der religiösen Unbestimmtheit in der Gefahr, einen weiteren Aspekt zu verschleiern. Zwar finden sich kaum dezidierte Auseinandersetzungen mit Kirche und Glauben. Religiös unbestimmt sind ostdeutsche Konfessionslose allerdings lediglich bezüglich ihrer inhaltlichen Bestimmung zur ideologischen und rituellen Dimension von Religion. Dies jedoch darf nicht mit einer Art tabula rasa in rebus religionis verwechselt werden.[25] So zeigen die Ergebnisse der EKD-Mitgliedschaftsumfragen, dass das Christentum von einer deutlichen Mehrheit der Ostdeutschen als kultureller Ordnungsfaktor verstanden und dabei auch zustimmend zur Kenntnis genommen wird. An diesem Punkt ist also durchaus eine religiöse Bestimmung zu beobachten. Allerdings bezieht sie sich weitgehend auf die ordnende Funktion christlicher Religion, nicht auf deren »explizit religiöse Fassung«[26]. Hier zeigt sich, trotz aller zu beobachtender Offenheit hinsichtlich einer intellektuellen Auseinandersetzung mit Religion[27], eine tief verinnerlichte Norm, nämlich diejenige, dass Religion nicht für die eigene Lebensführung von Bedeutung ist. Dies wird intergenerationell als grundlegende Orientierung weitergegeben.[28]

Anzumerken ist außerdem, dass die Beschreibung der Konfessionslosigkeit als religiöse Unbestimmtheit latent in der Gefahr steht, Formen von Religiosität zu konstatieren, die nur schwer nachweisbar sind. Die Schwierigkeit

---

[25] Vgl. MICHAEL DOMSGEN, Konfessionslosigkeit als religionspädagogische Herausforderung. Überlegungen am Beispiel des schulischen Religionsunterrichts in Ostdeutschland. in: MIRJAM ROSE/MICHAEL WERMKE (Hrsg.), Konfessionslosigkeit heute. Zwischen Religiosität und Säkularität, Leipzig, erscheint Anfang 2014.

[26] KIRCHENAMT DER EKD (Hrsg.), Kirche – Horizont und Lebensrahmen. Weltsichten, Kirchenbindung, Lebensstile, Vierte EKD-Erhebung über Kirchenmitgliedschaft, Hannover, 2003, 51.

[27] Vgl. MONIKA WOHLRAB-SAHR, Das stabile Drittel jenseits der Religiosität. Religionslosigkeit in Deutschland, in: Bertelsmann Stiftung, Religionsmonitor 2008, Gütersloh 2007, 95–102, 98.

[28] Vgl. MONIKA WOHLRAB-SAHR auf der Grundlage ihrer intergenerationellen Studie: »Wo drei Viertel der Bevölkerung keiner religiösen Gemeinschaft angehören, setzt sich die Distanz zu Religion und Kirchen oft selbstverständlich fort, so wie auch religiöse Bekenntnisse meist in Familien tradiert werden.« Dies., Forcierte Säkularität *oder* Logiken der Aneignung repressiver Säkularisierung, in: Michael DOMSGEN u. a. (Hrsg.), Was gehen uns »die anderen« an? Schule und Religion in der Säkularität, Göttingen 2012, 27–47, 46.

besteht dabei in einem aufgrund religionstheoretischer Interpretationen zu schnell vorgenommen Überschlag, der davon ausgeht, dass religiösen Aussagen generell eine Unbestimmtheit und Offenheit innewohnt. Auf diese Weise meint man dann eine Brücke herstellen zu können zur religiösen Unbestimmtheit im Feld von Konfessionslosigkeit. Dies ist nicht grundsätzlich auszuschließen, muss jedoch sehr differenziert erfolgen. Nichtsdestotrotz birgt ein solcher Zugang praktisch-theologische Chancen, insofern der Blick auf Transformationen des Religiösen gelenkt wird. Auf diese Weise lassen sich Veränderungen wahrnehmen und beschreiben. Zugleich besteht unter handlungsorientierender Perspektive die Möglichkeit, gängige religionspädagogische Handlungsfelder so zu profilieren, dass sie den veränderten Ausgangslagen Rechnung tragen.

3 Konfessionslosigkeit als multiple Säkularität

Dass Konfessionslosigkeit in Ostdeutschland mehrheitlich mit einer Distanz nicht nur den verfassten Kirchen, sondern auch allem explizit Religiösen gegenüber einhergeht, zeigen sowohl die Forschungen auf der Grundlage eines eher substanziell wie auch auf der Basis eines eher funktional bestimmten Religionsbegriffs. Innerhalb des damit beschriebenen Distanzraumes finden sich auch »kaum Indizien für eine verbreitete alternative Spiritualität«[29], im Sinne gängiger bisher benannter Formen wie beispielsweise New Age oder okkulten religiösen Orientierungen. Insofern ist es durchaus gerechtfertigt, Konfessionslosigkeit in Ostdeutschland mit dem Begriff der Säkularität zu verbinden. Bewusst ist hier nicht von Säkularisierung die Rede, um nicht vorschnell eine Positionierung im Diskurs um die Säkularisierungsthese[30] zu implizieren. Damit verbunden ist vielmehr der Bezug auf einen »säkularen Habitus«[31]. Auf diese Weise soll zum Ausdruck gebracht werden, dass es sich um eine spezifische Art und Weise in der Lebensgestaltung und -deutung handelt, die von einer bewussten oder auch unbewussten Distanz der explizi-

---

[29] WOLFGANG PITTKOWSKI, Konfessionslose in Deutschland, in: WOLFGANG HUBER u. a. (Hrsg.), Kirche in der Vielfalt der Lebensbezüge. Die vierte EKD-Erhebung über Kirchenmitgliedschaft, Gütersloh 2006, 89–109, 103.

[30] Hier positioniert sich dezidiert: DETLEF POLLACK, Säkularisierung – ein moderner Mythos?; Tübingen 2003.

[31] WOHLRAB-SAHR/KARSTEIN/SCHMIDT-LUX, Forcierte Säkularität (s. Anm. 10), 17.

ten Religiosität gegenüber geprägt ist. Zugleich ist jedoch grundlegend zu berücksichtigen, dass diese Distanz ganz unterschiedlich geprägt und gestaltet wird. Insofern bietet es sich an von »multiple(n) Säkularitäten«[32] zu sprechen. Damit wird der Blick gut auf die Pluralität im Feld von Konfessionslosigkeit gelenkt.

So zeigen sich deutliche Unterschiede zwischen frischer und ererbter Konfessionslosigkeit. Ist in Westdeutschland die große Mehrzahl der Konfesssionslosen vorher Kirchenmitglied gewesen, so ist es in Ostdeutschland genau umgekehrt. Lediglich ein Drittel der Konfessionslosen waren vorher evangelisch. Und was ebenso bedeutsam ist: Von den 33% ehemals Evangelischen haben zwei Drittel bereits vor 1980 die Kirche verlassen[33], d. h. ihre Konfessionslosigkeit ist nicht frisch erworben, sondern biografisch bereits fest verankert. Dieser Befund ist wichtig, weil sich deutliche Unterschiede hinsichtlich des Verhältnisses zu Religion, Glauben und Kirche aufzeigen lassen zwischen Leuten, die ausgetreten sind, und solchen, die schon immer konfessionslos waren. Die Ausgetretenen können auf Berührungspunkte zur Kirche in ihrer eigenen Biografie verweisen. Das prägt ihre Einstellung zum Thema Religion.

Hinsichtlich der Ausgetretenen wird in Ostdeutschland für die Begründung des eigenen Kirchenaustritts »zumeist eine religionskritische Sprache und Argumentation verwendet«[34], in Westdeutschland steht vor allem die Abgrenzung von der Institution Kirche im Vordergrund. Dementsprechend erhält im Westen das Item »weil ich auch ohne die Kirche christlich sein kann« die stärkste Zustimmung als Austrittsgrund. Im Osten ist es das Item »weil ich in meinem Leben keine Religion brauche«[35]. Hier manifestieren sich zwei unterschiedliche Religionskulturen.

---

[32] Wohlrab-Sahr, Forcierte Säkularität (s. Anm. 10), 30.

[33] Vgl. Pittkowski, Konfessionslose in Deutschland (s. Anm. 29), 93.

[34] Wolf-Jürgen Grabner, Konfessionslosigkeit: Einstellungen und Erwartungen an das kirchliche Handeln, in: Jan Hermelink/Thorsten Latzel (Hrsg.), Kirche empirisch. Ein Werkbuch zur vierten EKD-Erhebung über Kirchenmitgliedschaft und zu anderen empirischen Studien, Gütersloh 2008, 133–150, 139.

[35] Vgl. Wolfgang Huber u. a. (Hrsg.), Kirche in der Vielfalt der Lebensbezüge. Die vierte EKD-Erhebung über Kirchenmitgliedschaft, Gütersloh 2006, 483. Weitere oft gewählte Items sind in Ostdeutschland neben dem Kirchensteuersparmotiv: »weil ich mich mehr an allgemein humanistisch-ethischen Werte orientiere als an christlichen«, »weil ich mit dem Glaubens nichts mehr anfangen kann«, »weil es in meinem Umfeld normal war/ist, nicht in der Kirche zu sein«.

Auch ein Blick auf die Altersstruktur der Konfessionslosen offenbart deutliche Unterschiede. Einerseits ist die Zahl der Konfessionslosen in den jüngeren Alterskohorten »deutlich höher«[36] als in den älteren. Andererseits zeigt sich bei ihnen eine vorsichtige Öffnung dem Religiösen gegenüber. Die jüngeren, nicht mehr in der DDR sozialisierten Generationen, stimmen transzendenzbezogenen Fragen in größerem Maße zu. Ein Leben nach dem Tod ist für sie als »experimentelle Denkbewegung«[37] durchaus nachvollziehbar. Von einem Bekenntnis dazu – gar in Gestalt einer christlichen Auferstehungshoffnung – sind sie jedoch weit entfernt. Vielmehr stellen sich für sie die weltanschaulichen Barrieren nicht mehr in dieser Unüberbrückbarkeit. Sie bringen deshalb insofern »religiöse Perspektiven in den Horizont der Familien ein«, indem sie sich spekulativ für Denkräume »im Hinblick auf das Religiöse«[38] öffnen. Von einer substanziell religiösen Positionierung ist das allerdings noch weit entfernt.

Jenseits der altersmäßigen Differenzierung schlägt Gerd Pickel eine Typologie vor, die sieben unterschiedliche Typen von Konfessionslosen benennt.[39] Dabei versucht er, die variierenden Motive von Konfessionslosigkeit aufzugreifen und sie mit dem Vorhandensein von expliziter Religiosität zu kombinieren. Für Ostdeutschland nennt er eine Mehrheit von 65 % (durchschnittliche, volldistanzierte und traditionalistische Konfessionslose), bei der er eine »geringe Alltagsrelevanz von Religion«[40] konstatiert.

Im Einzelnen benennt Pickel folgende zentrale Identifikationsmerkmale und prozentualen Anteilen der jeweiligen Typen.[41]

---

[36] PICKEL, Konfessionslose (s. Anm. 1), 16.

[37] WOHLRAB-SAHR/KARSTEIN/SCHMIDT-LUX, Forcierte Säkularität (s. Anm. 10), 27.

[38] Ebd.

[39] GERT PICKEL, Atheistischer Osten und gläubiger Westen? Pfade der Konfessionslosigkeit im innerdeutschen Vergleich, in: DERS./KORNELIA SAMMET (Hrsg.), Religion und Religiosität im vereinigten Deutschland. Zwanzig Jahre nach dem Umbruch, Wiesbaden 2011, 39–72, 63.

[40] Ebd.

[41] Ich übernehme die Tabelle aus GERT PICKEL, Konfessionslosigkeit (s. Anm. 39), 63.

Typ	Identifikationsmerkmale	in %
Durchschnittliche Konfessionslose	Kaum Alltagsrelevanz, geringe Beschäftigung mit Religion, geringe Sozialisationsbindung und eher konfessionslose Milieubindung	40,5
Volldistanzierte Konfessionslose	Keine subjektive Religiosität/kein Glaube, keine Alltagsrelevanz, ideologisch linke politische Position, Kirchensteuer zu hoch eingeschätzt, Bindung an konfessionslose Milieus	20,5
Nichtgläubige rechte Konfessionslose	Keine subjektive Religiosität/kein Glaube, keine Bindung an konfessionslose Milieus, ideologisch rechte politische Orientierung	14,8
Herkunftschristliche Konfessionslose	Kommen aus konfessionellen Milieus, aus der Kirche ausgetreten, Religion wird thematisiert, Kirchendistanz, aber Rudimente subjektiver Religiosität	8,7
Individualistische Konfessionslose	Ideologisch linke politische Orientierung, individualisierte Religiosität	5,4
Traditionalistische Konfessionslose	Traditionalistische Wertemuster, keine individualisierte Religiosität, keine Alltagsrelevanz von Religion, keine subjektive Religiosität	5,3
Gläubige Konfessionslose	Subjektive Religiosität und Glaube, leicht individualisierte Religiosität, Religion wird als wichtig angesehen, Kirchendistanz	4,8

Auch dann, wenn man die Typologie anders wählt und, wie Pickel es an anderer Stelle tut, lediglich vier Typen von Konfessionslosen benennt[42], zeigt sich, dass Konfessionslosigkeit nicht einfach auf einen Nenner gebracht werden kann, sondern ein plurales Phänomen ist. Allen Konfessionslosen gemeinsam ist die Distanz zur organisierten Religion und das Selbstverständnis mit dieser Einstellung zur Normalität zu gehören. »Konfessionslose empfinden sich weder als defizitär noch halten sie ihre Konfessionslosigkeit in einer modernen

---

[42] Er differenziert dabei zwischen gläubigen Konfessionslosen, toleranten Konfessionslosen, normalen Konfessionslosen und voll distanzierten Atheisten. Vgl. PICKEL, Konfessionslose (s. Anm. 1), 23.

Gesellschaft für besonders erklärungsbedürftig.«[43] Dies gilt nicht nur für Ostdeutschland, wo die Konfessionslosen die deutliche Mehrheit der Bevölkerung
stellen, sondern auch für Deutschland insgesamt und hängt zu einem großen
Teil damit zusammen, dass sich Konfessionslose und Kirchenmitglieder vor
allem im Feld der Lebensführung oft nur wenig voneinander unterscheiden.
Vor allem für Ostdeutschland gilt, dass sich mit Blick auf die Wertorientie-
rungen das Profil der Konfessionslosen von dem der Evangelischen längst
nicht so deutlich unterscheidet, wie man das vor dem Hintergrund des
Glaubens an Gott denken könnte. Das zeigen die Ergebnisse aus der vierten
EKD-Mitgliedschaftsumfrage, in der zum ersten Mal die Weltsichten von Kir-
chenmitgliedern und Konfessionslosen miteinander verglichen wurden.[44] Insgesamt findet sich bei beiden Gruppen im Vergleich zu Westdeutschland eine
höhere Zustimmung zu dem Themenkomplex »Sitte und Ordnung; geordnete
Verhältnisse, ganz für die Familie dasein.« Die Differenzen gegenüber traditionellen, gesellschaftlichen Moralvorstellungen und Normen, die im Westen
die Konfessionslosen deutlich von den konfessionell Gebundenen unterscheiden, zeigen sich im Osten nicht. Ostdeutsche Evangelische und Konfessionslose stimmen in vielen Fragen in der Sache überein, so z. B. in der Frage nach
dem Sinn des Lebens. Dabei teilen die ostdeutschen Konfessionslosen mit
den ostdeutschen Evangelischen »eine Weltsicht, in der persönliche Anstrengung, Aufgabenerfüllung, Selbstverantwortung, die hohe Relevanz von Arbeit
für das Leben, die Bedeutung des Maßhaltens und die Notwendigkeit äußerer
Grenzen für menschliche Entscheidungsfreiheit relativ hoch bewertet werden.
Man könnte sagen: Man trifft hier auf eine ›klassische‹ Variante der protestantischen Ethik, die Evangelische und Konfessionslose verbindet.«[45] Unterschiede ergeben sich dann, wenn es um die grundlegende Infragestellung einer solchen verstandesorientierten Leistungs- und Verantwortungsethik geht
und vor allem dort, wo explizite religiöse Deutungsmuster dazukommen. Eine
religiöse Sprache ist für das Gros der Konfessionslosen nicht akzeptabel. Allerdings gibt es auch hier Ausnahmen. Überhaupt bedeutet konfessionslos
zu sein nicht, »dass Facetten von subjektiver Religiosität, Glaube oder Spiri-

---

[43] A. a. O., 27.

[44] Dabei kommen drei Dimensionen in den Blick, die für Weltsichten konstitutiv sind:
1. Die Dimension der Ordnung, 2. Die Dimension der Grenze und 3. Die Dimension der
Zurechnung. Vgl. KIRCHENAMT DER EKD (Hrsg.), Kirche, Horizont und Lebensrahmen.
Weltsichten, Kirchenbindung, Lebensstile, Vierte EKD-Erhebung über Kirchenmitgliedschaft, Hannover 2003, 39.

[45] A. a. O., 53.

tualität bei Konfessionslosen grundsätzlich immer fehlen, nur für den praktischen Lebensalltag und die Lebensvollzüge besitzen diese religiösen Spurenelemente eine nachrangige Bedeutung«[46]. Dies lässt sich mit Blick auf die Mehrheit durchaus so festhalten. Allerdings scheint das Feld jugendlicher Konfessionslosigkeit durchaus facettenreicher zu sein. Bei Jugendlichen lassen sich nicht nur experimentelle Denkbewegungen aufzeigen, die sich deutlich von denjenigen ihrer Eltern und Großeltern unterscheiden. Vielmehr zeigen sich auch experimentelle rituelle Bewegungen, wie ein Blick auf das persönliche Gebet zeigt.[47] Diese unterscheiden sich von denjenigen christlich sozialisierter Jugendlicher u. a. darin, dass sie deutlich stärker intrinsisch motiviert sind und eine emotionsregulierende Rolle spielen. Wohl vor allem deshalb haben Gebete im Leben der befragten konfessionslosen Jugendlichen eine größere Bedeutung als im Leben ihrer getauften Altersgenossen. Ob dies nachhaltig ist und wie sich dies über einen längeren Zeitraum hin darstellt, ist allerdings unbekannt. Auf alle Fälle wird deutlich, dass die Identifizierung bestimmter Profile im Feld von Konfessionslosigkeit immer auch darüber hinausweist und danach fragen lässt, wie sich dies unter evangelisch oder katholisch getauften Christen darstellt. Insofern impliziert die Herausforderung einer inhaltlich bestimmten begrifflichen Fassung von Konfessionslosigkeit eine Neubestimmung der terminologischen Beschreibung von Profilen evangelischer bzw. katholischer Kirchenmitglieder. Wenn es gelänge, Kirchlichkeit inhaltlich überzeugend in einem Schlagwort zu beschreiben, bildete der Begriff der multiplen Säkularitäten durchaus eine Ausgangsbasis, von der auszugehen sich lohnen würde.

Begreift man Konfessionslosigkeit als Feld multipler Säkularitäten wird sehr gut deutlich, dass es sich bei den Konfessionslosen um »eine plurale Gruppe mit teils divergierenden Interessen«[48] handelt, die sich schlichtweg nicht unter einen Leitbegriff subsummieren lässt, wenn dieser darüber hinausgehen soll, dass Konfessionslosigkeit mit einer Distanz der organisierten Religion sowie dem explizit Religiösen gegenüber einhergeht. Insofern stößt

---

[46] Pickel, Konfessionslose (s. Anm. 1), 27.

[47] Zu diesem Feld arbeitet Sarah Demmrich an einer Dissertation im Schnittfeld von Religionspsychologie und Religionspädagogik, die voraussichtlich im Mai 2014 abgeschlossen sein wird. Der Titel ihrer Untersuchung lautet: Persönlichkeit und Rituale im Kontext religiöser Überzeugungen Jugendlicher. Vgl. dazu die Informationen unter: http://www.theologie.uni-halle.de/pt_rp/rkl/demmrich/.

[48] Pickel, Konfessionslose (s. Anm. 1) 12.

auch dieser Terminus an seine Grenzen, sodass gefragt werden muss, ob in Ermangelung eines überzeugenden Leitbegriffs momentan am Ausdruck Konfessionslosigkeit festzuhalten ist.

4 KONFESSIONSLOSIGKEIT – LEITBEGRIFF IN ERMANGELUNG EINES BESSEREN

Dass auch der Begriff »Konfessionslosigkeit« seine deutlichen Begrenzungen hat, ist unmittelbar einsichtig. Zum einen ist ihm eine defizitäre Grundnote eigen, insofern die Nichtmitgliedschaft in der Kirche zum grundlegenden Kriterium erhoben wird. Dies jedoch ist nicht ausreichend, weil damit zwar eine »Position über die Abwesenheit von etwas«[49] benannt werden kann, jedoch nichts per se über das Profil von Orientierungen und Lebensentwürfen ausgesagt wird. Zum anderen suggeriert dieser Leitbegriff eine Eindeutigkeit, die letztlich nicht durchgehalten werden kann. Fragt man nach inhaltlich ausgerichteten Parametern, zeigt sich, dass die Grenzen zwischen Kirchenmitgliedschaft und Konfessionslosigkeit undeutlich werden. So sagte beispielsweise im Rahmen der vierten EKD-Mitgliedschaftsuntersuchung jeder zehnte ostdeutsche Evangelische, dass er nicht an Gott glaube. Demgegenüber erklärten ca. 7 % der Konfessionslosen, (wenn auch bisweilen zweifelnd) an Gott zu glauben.

Trotzdem ist es durchaus sinnvoll, am Begriff der Konfessionslosigkeit festzuhalten, weil sich damit eine grundlegende Tendenz schlagwortartig beschreiben lässt, ohne sie damit zugleich inhaltlich zu verengen oder hinsichtlich des Selbstverständnisses vieler Konfessionsloser übergriffig zu werden.

In Ostdeutschland lässt sich eine weitgehende kulturelle Verdrängung der christlichen Religion beobachten. Diese kulturelle Verdrängung betrifft die Mehrheit der Bevölkerung. Insofern lässt sich von einer konfessionslosen Mehrheitsgesellschaft sprechen, die spezifische Plausibilisierungsanforderungen mit sich bringt und Deutungsmuster setzt. Die Dominanz eines sog. wissenschaftlichen Weltbildes oder ein gewisser Pragmatismus in der Lebensgestaltung wären hier zu nennen. Allerdings ist die mehrheitliche Konfessionslosigkeit nicht in allen gesellschaftlichen Bereichen gleichermaßen

---

[49] ANDREAS FINCKE, Die plurale Welt der Konfessionslosen, in: ders., Woran glaubt, wer nicht glaubt? Lebens- und Weltbilder von Freidenkern, Konfessionslosen und Atheisten in Selbstzeugnissen, EZW-Texte, Berlin 2004, 5–12, 5.

prägend.[50] Kunst und Kultur, Medizin und Pflege oder Literatur und Medien werden von dieser Kultur nicht im gleichen Maße geprägt wie der Bereich öffentlicher Bildung. Werden in den erstgenannten Bereichen immer wieder Bezüge zu religiösen Traditionen hergestellt und publik gemacht, so ist dies im schulischen Bereich für einen Großteil der Bevölkerung immer noch schwer erträglich oder gar kontraproduktiv. Hier geht also die quantitative Überlegenheit von Konfessionslosigkeit mit einer bewusst oder unbewusst angestrebten kulturellen Norm einher. Insofern ist es angemessen, an dieser Stelle von einer konfessionslosen Mehrheitsgesellschaft zu sprechen. Die mehrheitliche Konfessionslosigkeit tritt in diesen Feldern als Dominanzkultur hervor.[51] Für die anderen Bereiche trifft das nicht in gleicher Weise zu.[52] Innerhalb des einen großen gesellschaftlichen Kontextes können also unterschiedliche Kontexte ausgemacht werden, die eigene Konturen aufweisen.

Vor diesem Hintergrund wird noch einmal deutlich, dass der Begriff der Konfessionslosigkeit »mehr eine Problemanzeige als eine inhaltliche Beschreibung«[53] darstellt. Doch genau darin liegt auch seine Stärke. Er fixiert inhaltlich nichts, wo nach dem momentanen Stand der Erkenntnis noch nichts fixiert werden kann, weil vieles noch unerforscht ist.

Konfessionslosigkeit ist in Ostdeutschland mehrheitlich ererbt und geht zum großen Teil mit religiöser Indifferenz einher. Doch bereits an dieser Stelle wäre zu differenzieren. Wenn man am Terminus der religiösen Unbestimmtheit festhalten möchte, könnte man von einer Unbestimmtheit zwischen Normalität, Teilnahmslosigkeit und Gleichgültigkeit sprechen. Allerdings wäre damit inhaltlich wenig ausgesagt und vielmehr der Modus in der Begegnung dem Religiösen gegenüber im Blick. Auch blieben die spezifischen Deutungsmuster und Lebensbewältigungsstrategien im Dunkeln.

---

[50] Zum Folgenden vgl. MICHAEL DOMSGEN, Religionsunterricht in konfessionsloser Mehrheitsgesellschaft – didaktische Herausforderungen und Ansätze, in: Theo-Web. Zeitschrift für Religionspädagogik 12 (2013) 1, 150–163.

[51] Vgl. BIRGIT ROMMELSPACHER, Dominanzkultur. Texte zu Fremdheit und Macht, Berlin ²2006.

[52] Um dies begrifflich einzutragen, ist es sinnvoll mit Blick auf den Bereich öffentlicher Bildung von einer konfessionslosen Mehrheitsgesellschaft zu sprechen und mit Blick auf andere gesellschaftliche Bereich von mehrheitlicher Konfessionslosigkeit.

[53] MICHAEL DOMSGEN, Chance für die Zukunft der Kirche? Wie lässt sich Erschließung von Glauben im konfessionslosen Kontext befördern?, in: DERS./FRANK M. LÜTZE (Hrsg.), Religionserschließung in der Säkularität. Fragen, Impulse, Perspektiven, Leipzig 2013, 100–122, 107.

Insofern spricht viel dafür, in der momentanen Situation bei dem etwas sperrigen, aber gerade in seiner inhaltlichen Offenheit nichts unzulässig vorwegnehmenden Begriff der Konfessionslosigkeit zu bleiben, dies allerdings im Wissen, dass es sich hier um einen Leitbegriff in Ermangelung eines besseren handelt.

Tendenzen der Abwertung sollen damit nicht verbunden sein. Weder geht es um eine nach Defiziten suchende Perspektive (konfessions*los*) noch um eine vorschnell christliche Grundeinsichten aufgebende Orientierung an Begriffen, die auf den ersten Blick eher anschlussfähig scheinen (konfessions-*frei*). Denn Freiheit ohne Bindung ist hoch problematisch. Außerdem zeigen die bisher angestellten Überlegungen, dass auch Konfessionslose über »Bekenntnisse« verfügen, an denen sie sich orientieren. Von einer tabula rasa in rebus religionis ist nicht auszugehen.

Konfessionslosigkeit ist ein vielschichtiges, hoch komplexes Phänomen, das nicht einfach im Gegenüber zur Kirchlichkeit zu beschreiben ist. Dies gilt schon deshalb, weil auch Kirchlichkeit ein inhaltliches Spektrum markiert, das lediglich über die Mitgliedschaft in einer der großen Kirchen zusammengehalten wird. Wer Konfessionslosigkeit inhaltlich ausloten will, müsste dies auch im Feld der Kirchlichkeit tun. Dann ergäbe sich ein interessantes Bild. Allerdings sollte zum gegenwärtigen Zeitpunkt die Orientierung an der organisierten Religion auch nicht leichtfertig aufgegeben werden, weil die Kirchenmitgliedschaft durchaus grundlegenden Einfluss auf die Profilierung eigener Religiosität hat, ohne hier »alleinerziehend« oder »allmächtig« zu sein. Insofern würde sich ein komplementäres Vorgehen anbieten. Einerseits sollte das religiöse Feld organisationssoziologisch abgeschritten werden. Andererseits wäre die individualpsychologische Perspektive zu berücksichtigen. In der Kombination beider Perspektiven ergäbe sich ein Gesamtbild. Damit dies jedoch möglich wird, bedarf es weiterer empirischer Forschungen, die vor allem in der individualpsychologischen Perspektive vieles von dem aufhellen, was bisher unbekannt ist.

»DU SOLLST NICHT ANDERE GÖTTER HABEN!«

Zur Bedeutung des Gottesglaubens am Beispiel des ersten Gebotes

Ernst-Joachim Waschke

I VORÜBERLEGUNGEN

»Du sollst nicht andere Götter haben«.[1] Mit diesem Satz zitiert MARTIN LUTHER im Kleinen wie im Großen Katechismus in verkürzter Form das erste Gebot des Dekalogs (Ex 20,3/Dtn 5,7). Auf diesem basiert in unterschiedlicher Weise die Gottesvorstellung des Judentums, des Christentums und des Islam als sog. monotheistische Religionen.

Der fromme Jude bekennt sich dazu im *Sch^{e}ma Israel*: »Höre Israel, der Herr ist unser Gott, der Herr allein. Und du sollst den Herrn, deinen Gott, liebhaben von ganzem Herzen, von ganzer Seele und mit all deiner Kraft« (Dtn 6,4 f.; vgl. Mk 12,29 f.).

Jesus erklärt seinen Zuhörern in der Bergpredigt: »Niemand kann zwei Herren dienen: entweder er wird den einen hassen und den andern lieben, oder er wird an dem einen hängen und den andern verachten. Ihr könnt nicht Gott dienen und dem Mammon« (Mt 6,24; vgl. Lk 16,13).

Der gläubige Muslim wird im Koran aufgefordert: »Setze Allah keine andere Gottheit zur Seite, damit du nicht, mit Schimpf bedeckt und verlassen, zurückbleibst« (Sure 17,22).[2]

In unserer postmodernen und – jedenfalls in Westeuropa – weithin säkularisierten Welt spielen Formen des Polytheismus, d. h. die Verehrung mehrerer, verschiedener Götter, kaum eine Rolle. Sofern Menschen religiös sind

---

[1]   Vollständig lautet dieses Verbot: »Du sollst keine anderen Götter haben neben mir«. MARTIN BUBER versucht in seiner Übersetzung diesen Satz aus dem Hebräischen wörtlich wiederzugeben: »Nicht sei dir andere Gottheit mir ins Angesicht«.

[2]   Übersetzung MAX HENNING.

und eine Gottesvorstellung besitzen, ist diese in der Regel durch den Glauben an *eine* überirdische, transzendente, personenhaft oder abstrakt vorgestellte Macht, also monotheistisch, bestimmt.

Die im ersten Gebot des Alten Testaments zum Ausdruck kommende Spannung zwischen der Forderung, nur einen Gott anzuerkennen, und der in der antiken Umwelt praktizierten Verehrung verschiedener Gottheiten, ist kein Problem unserer Zeit, jedenfalls nicht im engeren Sinne. Eher geht es angesichts des weitverbreiteten Nihilismus und Materialismus unserer heutigen Gesellschaften um die Frage, ob es im Kontext eines »wissenschaftlichen« und damit scheinbar »objektiven Weltbildes« überhaupt Sinn ergibt, von Gott zu reden, an Gott zu glauben und Gott in Bezug auf unsere Wirklichkeit zu denken.[3]

Der neuere Streit um Deismus, Theismus und Atheismus in den verschiedenen Spielarten muss in diesem Zusammenhang nicht erörtert werden. Erstens ist die Frage nach der Existenz Gottes kein Thema der Bibel. Dass Gott bzw. Götter existieren, gehört zu den unhinterfragten Voraussetzungen des antiken, biblischen Weltbildes. Zweitens sind die alten wie die neuen Versuche, Gottes Existenz zu beweisen genauso sinnlos, wie die, seine Existenz widerlegen zu wollen. Im Zentrum evangelischer Theologie steht »nicht der Streit zwischen theistischen und naturalistischen Welterklärungshypothesen, sondern der zwischen Glaube und Unglaube, einem Leben in der Ausrichtung an Gottes kreativer Präsenz, und einem Leben, das sie ignoriert«, wie jüngst INGOLF U. DALFERTH noch einmal in dieser Diskussion betont hat.[4]

Schon LUTHERS Antwort bei der Auslegung des ersten Gebotes auf die Frage »Was heißt einen Gott haben oder was ist Gott?« lautete:

Ein Gott heißet das, dazu man sich versehen soll alles Guten und Zuflucht haben in allen Nöten. Also daß einen Gott haben nichts anderes ist, denn ihm von Herzen trauen und glauben [...], daß alleine das Trauen und Glauben des Herzens machet beide Gott und Abgott. Ist der Glaube und Vertrauen recht, so ist auch Dein Gott recht [...]. Denn die zwei gehören zusammen, Glaube und Gott. Worauf Du nun [...] Dein Herz hängest und verlässest, das ist eigentlich Dein Gott.[5]

---

[3]   Vgl. dazu die Dokumentation der XIV. Europäischen Konferenz für Theologie: CHRISTOPH SCHWÖBEL (Hrsg.), Gott – Götter – Götzen, Leipzig 2013.

[4]   INGOLF U. DALFERTH, Götzen-Dämmerung. Warum die Theologie mehr will als Gott denken, in: SCHWÖBEL, Gott (s. Anm. 3), 197–218, 215.

[5]   MARTIN LUTHER, Der große Katechismus, in: Die Bekenntnisschriften der evangelischlutherischen Kirchen, Berlin ⁵1960, 560, 9–24.

Was aber sind rechter Glaube und rechtes Vertrauen? LUTHER gibt mit dem Satz: »Worauf Du nun [...] Dein Herz hängest und verlässest, das ist eigentlich Dein Gott«, zunächst einen entscheidenden Hinweis darauf, worauf sich rechter Glaube und rechtes Vertrauen nicht begründen lassen. Gemeint sind alle Sicherheiten, die der Mensch meint, sich selbst in seinem begrenzten Leben verschaffen zu können und deren Institutionen und Symbolen er so praktisch religiöse und göttliche Qualität beimisst. Als erstes nennt er »Geld und Gut« als Gabe des Abgottes »Mammon«[6]. Dem folgen »Gelehrsamkeit, Klugheit, Gewalt, Gunst, Verwandtschaft und Ehre«,[7] die Grundlagen jeder Karriere und die Voraussetzungen zur Bildung von Netzwerken in Absicherung des eigenen Lebens. Schließlich geht er auch auf jene religiösen und gottesdienstlichen Praktiken ein, mit denen der Mensch versucht, wider alle Vernunft und Verstand, Schutz vor Krankheit, Schmerz, Diebstahl und anderem Ungemach des Lebens zu finden.[8]

Glaube ist für LUTHER nicht irgendein »für wahr« oder »etwas für möglich halten«, sondern Glaube ist für ihn, wie auch für die beiden Testamente der Bibel[9], ein Beziehungsbegriff. Es gibt nicht den »Glauben an sich«. So wie Glaube und Gott zusammengehören, gibt es Glauben allein in der Beziehung des Menschen zu Gott, in seiner Bezogenheit auf ihn. Dabei handelt es sich bei dem Glauben um ein Ereignis, das nicht dem menschlichen Wünschen und Wollen entspringt, vielmehr kommt der Glaube dem Menschen allein durch »Gottes Wort« zu. Dieses »Wort« aber ereignet sich nicht frei schwebend in einem zeitlosen Raum, sondern ist gebunden an die »Heilige Schrift« als Ort der Offenbarung Gottes in Jesus Christus und seiner Verheißungen und Zusagen an alle, die an ihn glauben.[10] Daraus folgt die lutherische Trias *sola scriptura, sola fide et solus Christus* – »allein durch die Schrift, allein durch den Glauben, allein Christus«[11] und erklärt, warum LUTHER dem ersten Gebot des Dekalogs eine so zentrale Bedeutung für den Glauben an Gott beigemessen hat.

---

[6]   A. a. O., 561, 7–26.

[7]   Ebd., 561, 39–46.

[8]   A. a. O., 562, 10–29.

[9]   Hebräisch die Wurzel *'mn* mit der verbalen Bedeutung »glauben, vertrauen«, griechisch das Nomen πίστις »Vertrauen, Glaube« und das Verb πιστεύειν »glauben«.

[10]   Zu LUTHERS Glaubensverständnis vgl. EBERHARD JÜNGEL, Art.: Glauben IV. Systematisch-theologisch, in: RGG⁴ Bd. 3, Tübingen 2000, 953–974, 961–965.

[11]   Zur Aufgabe der alttestamentlichen Wissenschaft unter dieser Trias vgl. OTTO KAISER, Der Gott des Alten Testaments. Theologie des AT 1: Grundlegung, Göttingen 1993, bes. 75–77.

Heutige Exegese im Rahmen wissenschaftlicher Theologie teilt kaum noch die Prämissen, unter denen Luther das Alte wie das Neue Testament ausgelegt hat. Das gilt für die von der Alten Kirche bis über die Zeit der Reformation hinausreichende Lehre, dass die Schriften der Bibel von Gott selbst inspiriert seien, und im Blick auf das Alte Testament für Luthers radikal christologische Deutung. Das gilt nicht weniger für die Anwendung des »vierfachen Schriftsinns«, der von Luther teils verworfen, teils neu bestimmt, aber nie völlig aufgegeben worden ist.[12]

Auch wenn historisch-kritische Exegese die Texte der Bibel als Zeugnisse einer bestimmten Zeit versteht, verfasst von Menschen in verschiedenen sozialen, kulturellen und religiösen Milieus des alten Vorderen Orients und der griechisch-römischen Antike, so handelt es sich nicht einfach nur um historisches Quellenmaterial, sondern um »Zeugnisse des Glaubens«. Nur als solche wurden sie tradiert, als »Heilige Schrift« angenommen und in den verschiedenen Zeiten im Ringen um das rechte Verständnis neu ausgelegt. Aufgrund ihrer Wirkungsgeschichte kann die Bedeutung der biblischen Texte religions- und geistesgeschichtlich kaum überschätzt werden. Wenn Luthers Diktum noch gilt, dass gute Theologie vor allem in der rechten Bibelauslegung besteht, dann wird sich heutige Exegese nicht nur auf eine exakte historisch-kritische Auslegung der biblischen Texte beschränken können, sondern möglichst differenziert den Sinn und Wert der »alten Glaubenszeugnisse« für heutige Theologie aufweisen müssen.

Das Alte Testament enthält keine Gotteslehre. In seinen unterschiedlichen Schriften will es an keiner Stelle Gott beweisen, sondern ausschließlich und allein den Glauben an ihn ermöglichen. Dies geschieht in einer dreifachen Weise, indem der Glaube erstens in eine Geschichte eingebunden ist, in der sich, zweitens, für den Glaubenden Gott als die eine, unteilbare Wirklichkeit zu erkennen gibt, die sich, drittens, allen menschlichen Vorstellungen entzieht. Dieser Dreischritt lässt sich bestens am ersten Gebot und seiner Einbindung in den Dekalog verdeutlichen. In der Präambel wird Israel an die

---

[12]   Dieser besteht bekanntermaßen in der Grundunterscheidung von »historischer« und »geistlicher« Auslegung. Die »geistliche« unterteilt sich noch einmal in: *Tropologie* = moralische Bedeutung, *Allegorie* = übertragende Bedeutung, *Anagogie* = die Verständigung über die geistlichen und himmlischen Geheimnisse. Das Primat hat bei Luther, wie auch bei allen anderen Reformatoren, der *sensus historicus* bzw. *literalis*. Dennoch spielt er – gerade in den exegetischen Vorlesungen – die anderen Dimensionen bei der Auslegung mit ein. Vgl. hierzu Henning Graf Reventlow, Epochen der Bibelauslegung, Bd. 3, München 1997, 71–82.

Befreiung aus der ägyptischen Knechtschaft erinnert. Dem folgt das Verbot, »andere Götter zu haben«, welches anschließend durch das »Bilderverbot« präzisiert wird. Bevor wir dieses im einzelnen erläutern und nach den Konsequenzen für Israels Glaubensverständnis fragen, sollen einleitend einige Bemerkungen zum religionshistorischen Kontext vorangestellt werden.

2 Der religionshistorische Kontext des ersten Gebotes

Das erste Gebot ist Teil des Dekalogs. Dieser wurde nach den alttestamentlichen Erzählungen Israel am Sinai verkündet (Ex 20) und von Mose vor dem Einzug in das verheißene Land im Gebiet Moab einer Generation, die das Ereignis am Sinai nicht miterlebt hatte, erneut eingeschärft (Dtn 5). Literaturgeschichtlich betrachtet handelt es sich beim Dekalog allerdings nicht um einen uralten Rechtstext aus Israels Vorzeit. Vielmehr steht er in den Fassungen, die im Alten Testament vorliegen, am Ende einer israelitisch-judäischen Rechtsgeschichte, in der nach dem Untergang des politischen Staatswesens und seiner Institutionen sämtliche für Israel geltenden Rechtstexte als »Gottes Recht« am Sinai/Horeb als Ort der göttlichen Offenbarung verankert und dann durch Mose am Ende der Wüstenwanderung noch einmal in neuer Form deklariert werden. Dass der Dekalog sowohl der großen Gesetzessammlung am Sinai (Ex 23–Num 10) als auch dem Gesetz des Deuteronomiums (Dtn 12–26) und seiner paränetischen Einleitung (Dtn 6–11) vorangestellt wird, zeigt, dass er in beiden Fällen als Proömium und als eine Art Grundsatzerklärung zum Verständnis der jeweils nachfolgenden Gesetzessammlungen aufgefasst worden ist.

Die lange und komplizierte Überlieferungsgeschichte des Dekalogs und seiner Gebote lässt sich im Einzelnen nur schwer nachzeichnen.[13] Wahrscheinlich sind jene Sätze, die ein ethisches oder soziales Verhalten regeln,[14] sehr viel älter als der Dekalog als ganzer. Demgegenüber gehören die ersten drei Gott betreffenden Gebote des Dekalogs religionsgeschichtlich in die Auseinandersetzung um den »wahren« Gottesglauben in Israel. Schon das erste Gebot setzt voraus, dass es Zeiten in Israel gab, in denen neben dem Landes- bzw. Dynastiegott JHWH[15] andere Götter, einschließlich Göttinnen, verehrt

---

[13] Vgl. hierzu Matthias Köckert, Die Zehn Gebote, München 2007, bes. 40–44.
[14] Nach Luthers Zählung das 4. bis 10. Gebot.

worden sind. Das erklärt nicht nur die Sinnhaftigkeit dieses Gebotes, sondern dieses Faktum ist auch hinreichend archäologisch belegt. Zudem hat es offensichtlich Zeiten gegeben, in denen das Nebeneinander mehrerer Götter, ähnlich wie in Israels Umwelt, überhaupt nicht als Problem empfunden worden ist. Ein Text wie Dtn 32,8 f. in seiner mit Hilfe der griechischen Übersetzung rekonstruierbaren ältesten Fassung[16] lässt noch erkennen, dass JHWH gleich den Göttern der Nachbarvölker in ein Pantheon eingebunden war, in dem er sich von den anderen allein dadurch unterschied, dass er Israels Gott war, wie eben auch die anderen Nationen und Länder ihren je eigenen Gott besaßen (vgl. Ri 11,14; Rut 1,15 f.; 2 Kön 3,27). Mit REINHARD G. KRATZ kann die Situation, wie sie für die Königszeit Israels und Judas im 9. und 8. Jh. v. Chr. anzunehmen ist, folgendermaßen umschrieben werden: »Solange ein König für Frieden nach innen und außen sorgte, Weisheitslehrer die Eliten schulten, Priester und Propheten ihren Pflichten nachkamen, die Ernte erträglich war und sich das Leben in den Familien, Stämmen und Ortschaften unter dem einigenden Dach der Monarchie sowie nach den eigenen Regeln und Gebräuchen entfalten konnte, bestand kein Anlaß, sich Gedanken zu machen, wer oder was Israel, Juda oder JHWH sei oder sein sollte. Israel und Juda waren wie Moab. Und JHWH war der Gott Israels und der Gott Judas wie Kemosch der Gott Moabs«.[17]

In Anlehnung an JAN ASSMANN lässt sich das im Hintergrund stehende Weltbild als eine Trias vorstellen, in der Gott, König und Kult eine in sich geschlossene Einheit bilden. Nach diesem hat Gott den König eingesetzt als seinen Stellvertreter auf Erden, der über die göttliche Rechtsnorm und die kultischen Ordnungen wacht und so die heilvolle Ordnung der Welt, sowohl in der Gesellschaft wie in der Natur, garantiert. Erst Störungen bzw. Defekte in-

---

[15] Das Tetragramm gibt in Umschrift die vier hebräischen Konsonanten des Namens für den Gott Israels wider. Schon sehr früh bestand im Judentum eine Scheu davor, diesen Namen auszusprechen, weshalb er in den vokalisierten hebräischen Texten mit den Vokalen für das hebräische Wort »Herr« geschrieben worden ist. Entsprechend lesen schon die griechischen Übersetzungen für das Tetragramm das griechische Wort »Herr«, und so verwendet es LUTHER in seiner Übersetzung. In der wissenschaftlichen Literatur wird häufig die rekonstruierte Aussprache des Gottesnamens »Jahwe« verwendet.

[16] »Als Eljon die Völker als Erbbesitz verteilte, / als er die Menschen trennte,
da setzte er die Zahl der Völker fest / nach der Zahl der ›Söhne Els‹
[masoretischer Text: der Söhne Israels].
Fürwahr, Anteil Jahwes wurde sein Volk, / Jakob sein zugemessener Erbteil«.

[17] REINHARD G. KRATZ, Die Komposition der erzählenden Bücher des Alten Testaments, Göttingen 2000, 318.

nerhalb der Trias konnten zur Destabilisierung der Ordnung führen, was in Ägypten in der Regel als »Einbruch des Chaos« in die Welt verstanden worden ist.[18]

Das gilt *mutatis mutandis* auch für Israel und Juda. Solange das politische Gemeinwesen intakt war, konnten Gefährdungen im Bereich der Religion, des Staates oder des Kultes noch als zeitbegrenzte Gefahren verstanden werden, sofern sich durch Restauration die früheren Zustände wiederherstellen ließen. Ein Beispiel für den Streit um die »rechte Religion« bieten die Elia-Erzählungen (1Kön 16–2 Kön 2; bes. 1Kön 18). Vorausgesetzt wird, dass der JHWH-Glaube im Nordreich Israel im 9. Jh. v. Chr. auf Grund der ökonomischen und kulturellen Beziehungen zu Phönizien durch Vorstellungen vom nordwestsemitischen Baal überlagert worden sei oder sich mit diesen synkretistisch verbunden hätte. Eine Gruppe um den Propheten Elia hätte sich dann dafür eingesetzt, dass in Israel allein der eigene Gott verehrt werden durfte.[19] Falls es in dieser frühen Zeit schon eine solche religionspolitische Auseinandersetzung gegeben haben sollte, handelt es sich hier um eine Form von Monolatrie, die von den Anhängern der JHWH-Religion forderte, nur diesen allein zu verehren, ohne – wie im Monotheismus – die Existenz der anderen Götter überhaupt zu bestreiten. Gleiches gilt auch für die Reformen, die nach alttestamentlichen Berichten von den Königen Hiskia (732–695 v. Chr., vgl. 2 Kön 18) und Josia (638–609; vgl. 2 Kön 22–23) im ausgehenden 8. und im letzten Drittel des 7. Jh. v. Chr. durchgeführt worden sein sollen. Ungeachtet der Frage nach der Historizität beider Reformen[20] zeigt schon deren Darstellung, dass es allein darum geht, fremde Götter und Kulte aus Jerusalem und Juda zu verbannen und an Stelle einer Vielzahl von JHWH-Heiligtümern als einzigen Kultort nur den Jerusalemer Tempel anzuerkennen. Erst der Untergang der Staaten Israel (8. Jh. v. Chr.) und Juda (6. Jh. v. Chr.) stellte mit dem Verlust des jeweiligen Königtums und dem Ende der staatlichen Selbständigkeit eine ernsthafte religionspolitische Krise dar, die dazu zwang, das geltende Weltbild grundsätzlich zu hinterfragen und neu zu deuten.

---

[18]   Vgl. hierzu Jan Assmann, Politische Theologie zwischen Ägypten und Israel, Siemens-Stiftung ²1995, 48–60.

[19]   Vgl. Rainer Albertz, Religionsgeschichte Israels in alttestamentlicher Zeit, Bd. 1, ATD Erg. 8/1, Göttingen ²1996, 226–244.

[20]   Während die Reform Hiskias (2 Kön 18,1–4) weithin als theologische Konstruktion gilt, könnte die Reform Josias (2 Kön 22–23) den historischen Fixpunkt bilden, an dem sich in Jerusalem und Juda die alleinige Verehrung JHWHs in Abwehr der bis dahin verbreiteten polytheistischen und polyjahwistischen Vorstellungen durchzusetzen begann.

Ein erstes Nachdenken dürfte wahrscheinlich schon nach der Eroberung des Nordreiches Israel und seiner Hauptstadt Samaria 722 v. Chr. durch die neuassyrischen Könige Salmanassar V. oder Sargon II.[21] eingesetzt haben. Hier sind es vor allem die Propheten des 8. Jh. v. Chr., Amos, Hosea und Jesaja, die – laut den ersten Spruchsammlungen ihrer Tradenten – die Führungsschicht in Politik und Kult vor falschen Bündnissen gewarnt und diese wegen Mangels an Solidarität und Rechtsbewusstsein angeklagt hatten. Für sie war der Gott Israels nicht einfach der »Schutzpatron« seines Landes oder seiner Stadt. Er war vielmehr der Gott, der seine Forderung nach Recht und Gerechtigkeit nicht nur durch seine Propheten einklagte, sondern im Falle der Missachtung seines Willens bereit war, das Volk wegen seines Fehlverhaltens zu strafen. Die politischen Bedrohungen in der Zeit des 8. und 7. Jh., der sog. »neuassyrischen Krise«, wurden deshalb von den Propheten nicht mehr als ein von außen hereinbrechendes Fatum, sondern als das Gericht Gottes an seinem Volk gedeutet.

Spätestens nach der Zerstörung Jerusalems und seines Heiligtums durch die Neubabylonier 587/86 v. Chr. standen alle drei Größen in Frage: Gott – König – Heiligtum. Angesichts der politischen Katastrophe auf allen Ebenen musste eine Antwort auf die Frage gefunden werden, wieviel Glauben und Vertrauen einem Gott entgegengebracht werden kann, dessen Heiligtum zerstört war und der sein Volk nicht hatte vor seinen Feinden schützen können.

In dieser Auseinandersetzung hat dann auch das erste Gebot seinen religionshistorischen Ort.

3 Die Präambel

Israels Glaube ist eingebunden in eine Geschichte. Dabei zeigt die Präambel des Dekalogs, dass es sich nicht einfach um irgendein historisches Datum handelt, vielmehr ist dieses Ereignis mit Gott als Autor der Befreiung aus Ägypten von Anfang an theologisch qualifiziert:

»Ich bin der Herr, dein Gott, der ich dich aus Ägyptenland, aus der Knechtschaft, geführt habe« (Ex 20,2/Dtn 5,6).

Selbstvorstellung Gottes und Rückverweis auf den Exodus gehören in der Präambel des Dekalogs nicht nur sachlich, sondern ursprünglich zusammen.

---

[21] Zum Problem, welcher der beiden Könige Samaria eingenommen hat, vgl. Manfred Weippert, Historisches Textbuch zum Alten Testament, Göttingen 2010, 296–298.

Deshalb ergibt es auch wenig Sinn, nach einem wie auch immer gearteten historischen Kern dieses Ereignisses zu suchen.

Die vielleicht älteste literarische Erinnerung an den Auszug aus Ägypten bezeugt das Exodusgeschehen als ein kriegerisches Handeln Gottes zugunsten seines Volkes:

»Singet dem Herrn, denn hoch erhaben ist er; Ross und Reiter warf er ins Meer« (Ex 15,21).

Im Exodusbuch, in dem das Thema eine geradezu barocke Ausgestaltung erfahren hat, sind wahrscheinlich weitere relativ alte Überlieferungen dieses Geschehens tradiert worden. So glaubt etwa RAINER ALBERTZ, eine Grunderzählung rekonstruieren zu können, deren Inhalt er wie folgt zusammenfasst: »In der ältesten, noch rudimentär erkennbaren Schicht der Überlieferung scheitert ein erster Aufstandsversuch, den Mose unternimmt: Er erschlägt einen der verhassten ägyptischen Aufseher, um Streit in der Gruppe zu schlichten. Doch anstatt sich mit ihm zu solidarisieren und die Aggressionen gegen ihre Unterdrücker zu richten, erkennen die Hebräer seinen Führungsanspruch nicht an und drohen ihm mit Denunziation (Ex 2,11-14; vgl. 1 Kön 11,27; 12,18; Act 7,24 f.). Mose muss ins Ausland fliehen und findet bei einem midianitischen Priester Aufnahme (Ex 2,15-22). Hier, außerhalb des ägyptischen Machtbereichs, lernt er den Gott Jahwe kennen. Aufgrund eines Orakels Jahwes kehrt er in einem günstigen Augenblick zu seinen Leuten zurück (2,23a·+4,19.20a) und kann die Fronarbeiter zu einer gemeinsamen Fluchtaktion mobilisieren (14,5a). Eine den Flüchtlingen nachsetzende ägyptische Streitwagentruppe fährt sich im Morast des ›Schilfmeeres‹ fest. Das Ereignis wird von der Gruppe als Sieg Jahwes über die Ägypter gefeiert (15,21)«.[22]

Für R. Albertz ist deshalb »die Entstehung der Jahwereligion [...] unlöslich mit dem Prozeß der politischen Befreiung der Exodusgruppe verbunden. Sie ist der Funke, der einem langanhaltenden, schwelenden sozialen Konflikt zum Ausbruch verhilft. Das Buch Exodus berichtet auf verschiedene Weise, wie diese angepasste, unsolidarische und zum politischen Handeln unfähige, unterdrückte Gruppe fremdländischer Fronarbeiter durch die Initiative des Gottes Jahwe zu einem politischen Führer und zu einer neuen politischen Zukunftshoffnung gelangt, die es ihr ermöglichen, sich nach innen zu solidarisieren und nach außen aus ihren gesellschaftlichen Verflechtungen zu lösen und so zu einer gemeinsamen politischen Befreiungsaktion zu befähigen.«[23]

---

[22] ALBERTZ, Religionsgeschichte (s. Anm. 19), 76f.
[23] A. a. O., 76.

Man wird das Revolutionspotential in dieser Erzählung nicht überbewerten dürfen, aber die Erfahrung der Befreiung von fremder Macht dürfte ein wesentliches Moment der Exoduserzählung gewesen sein, das diese Tradition dann immer weiter vorangetrieben hat. Ob sich dieses Moment schon in der frühen Königszeit[24] oder erst in der Zeit der neuassyrischen Hegemonie über Israel/Juda im 8./7.Jh.v.Chr. herausgebildet hat[25], muss in diesem Zusammenhang nicht entschieden werden. Wichtig ist allein, dass in der Präambel des Dekalogs mit der Selbstvorstellung Gottes und dem Rückverweis auf die Herausführung aus Ägypten Israel auf das Grundbekenntnis seiner Gotteserfahrung und auf ein »Urdatum« seiner Geschichte hin angesprochen wird. Die Befreiung aus Ägypten gilt im Alten Testament deshalb als Gottes Erwählungs- und Offenbarungstat schlechthin. In vielfältigen Abwandlungen ist das Thema des Exodus zu einer der wesentlichsten Glaubensaussagen des Alten Testaments geworden.[26] »Auf die in diesem Glaubenssatz angesprochene Tat Gottes hat Israel seine Existenz und seine Sonderstellung im Kreis der Völker zurückgeführt«.[27]

Was dies im Bezug auf das erste Gebot bedeutet, zeigt schon beispielhaft eine Stelle wie Hos 13,4, wo die Selbstvorstellung Gottes und der Rückverweis auf die Herausführung aus Ägypten, wenn auch sprachlich in anderer Form, mit dem Inhalt des ersten Gebotes verbunden sind:

»Ich bin der Herr, dein Gott, von Ägypten her. Einen Gott neben mir kennst du nicht, einen Retter außer mir gibt es nicht«.

---

[24] So ALBERTZ auf Grund der parallelen Gestaltung der Personen Mose und Jerobeam (a.a.O., 72).

[25] So ECKART OTTO, Mose und das Gesetz. Die Mosefigur als Gegenentwurf Politischer Theologie zur neuassyrischen Königsideologie im 7.Jh.v.Chr. in: DERS. (Hrsg.), Mose. Ägypten und das Alte Testament, SBS 189, 43–83, auf Grund der parallelen Gestaltung der Geburtsgeschichte des Mose mit der neuassyrischen Sargon-Legende. Vgl. zum ganzen auch KONRAD SCHMID, Literaturgeschichte des Alten Testaments, Darmstadt 2008, 86–91.

[26] Vor allem im zweiten Jesajabuch (Jes 40–55) ist der Exodus als eine Metapher auf das babylonische Exil hin umgedeutet worden (Jes 40,3–5; 41,17–20; 43,16–21; 48,20f.; 51,9f.; 52,7–10.11f.). Dieser »neue Exodus« sollte den alten bei weitem übertreffen und konnte deshalb in geradezu mythischen Farben beschrieben werden (vgl. neben Jes 51,9f. und 63,13 auch Ps 74,13; 77,17–21; 136,11).

[27] MARTIN NOTH, Überlieferungsgeschichtliche Studien, Tübingen ³1967, 50; vgl. auch ERICH ZENGER, Art. Exodusüberlieferung, in: RGG⁴ Bd. 2, Tübingen 1999, 1826–1827.

4 DIE BEDEUTUNG DES ERSTEN GEBOTES

Angesichts der Präambel hätte es eigentlich des ersten Gebotes nicht bedurft, wenn Israel nach Aussage des zitierten Hoseawortes keinen anderen »Gott« kennt und um einen weiteren »Helfer« nicht weiß. Aber – wie schon eingangs erwähnt – waren Israel und Juda während der Zeit ihrer politischen Existenz weit tiefer mit ihrer Umwelt verflochten als es das Alte Testament selbst noch zu erkennen gibt. Spätestens in der politischen Katastrophe, als der Glaube an den Gott Israels in der Gefahr stand zu verlöschen, wurde dieses Gebot notwendig.

Bei dessen Formulierung »Du sollst keine anderen Götter haben vor mir« (Ex 20,3/Dtn 5,7) ist nun auffallend, dass es im Vergleich zu ähnlichen Verboten im Alten Testament äußerst abstrakt und allgemein gehalten ist. In der Regel werden gegenüber den Fremdgöttern ganz konkrete Verhaltensweisen untersagt: Israel soll ihnen nicht »opfern« (Ex 22,19); sie nicht »anrufen« (Ex 23,13); ihnen nicht »dienen« oder – die häufigste Aufforderung im Deuteronomium – »den fremden Göttern nicht nachlaufen« (Dtn 6,14; 8,19; 11,28). Die im Dekalog gerade unpräzise Aussage im Blick auf konkrete Verhaltensnormen hat ihren Sinn aber darin, dass jegliche Form des Dienstes an anderen Göttern untersagt werden soll.

Das, was das erste Gebot für Israel bedeutet, wird allerdings erst recht verständlich, wenn man sich in Umrissen bewusstmacht, was für Israel und seine Umwelt polytheistische Religion heißt. Polytheismus ist nicht einfach der absolute Gegensatz zum Monotheismus. Vielfach stellen Monotheismus und Polytheismus nur zwei verschiedene Sprachmöglichkeiten einer gemeinsamen Sache und Erfahrungsweise dar. In der Frühzeit hatte Israel kaum ein Problem damit, seinen Gott im Kreise der anderen Götter zu preisen. Selbst wenn später dessen Einzigkeit und Unvergleichlichkeit zum Ausdruck gebracht wurde, so sind derartige Aussagen noch keine Absage an den Polytheismus. Dergleichen Aussagen findet sich auch in Israels Umwelt. In der Regel handelt es sich an den meisten Stellen um Monolatrie oder um praktizierten Monotheismus, also um die *Verehrung* nur eines einzigen Gottes. Von einem radikalen oder theoretischen Monotheismus kann allenfalls bei der Götzenpolemik des zweiten Jesajabuches (Jes 40,19f.; 41,6f.; 44,9–20 u.ö.) die Rede sein. Es gehört zum Wesen des Polytheismus, dass die Götter wandelbar sind, dass sie sich aufspalten und wieder vereinen und dass »ein einziger Gott aus den vielen Göttern, an die man glaubt, dann, wenn man ihn verehrt, plötzlich alles Göttliche in sich versammeln kann«.[28] Von daher ist Toleranz eine der natürlichen Eigenschaften des Polytheismus. Dem Kult polytheistischer Religionen geht es darum, Erfahrungen religiöser Wirklichkeit in ihrer Mannigfaltigkeit und Vielgestaltigkeit zu erfassen und, wenn möglich, keinen ihrer Aspekte zu unterschlagen. Dies verlangt notwendig nach den unterschiedlichsten Gottesbeziehungen und den verschiedensten Weisen der Gottesverehrung, um so dem religiösen Urgrund aller Wirklichkeit zu begegnen. Mit dem ersten Gebot aber setzt sich der Gottesglaube Israels abrupt von den Vorstellungen polytheistischer Religion ab. An Stelle vermeintlicher Toleranz tritt eine eigenartige Intoleranz, ein »Unikum« in der altorientalischen Religionsgeschichte, wie es Gerhard von Rad einmal genannt hat.[29] Im Dekalog ist diese Auffassung als Kommentar zum ersten Gebot mit der Aussage belegt:

»Denn ich, der Herr, dein Gott, bin ein eifernder Gott, der die Missetat der Väter heimsucht bis ins dritte und vierte Glied an den Kindern derer, die mich hassen, aber Barmherzigkeit erweist an vielen tausenden, die mich lieben und meine Gebote halten« (Ex 20,5bf./Dtn 5,9bf.; vgl. auch Ex 34,14; Dtn 4,24; 6,15).

Diese Aussage ist unbedingt im Zusammenhang des ersten Gebotes mit zu bedenken, weil mit ihr der Anspruch erhoben wird, dass der Gott Israels für sein Volk nicht einfach das bedeutet, was die Götter der Umwelt zusammen für die Völker bedeuten, sondern für Israel die einzige und ausschließliche göttliche Wirklichkeit darstellt. »Wenn Israel also die Verehrung anderer Götter verboten wird, dann wird ihm verboten, andere Weisen der Begegnung mit Gott zu versuchen.« Das hat, wie NORBERT LOHFINK dann weiter ausführt, nur Sinn, »wenn die mit Jahwe gegebene Gotteserfahrung etwas enthält, was die mit anderen Göttern gegebene Gotteserfahrung für Israel nicht enthält. Jahwe muss mehr bedeuten als die jedem Menschen zu jeder Zeit mögliche Gotteserkenntnis und Gottesbegegnung, mehr als die verschiedene und doch immer gleiche Erkenntnis des einen fernen Gottes hinter den Dingen.«[30] Es handelt sich um eine von der religiösen Umwelt Israels im Grundsatz völlig unterschiedene Weise der Offenbarung und der dem Menschen aus dieser Offenbarung zukommenden Erfahrung. Nicht Israel hatte zu *seinem* Gott gefunden, wie man in der Umwelt durch neue und andersartige Erfahrungen zu neuen Göttern finden konnte, sondern der Gott Israels hat sich *sein* Volk

---

[28] NORBERT LOHFINK, Gott. Polytheistisches und monotheistisches Sprechen von Gott im Alten Testament, in: DERS., Unsere großen Wörter, Freiburg 1977, 122–144, 140.

[29] GERHARD VON RAD, Theologie des Alten Testaments I. Die Theologie der geschichtlichen Überlieferungen Israels, München ⁵1966, 221.

[30] LOHFINK, Gott (s. Anm. 28), 142.

erwählt. Das Alte Testament lässt an keiner Stelle Zweifel daran aufkommen, dass aller Gotteserfahrung Israels eine grundlegende Gottesoffenbarung vorausgeht und dass jede neue Erfahrungs- und Begegnungsweise an der zuvor ergangenen Offenbarung zu messen und zu prüfen ist.

Was das im einzelnen für Israel bedeutet, kann hier nur umrissen werden:

In Israels Umwelt wurden verschiedene religiöse Begegnungsweisen und unterschiedliche geschichtliche Erfahrungen samt den daraus resultierenden sozialen, kulturellen und kultischen Veränderungen als sehr viel weniger problematisch empfunden, weil sie in ihrer Vielfalt immer einen Aspekt der unendlichen Möglichkeiten bildeten, dem Einen, dem religiösen Urgrund, zu begegnen. Israel hingegen war, da es sich von Gott erwählt glaubte, der Grund seiner Existenz und seines Seins offenbar. Damit mussten zugleich das religiöse Leben und die geschichtlichen Erfahrungen als Problem empfunden werden. Zorn und Barmherzigkeit Gottes, Gericht und Heil, Aufstieg und Niedergang, das waren nicht einfach mehr unabänderliche Erfahrungen aus unergründlicher Verborgenheit, der man allenfalls durch ebenso unergründliche kultische und religiöse Praktiken begegnen konnte, sondern Erfahrung und Religion waren für Israel untrennbar. Sie hatten ihren Grund einzig und allein in dem einmal offenbarten Verhältnis Gottes zu seinem Volk. Sie konnten deshalb nur unter dem Aspekt von Gehorsam und Ungehorsam gegenüber Gottes geoffenbarten Willen verstanden werden.

Das erste Gebot sichert mit der vorangestellten Präambel dem Exodusereignis Offenbarungsqualität und begründet damit den Glauben Israels in dem Vertrauen auf einen Gott, der einst sein Volk aus ägyptischer Knechtschaft befreit hat. Es geht nicht allein darum, einen Gott zu haben, sondern zugleich auch um das Wie und Woher dieses Gottes. Luther hatte in seiner Zeit die »anderen Götter« mit den materiellen Gütern und Wünschen des Menschen identifiziert (s. o.). Im Dekalog sind hingegen noch wirkliche Götter gemeint: El, Baal, Aschtarte u. a. LUTHERS Auslegung ist dabei aber insofern völlig korrekt, als die »anderen Götter« für jene religiösen Praktiken stehen, mit denen der Mensch versucht, Segen, Fruchtbarkeit und Lebensglück zu gewinnen, anstatt auf den einzigen und wahren Gott zu vertrauen. Hier setzt das erste Gebot eine Grenze, indem es versucht, Gott dem menschlichen Wollen und Wünschen zu entziehen.

5 Das Bilderverbot

Diese mit dem ersten Gebot gesetzte Grenze wird mit dem Bilderverbot noch verschärft.

»Du sollst dir kein Bildnis machen in irgendeiner Gestalt, weder von dem, was oben im Himmel, noch von dem, was unten auf Erden, noch von dem, was im Wasser unter der Erde ist« (Ex 20,4/Dtn 5,8).

Die ältere Auslegung war der Meinung, dass es sich hier um die Herstellung der Bilder fremder Götter handelt und damit praktisch das nachfolgende Verbot, »sie nicht anzubeten noch ihnen zu dienen« (Ex 20,5/Dtn 5,9) unterstreichen wollte. In seiner Grundbedeutung dürfte dieses Verbot allerdings die Anfertigung eines Bildes des Gottes Israels im Blick haben. Dies ist jedenfalls die Mehrheitsmeinung der neueren wissenschaftlichen Exegese und diese lässt sich wenigstens zweifach begründen. Erstens belegen archäologische Funde und die inneralttestamentliche Polemik gegen die Stierbilder im Tempel von Bethel und Dan (1 Kön 12; Hos 10), dass es im Nordreich Israels Bilder des Gottes Israels gegeben hat, und dergleichen ist auch für Juda mehr als wahrscheinlich.[31] Zweitens wird dies durch den einzigen Kommentar, den das Alte Testament selbst in Dtn 4 zum Bilderverbot bietet, gestützt (s. u.).

Das Bilderverbot stellt im religionsgeschichtlichen Kontext des Alten Orients ebenso ein *Unikum* dar wie das erste Gebot. Die Frage, wie es zu diesem Verbot gekommen ist, lässt sich nicht eindeutig beantworten. Sicher ist nur, dass dieses Verbot in einem ganz engen Zusammenhang mit dem Fremdgötterverbot und damit im Kontext der Entwicklung des Monotheismus stehen muss. Das Bilderverbot kann jedenfalls nicht älter sein als das erste Gebot.

Lässt man die eher unwahrscheinliche These beiseite,[32] dass das Bilderverbot aus Israels früher Nomadenzeit stammt, dann lassen sich zwei Möglichkeiten für die Entstehung des Bilderverbotes vorstellen:

Die früheste Polemik gegen die Götterbilder ist möglicherweise im Hoseabuch belegt. Da aber an den entsprechenden Stellen (Hos 8,4 f.; 10,5 f. 13,1 f.) noch nicht »das Bild als Bild, sondern das Bild als Träger unterschiedlicher und […] nicht zu vereinbarender religiöser Ideen« kritisiert wird, könnte die Infragestellung der Bilder nach Christoph Dohmen ihren Ausgang im Nordreich des 8. Jh. v. Chr. genommen haben, wo sie aus dem Kampf gegen Baal bzw. gegen einen JHWH-Kult, der sich am Baal-Kult ausgerichtet hat, er-

---

[31] Vgl. Köckert, Gebote (s. Anm. 13), 61–63.

[32] Vgl. dazu und zum Ganzen auch Werner H. Schmidt, Die Zehn Gebote im Rahmen alttestamentlicher Ethik, Darmstadt 1993, 59–77.

wachsen wäre.[33] Der Prophet oder seine Tradenten sahen in diesen Bildern offensichtlich eine doppelte Gefahr: Aufgrund der Bildvorgaben aus Israels Umwelt schloss die bildliche Darstellung Gottes zum einen die Möglichkeit ein, nicht diesen, sondern einen der kanaanäischen Götter, vorab Baal, abzubilden. Zum anderen konnte ein solches Gottesbild auch oder immer wieder als kanaanäische Gottheit gedeutet werden. In der Erzählung vom »Goldenen Kalb« (Ex 32) wurde die Kritik des Hoseabuches aufgegriffen und die Verehrung von Stierbildern als »Sünde Israels« qualifiziert. Das Deuteronomium knüpft mit dem Doppelverbot, Mazzeben und Ascheren aufzustellen (Dtn 16,21f.), an diese Tradition an. Das Bilderverbot des Dekalogs selbst könnte, so gesehen, aus der frühexilischen Zeit des 6. Jh. v. Chr. stammen. Demgegenüber macht Matthias Köckert auf einen anderen möglichen Grund für die Entstehung des Bilderverbotes aufmerksam. Spätestens mit der Zerstörung des Jerusalemer Tempels gab es keine offizielle Statuette des Gottes Israel mehr. Wenn eine solche, wie er vermutet, im Jerusalemer Tempel gestanden hatte, war sie 586 v. Chr. entweder verbrannt oder von den Neubabyloniern geraubt und ihr Metall eingeschmolzen worden. Bei der Wiedereinrichtung des zweiten Tempels 515 v. Chr. konnte ein solches Bild nicht einfach wiederhergestellt werden, denn es fehlte das »Urbild«. Ein Götterbild herzustellen, war ja nicht in die freie künstlerische Entscheidung des Menschen gestellt.[34] Die Anfertigung war an spezielle rituelle Regelungen und an traditionelle Vorgaben, die als »Modelle im Tempel« aufbewahrt wurden, gebunden. Das Kultbild bildet in Babylon »das Herzstück jedes Heiligtums. Es sichert die heilvolle Gegenwart des Gottes, auf den die kultischen Handlungen ausgerichtet sind. Weil an ihn der Bestand der kosmischen und irdischen Ordnung gebunden ist, hat der Verlust des Kultbildes, etwa durch Zerstörung oder Verschleppung im Krieg, katastrophale Folgen für das Gemeinwesen. Weil im Kultbild die unsichtbare göttliche Wirklichkeit sichtbare Gestalt angenommen hat, handelt es sich niemals um ein bloßes Abbild, sondern um die reale Repräsentation des unsichtbaren Gottes«.[35]

---

[33]   Christoph Dohmen, Das Bilderverbot. Seine Entstehung und seine Entwicklung im Alten Testament, ²1987, 236ff., Zitat 260.

[34]   Zu Recht betont deshalb auch Angelika Berlejung, Geheimnis und Ereignis. Zur Funktion und Aufgabe der Kultbilder in Mesopotamien, in: Marie-Theres Wacker/Günter Stemberger (Hrsg.), Die Macht der Bilder, JBTh 13, Neukirchen-Vluyn 1999, 109–143, 142f., dass im Blick auf die mesopotamischen Kultbilder »die Wirklichkeit der Bilderverehrung wesentlich komplexer, differenzierter und theologisch fundierter war, als die biblische Bilderpolemik glauben machen will«.

Wir wissen nicht, welche rituell-kultischen Bestimmungen zur Herstellung eine Gottesbildes gegebenenfalls in Israel bestanden haben. Aber ohne eine feste Gebrauchsanweisung wäre auch in Israel und Juda eine solche Herstellung nicht ausgekommen.[36] Das Bilderverbot könnte, so betrachtet, eine notwendige Reaktion auf die totale Zerstörung des Jerusalemer Heiligtums, einschließlich seines vermeintliches Kultbildes und der möglicherweise auch in diesem Tempel vorhandenen Modelle, gewesen sein.

Der Kommentar zum Bilderverbot in Dtn 4 postuliert allerdings, dass Israel nie im Besitz des Bildes seines Gottes gewesen sei. Bei der einzigen Begegnung, der Ursprungsbegegnung am Sinai/Horeb, habe Israel gerade keinerlei Gestalt gesehen. Hier, wo Gott seine Gestalt dem Volk hätte offenbaren können, hat er aus dem Feuer heraus zu ihnen geredet. Sie haben seine Stimme vernommen, aber nicht mehr. Da es keine von Gott selbst offenbarte Vorlage für sein Aussehen und seine Gestalt gibt, kann auch kein entsprechendes Kultbild hergestellt werden. Anders als in Israels Umwelt ergibt es keinen Sinn, zu einer anderen Zeit oder an entlegenen Orten nach einem solchen zu forschen:

»So hütet euch nun wohl, denn ihr habt keine Gestalt gesehen an dem Tage, da der Herr mit euch redete aus dem Feuer auf dem Berge Horeb, dass ihr euch nicht versündigt und euch irgendein Bildnis macht, das gleich sei einem Mann oder Weib, einem Tier auf dem Land oder Vogel unter dem Himmel, dem Gewürm auf der Erde oder einem Fisch im Wasser unter der Erde. Hebe auch nicht deine Augen auf gen Himmel, dass du die Sonne sehest und den Mond und die Sterne, das ganze Heer des Himmels, und fallest ab und betest sie an und dienest ihnen. Denn der Herr, dein Gott, hat sie zugewiesen allen andern Völkern unter dem ganzen Himmel« (Dtn 4,15-19).

Der Gott Israels definiert sich in seiner ersten und nach Auffassung der Theologen von Dtn 4 auch einzigen Offenbarung allein durch sein Wort und seinen Willen. Gemeint sind in diesem Kontext an erster Stelle die Zehn Gebote. Zwar ist der Mensch nach Gottes Ebenbild geschaffen (Gen 1,26ff.), aber Israel soll sich hüten, von seinem eigenen Bild auf eine mögliche Abbildung Gottes zurückzuschließen.[37] Auch alle anderen innerweltlichen Mög-

---

[35] Köckert, Gebote (s. Anm. 13), 57f.

[36] Als Beispiel kann auf Ahas' Altarbau verwiesen werden. Bei seinem Treffen mit Tiglat-Pileser in Damaskus sieht er einen Altar, den er auch für den Tempel in Jerusalem haben will. Er schickt deshalb ein Modell dieses Altars an den Priester Uria, der diesen nach dem Vorbild zu bauen hat (2 Kön 16,10-12).

[37] Möglicherweise stellt der Ausdruck »gleich einem Mann oder Weib« einen expliziten

lichkeiten werden kategorisch ausgeschlossen. Es gibt in dem dreistufigen Weltbild, über, auf oder unter der Erde, kein Wesen, das Israel sich hier zum Vorbild nehmen könnte. Am Schluss dieses Textabschnittes werden auch die allzeit präsenten und klassischen Göttersymbole des Himmels – Sonne, Mond und Sterne – aufgeführt, hier mit dem interessanten Argument, dass sie wohl Gottheiten verkörpern mögen, aber eben nicht den Gott Israels. Deshalb hat Gott sie den anderen Völkern als Symbol kultischer Verehrung zugeteilt.

Das Bilderverbot ist in diesem Kontext nicht darin begründet, dass Gottesbilder an sich ambivalent sind und in Abgrenzung zur Umwelt missdeutet werden können. Das Bilderverbot erfährt vielmehr eine offenbarungstheologische Begründung. So mächtig Gott die Welt auch durchwaltet, so ist er ihr gegenüber doch transzendent. Das Bilderverbot ist deshalb nichts anderes als die konsequente Fortschreibung des erste Gebotes.

Wie das erste Gebot sichert das Bilderverbot Gottes Einzigkeit und Unvergleichlichkeit. Das Bilderverbot schützt dessen gedankliche und vorstellungsmäßige Seite. Ihn im Bild dinglich festzumachen bedeutet immer, einen Anspruch auf das Wie seiner Offenbarung und auf das Wo seiner Gegenwart zu haben. Dass es kein ihm entsprechendes Bild in der Welt gibt und geben kann, darin ist der tiefste Unterschied zwischen Gott und Welt ausgesagt. Sich ein Bild machen heißt ja, eine feste oder genauere Vorstellung von dem zu haben, was ist und wie es ist (vgl. »Weltbild«). Dass Gott aber »ist«, das gehört weder zum Wissen Israels noch zu dem, was im Alten Testament bewusst problematisiert wurde. Der Glaube Israels gründet in dem Bekenntnis, dass sich Gott rettend und befreiend seinem Volk im Auszug aus Ägypten offenbart hat, und dieser Glaube ist umschlossen von der Hoffnung, dass Gott immer wieder aufs Neue und oft in überraschender Weise für sein Volk wirkt und wirken will.

Es wäre allerdings eine völlig verfehlte Annahme, wenn man daraus schlussfolgern würde, dass mit der Inkraftsetzung des Bilderverbotes in Israel nun jede sinnlich konnotierte Gottesvorstellung ausgeschlossen war. Abstraktphilosophisch hat das alte Israel nicht über seinen Gott nachgedacht. Im Gegenteil. Da nämlich gesichert war, dass nichts in der sichtbaren und unsichtbaren Welt Gottes Wirklichkeit widerspiegelt, wurde der Raum geradezu frei, von Gott in Bildern zu reden.

Bezug zur Gottebenbildlichkeit des Menschen in Gen 1 her, wo es heißt, dass Gott den Menschen nach seinem Ebenbild »als Mann und Weib« schuf (an beiden Stellen wörtlich: »männlich und weiblich«).

Nach alttestamentlichen Aussagen wird Gott als Mensch vorgestellt, als Mann. Er hat »Antlitz, Mund, Augen, Herz, Hände, Ohren, Füße, Stimme. Er geht zur passenden, erquickenden Zeit spazieren, kommt, sieht, lacht, pfeift, wird müde, riecht.[38] Er empfindet Reue, Hass, Zorn, Schmerz.[39] Zu wenig wird bedacht, daß auch sein Sprechen oder sein ›Wort‹, sein ›Name‹ wie seine Bezeichnungen anthropomorphe Rede sind, die sich in menschlicher Rede von Gott auch gar nicht vermeiden läßt«.[40]

Derartige Anthropomorphismen sind nicht einfach Relikte ältester oder gar halbmythischer Überlieferung. Sie sind vielmehr sehr gleichmäßig über das ganze Alte Testament verstreut und begegnen auch in den jüngsten Textpartien. Solche Rede wird jedenfalls nach dem alttestamentlichen Verständnis des Bilderverbotes nicht ausgeschlossen.

Alttestamentliche Bilder wagen sich manchmal geradezu ins Polemische vor, wenn Gott als »Ehemann« (Hos 2,4ff.; vgl. Ez 16,8f.), »Vater« (Jes 63,17; 64,7), »Vogelfänger« (Hos 13,7), »Löwe« (Hos 5,14; Am 3,8) oder als »Eiter- und Knochenfraß« (Hos 5,12) apostrophiert wird.[41] Es gibt scheinbar nichts, was mit Gott nicht zu vergleichen wäre, aber es gibt nichts, womit man ihn identifizieren könnte. Der Vorstellungswelt scheint keine Grenze gesetzt zu sein, und doch begrenzt sich diese Bilderwelt selbst. Die Bilder werden immer wieder zurückgeführt auf Erfahrungen, die Israel in seiner Geschichte mit seinem Gott gemacht hat. Zur Beschreibung dieser Erfahrung werden sie geschaffen oder auch übernommen. Sie besitzen allerdings kein Eigenleben, sie lassen sich niemals logisch fortspinnen oder ausmalen. Ein Bild kann wohl das andere ergeben, und doch geben die Bilder insgesamt keinen Zusammenhang. Die Bilder selbst enthalten keine Geschichte mehr.

---

[38] Gen 3,8; 1 Sam 5,11; 2 Kön 19,16; Jes 7,13; Jer 9,11; Ps 2,4; 8,4; 33,13; 37,13.

[39] Gen 6,5f.; Ex 32,35; Dtn 12,31; Jes 61,8; 62,5; Hos 11,8; Jon 3,10.

[40] HORST D. PREUSS, Theologie des Alten Testaments I. JHWHs erwählendes und verpflichtendes Handeln, Stuttgart/Berlin/Köln 1991, 280. Vgl. zum Ganzen auch ANDREAS WAGNER, Gottes Körper. Zur alttestamentlichen Vorstellung der Menschengestaltigkeit Gottes, Gütersloh 2010, bes. 101–109.

[41] PREUSS, Theologie (s. Anm. 41), 281 mit Anm. 760.

6 KONSEQUENZEN

Die Bedeutung des ersten Gebotes für das Alte Testament und den Gottesglauben Israels kann insgesamt kaum überschätzt und in ihrer Vielschich-
tigkeit in diesem Zusammenhang auch nicht ausgeführt werden. Ein wichtiges Moment hat OTTO KAISER herausgestellt, wenn er schreibt: »Die
Grundbeziehung, daß Jahwe der Gott Israels und Israel das Volk Jahwes ist,
und die Grundgleichung, daß Gerechtigkeit und Leben einander im Leben
des Volkes wie des Einzelnen entsprechen, wurden durch das Hauptgebot,
Jahwe allein zu dienen, miteinander verbunden. Von dieser Verbindung zeugt
das ganze AT, und darin besitzt es trotz der Verschiedenheit seiner Gottesbe-
zeugungen, wie sie der geschichtlichen Erfahrung Israels entwuchsen, seine
theologische Einheit«.[42]

Besonders deutlich lassen sich die Konsequenzen des ersten Gebotes dort
aufzeigen, wo das Alte Testament an den Vorstellungen seiner Umwelt partizipiert und diese für seine eigene Glaubenswelt adaptiert und umgestaltet.

Das Alte Testament vertritt das Weltbild der Antike. Welt und Menschheit
sind göttlichen Ursprungs. Ein Bekenntnis zu Gott als Schöpfer, jedenfalls im
Gegenüber zu alternativen Weltentstehungstheorien, war in biblischer Zeit
noch nicht gegeben. Das Weltbild ist aber nur die eine Seite, viel entscheidender ist die Weltsicht, die mit einem solchen Bild vermittelt wird. Dabei
steht weniger die Frage nach dem Ursprung des Seins, als vielmehr die Frage
nach der Sicherung des Seins im Vordergrund. Nicht das, was am Anfang
war, sondern die Furcht, dass heute oder morgen das Chaos wieder in die
Welt einbrechen könnte, sei es in Form einer Sintflut oder anderer dramati-
scher Naturereignisse, hat das Lebensgefühl der Antike sehr viel stärker bestimmt als heute.[43]

Trotz vieler Grundübereinstimmungen lassen sich aus der Perspektive
des ersten Gebotes einige markante Unterschiede zur Weltsicht der Umwelt
Israels aufzeigen. In der Regel waren hier die Götter der Schöpfung nicht die
Gottheiten, die im Kult verehrt worden sind.[44] In Israel dagegen war der Gott,

---

[42]   KAISER, Gott (s. Anm. 11), 350.

[43]   Vgl. CLAUS WESTERMANN, Schöpfung, Stuttgart/Berlin 1971, 14ff.

[44]   In der westsemitischen Religion Ugarits gilt El als Schöpfergott und Baal als der Gott,
der in Auseinandersetzung mit Mot und Jam das Gleichgewicht in der Schöpfung garantiert; vgl. JÖRG JEREMIAS, Das Königtum in den Psalmen. Israels Begegnung mit dem kanaanäischen Mythos in den Jahwe-Königspsalmen, Göttingen 1987, zusammenfassend
161ff.; BERND JANOWSKI, Das Königtum Gottes in den Psalmen, in: DERS., Gottes Gegenwart

dem sich der Mensch im Gebet anvertraute, nach dessen Weisung er verpflichtet war zu leben, der Schöpfer des Himmels und der Erde. Die Welt und ihre Ordnungen lagen nicht in verschiedenen Händen, damit auch nicht in der Macht rivalisierender und konkurrierender Götter.[45] Ein markantes Beispiel bietet die Sintflutgeschichte (Gen 6–9), die im Alten Testament aus der altorientalischen Mythologie übernommen worden ist.[46] In den altbabylonischen Sintfluterzählungen wird die Menschheit durch den Gott der Weisheit gerettet, weil offensichtlich allein ihm bewusst war, dass mit der Vernichtung der Menschheit die Götter nicht mehr versorgt werden könnten.[47] Es gäbe dann keinen Kult mehr, keinen Dienst an den Göttern, und diese wären, wie vor der Erschaffung des Menschen, wieder sich selbst überlassen.[48] Dem Gott, der die Sintflut initiierte, wird deshalb in der Götterversammlung am Ende der Erzählung das Versprechen abgerungen, ein solches Unheil nicht nochmals über die Menschheit zu bringen.[49] Demgegenüber verpflichtet sich nach

---

in Israel. Beiträge zur Theologie des Alten Testaments, Neukirchen-Vluyn 1993, 148–213, 205 ff.

[45] Nach dem babylonischen Atramchasis-Mythos verdankt der Mensch seine Erschaffung dem Streit zwischen zwei Göttergruppen, den Anunnaku und Igigu (Tafel I Zeile 57 ff.). Zum Zweck der Schöpfung muss dann eine Gottheit geschlachtet werden (Atramchasis-Mythos Tafel I Zeile 219–239; Enuma Elisch, Tafel VI Zeile 5–8).

[46] Vgl. Jakob Wöhrle, Der eine Gott und die Gefährdung der Schöpfung, in: Schwöbel, Gott (s. Anm. 3), 320–336.

[47] Im Atramchasis-Mythos können die Menschen die ersten beiden von Enlil initiierten Plagen (Fieber und Hunger) auf den Rat des Weisheitsgottes Enki hin dadurch begrenzen, dass sie den entsprechenden Göttern, dem Unterweltsgott Namtar und Adad, besondere kultische Referenz erweisen. Enkis Rat: »Verehrt nicht eure Götter, / ruft nicht an eure Göttin! / Namtars Tor (aber) sucht auf, / bringt Gebäck vor ihn! / Zu ihm gelange das Röstmehl, das Op[fer], / damit er beschämt werde durch die Begrüßungs[geschenke] / und dann seine Hand abwische« (Tafel I Zeile 378–384; ähnlich die Anweisung gegenüber Adad Tafel II Zeile 11–14, Übersetzung nach Wolfram von Soden, in: TUAT 3, Gütersloh 1997, 627 f.).

[48] Der Atramchasis-Mythos beginnt mit den Worten: »Als die Götter (auch noch) Menschen waren, / trugen sie die Mühsal, schleppten den Tragkorb. / Der Götter Tragkorb war groß, / die Mühsal schwer, viel Beschwerden gab es« (Tafel I Zeile 1–4, Übersetzung nach von Soden, a. a. O., 618).

[49] Nach der Fassung des Gilgamesch-Epos wendet sich Ea/Enki nach der Flut an Enlil mit den Worten: »Du klügster der Götter, Held! / Wie konntest du, ohne zu überlegen, die Sintflut machen? / Dem Sünder lege seine Sünde auf, / dem Frevler lege seinen Frevel auf! / Lass nach, dass nicht abgeschnitten werde, ziehe an, dass nicht getötet werde!« (Tafel XI Zeile 178–182, Übersetzung nach Karl Hecker, in: TUAT 3, Gütersloh 1997, 734 f.).

dem alttestamentlichen Sintflutbericht Gott selbst, trotz der Bosheit der Menschen die Erde nicht wieder zu vernichten (Gen 8,21 f.). Von daher war sich der Israelit gewiss, dass das Chaos nicht gegen Gottes Willen in die Welt einbrechen kann.

Natürlich ist auch der Israelit zum Kult, zum Gottesdienst, verpflichtet. Aber ein nicht unwesentlicher Unterschied zur Umwelt besteht darin, dass nach alttestamentlicher Sicht der Mensch nicht um des Kultes willen geschaffen, sondern der Kult für den Menschen gestiftet ist, der es dem Menschen ermöglichen soll, seine Aufgabe und Verantwortung in der Welt entsprechend dem göttlichen Willen wahrzunehmen.[50]

Entsprechend zeichnet das Alte Testament in der »Urgeschichte« (Gen 1-11) eine zweiseitige und auf den ersten Blick paradoxe Anschauung vom Menschen. Auf der einen Seite gilt der Mensch als »Gottes Ebenbild« (Gen 1,26f.; vgl. auch Ps 8).[51] Auf der anderen Seite wird der Mensch vorgestellt als von Gott aus dem »Staub des Ackers« geformt und mit göttlichem Atem belebt (Gen 2,7), der seinen Mangel dadurch zu beheben sucht, mit Hilfe des »Baumes der Erkenntnis« Gott gleich zu werden (Gen 3). Mit beiden Vorstellungen knüpft das Alte Testament an altorientalische Vorgaben an, deutet diese allerdings nicht als alternative Anschauungen, sondern als zwei Seiten einer Medaille.

Die Würde der Gottebenbildlichkeit kam nach der Anschauung in Israels Umwelt nicht dem Menschen, sondern ausschließlich dem König zu, der in Mesopotamien wie in Ägypten als Gottes Ebenbild bzw. als Sohn Gottes verehrt wurde.[52] Hier nun wird diese Würde jedem Menschen zuerkannt und mit der Würde zugleich ein hohes Maß an Freiheit und damit an Selbstverantwortung gegenüber der übrigen Schöpfung.[53] Mit der Proklamation der

---

[50] Dies lassen deutlich die prophetischen Überlieferungen erkennen, in denen der ethischen Gesinnung und dem sozialen Handeln der Vorrang vor jeder Kultpraxis eingeräumt wird (Jes 1,10-17; Jer 7,3-7; Hos 6,6; Am 5,4-6. 21-24; vgl. auch 1 Sam 15,22; Ps 51,18f.).

[51] Gen 1,26ff. und Ps 8 sind trotz der inhaltlichen Nähe nicht literarisch voneinander abhängig, sondern beide stehen in der gleichen Tradition. Dabei dürften die altorientalischen Vorstellungen durch die Jerusalemer Königstheologie vermittelt worden sein. Der Jerusalemer König gilt in diesem Kontext ebenfalls als Sohn Gottes (Ps 2,7; 110,3) und von Gott in sein Amt eingesetzt und ist damit Gottes Stellvertreter und Mandatar, der ihn zur Herrschaft über die Welt bestimmt hat (Ps 2,8; 72,8; 89,26).

[52] Zu den Nachweisen vgl. noch immer Werner H. Schmidt, Die Schöpfungsgeschichte der Priesterschrift. Zur Überlieferungsgeschichte von Genesis 1,1-2,4a und 2,4b-3,24, Neukirchen-Vluyn ³1973, 136-142.

königlichen Stellung eines jeden Menschen wurden nicht die alten Hierarchien und Staatsordnungen der Antike, noch nicht einmal die in Israel selbst, in Frage gestellt oder außer Kraft gesetzt. Aber das Verhältnis von oben und unten bekam einen ganz anderen Wert. Der gemeine Mann konnte sich nicht aus der Verantwortung stehlen, weil er gesellschaftlich von untergeordnetem Rang war, und der König und die staatstragenden Häupter konnten nicht aufgrund ihrer Stellung nach freiem Gutdünken handeln.[54] Galten die Könige in Israels Umwelt als sakrosankt, d. h. der König stand nicht unter dem Gesetz, sondern verkörperte das Gesetz selbst, wurden die Könige in den Erzählungen des Alten Testaments äußerst menschlich dargestellt, sowohl in ihren »privaten« Affären (2 Sam 11–12) als auch in ihrem politischen Versagen (2 Kön 24,1–6).[55] Sie standen wie jeder andere Mensch unter dem Gesetz Gottes.[56]

Mit der Erzählung von der Erschaffung des Menschen aus dem »Staub des Ackers« und vom »Baum der Erkenntnis« sowie vom »Baum des Lebens« (Gen 2–3) wird ein Thema aufgegriffen, das schon die Weisen in vorbiblischer Zeit beschäftigt hat. Dabei wird das Verhältnis von Weisheit und Leben unter der Frage problematisiert, warum der Mensch in seiner Erkenntnis Gott bzw. den Göttern fast gleich, aber in seiner Lebensspanne zeitlich begrenzt ist.[57]

---

[53]   Unbestritten ist, dass bei dem Herrschaftsauftrag an den Menschen (Gen 1,26.28) die Herrschaft des Königs im Hintergrund steht. Es handelt sich von daher um Herrschaft im Rahmen und zur Aufrechterhaltung der göttlichen Schöpfungsordnung.

[54]   Dass Israels Propheten neben der Oberschicht zumeist auch das ganze Volk unter Anklage stellen, muss so gesehen nicht in jedem Fall in einem mangelnden Bewusstsein hinsichtlich der Verantwortung jedes einzelnen für sich selbst begründet sein.

[55]   Jan Assmann, Ägypten. Eine Sinngeschichte, Frankfurt/M. 1999, 418ff., hat für Ägypten auf ein vergleichbares Phänomen in der persischen Zeit am Beispiel der sogenannten Demotischen Chronik aufmerksam gemacht.

[56]   Vgl. allein das Königsgesetz in Dtn 17,14–18: »Wenn er [der König] nun sitzen wird auf dem Thron seines Königreichs, soll er eine Abschrift dieses Gesetzes [...] schreiben lassen. Das soll bei ihm sein, und er soll darin lesen sein Leben lang [...]. Sein Herz soll sich nicht erheben über seine Brüder und soll nicht weichen von dem Gebot weder zur Rechten noch zur Linken [...]« (V. 18–20).

[57]   Im Adapa-Mythos ist das Problem mit dem Satz umschrieben: »Weisheit hatte er ihm gegeben; ewiges Leben hatte er ihm nicht gegeben« (zitiert nach Claus Westermann, Genesis. 1. Teilband Genesis 1–11, Neukirchen-Vluyn 1974, 335). Die gleiche Spannung wird auch im Gilgamesch-Epos zur Sprache gebracht: »Das Leben, das du suchst, wirst du nicht finden! / Als die Götter die Menschheit erschufen, / wiesen sie der Menschheit den Tod zu, / nahmen das Leben in ihre eigene Hand« (Übersetzung nach Hecker, TUAT 3 (s. Anm. 50), 665f.).

Während die altorientalischen Mythen beklagen, dass der Mensch das ewige Leben, das so greifbar nahe war, am Ende doch verloren hat und der Tod deshalb das ewige Schicksal des Menschen bleibt, benutzt die alttestamentliche Erzählung dieses Thema, um den Menschen als jenes Wesen vorzustellen, das sich selbst nie genug ist, nie zufrieden mit dem, was er hat und besitzt, der von Anfang an darauf aus ist, gesetzte Grenzen nicht zu akzeptieren, sondern möglichst grenzenlos zu übersteigen. Von Gott mit allem ausgestattet, was zum Leben notwendig ist,[58] wird ihm nur eine Grenze gesetzt. Von allen Bäumen des Gartens darf er essen, nur von dem einen nicht (Gen 2,16f.). Diese Grenze ist notwendig, denn der Mensch ist nicht Gott, sondern von seiner Beschaffenheit her Teil der Erde. Dann aber wird er überlistet, lässt sich verführen mit dem Versprechen der Schlange, dass ihn der Genuss der Frucht vom verbotenen Baum Gott gleich machen wird (Gen 3,1–5). Natürlich greift er zu, obgleich er mit der selbst erworbenen Gottgleichheit nicht anderes gewonnen hat, als ihm schon von Anfang an gegeben ist. Er ist Gottes Ebenbild, und mehr kann er bei aller Anstrengung auch nicht werden.

Während also die eine Seite betont, Gott habe den Menschen selbst zu seinem Ebenbild und Abbild geschaffen, wird auf der anderen Seite dargelegt, dass der Mensch durch sein Handeln Gott gleich geworden ist. Neben der Grundproblematik von umfassender Erkenntnis und begrenzter Lebenszeit ist dies die eigentlich spannende Frage nach dem Menschen aus alttestamentlicher Sicht. Sie ist – recht betrachtet – nicht nur eine Frage und ein Problem der alten Zeit. Der Mensch, der immer wieder versucht ist, seine Grenzen zu übersteigen, verkennt eben nicht nur seine Geschöpflichkeit, sondern er verkennt gleichermaßen seine geschöpfliche Bestimmung. Er will zu dem werden, als der er in der Schöpfung längst ausgezeichnet und geehrt ist. Als Gottes Ebenbild geschaffen, macht er sich auf, Gott gleich zu werden. Es ist eine hohe narrative Anthropologie, die uns in den ersten Kapiteln der Bibel begegnet, und sie hat bis heute nichts von ihrer Spannung verloren. Das Problem, dass wir als Menschen der Erkenntnis (Wissenschaft) mehr vermögen, als wir angesichts unserer begrenzten Lebenszeit verantworten können, ist und bleibt immer eine offene Frage. Zwar reflektieren die alttestamentlichen Erzählungen dieses Problem nicht wertfrei, aber sie lassen eben auch keinen Zweifel daran aufkommen, dass das Problem von den Anlagen und Ansprüchen des Menschen her gar nicht zu lösen ist. Der Mensch wird

---

[58] Hierfür stehen in der Erzählung der Garten (Gen 2,8f.15) und die Erschaffung der Frau (Gen 2,18–24).

jede Chance, die sich ihm bietet, seine Grenzen zu überschreiten, nutzen. Entsprechend lässt der Erzähler, nachdem die Menschen am Ende der »Urgeschichte« mit dem Turmbau beginnen, Gott sagen: »Dies ist der Anfang ihres Tuns; nun wird ihnen nichts mehr verwehrt werden können von allem, was sie sich vorgenommen haben zu tun« (Gen 11,6). Der Mensch kann sich nicht selbst begrenzen, ausgenommen es wird ihm von außen eine Grenze auferlegt. In den Erzählungen der »Urgeschichte« wird diese stets von Gott gesetzt. Heute sind es die selbst initiierten Katastrophen, die in der Regel die Frage aufwerfen, ob der teils immer noch ungebrochene Fortschrittsglaube am Ende auch hält, was sich mancher Zeitgenosse von ihm verspricht.

Das Gebot »Du sollst nicht andere Götter haben« erweist sich zuallererst nicht als Frage nach Gott, sondern stellt, wie Martin Luther richtig gesehen hat, den Menschen vor die Frage, woran er glaubt, worauf er vertraut und was den Sinn und den Wert seines Lebens bestimmt.

Gerade weil der Mensch nach dem Verständnis der alttestamentlichen Schöpfungserzählungen als »Ebenbild Gottes« (Gen 1) und als der vorgestellt wird, der die Gottgleichheit selbst sucht zu erlangen (Gen 2–3), ist die Grenze, die das erste Gebot und das Bilderverbot des Dekalogs zwischen Gott und Welt setzen, unbedingt notwendig. In der Gottebenbildlichkeit ist nichts weniger begründet als die Würde eines jeden Menschen.

Dabei geht es grundsätzlich um die Frage, ob die Würde dem Menschen von außen zugesprochen werden muss und damit der Selbstbestimmung des Menschen entzogen ist oder ob er sie sich selbst zusprechen kann.[59]

Das Alte Testament lässt keinen Zweifel daran, dass sich die Menschenwürde letztlich nur durch die Gottebenbildlichkeit des Menschen begründen lässt. Der Mensch kann sie nicht selbst für sich deklarieren. Er ist Geschöpf und nicht Schöpfer, er ist Mensch und nicht Gott. Er kann sich zwar zum »Herrn der Welt« aufschwingen, dennoch bleibt er aufgrund seiner anthro-

---

[59] »Die religiöse Sanktionierung der Menschenwürde ist neben der freiheitstheoretischen Begründung [...] deshalb unverzichtbar, weil die subjektive Verbindlichkeit des Gebots ihrer unbedingten Achtung nicht vom kontingenten Ausgang diskursiver Plausibilisierungsbemühungen abhängig gemacht werden kann, sondern jenseits ihres Scheiterns oder Gelingens auf einer vordiskursiven Gewissheitsebene sichergestellt sein muss. Die schlechthinnige Gültigkeit des Menschenwürdeprinzips kann ihr subjektives Korrelat nur in einem Verbindlichkeitsbewusstsein haben, welches sich nicht nur dem Gehalt, sondern auch seiner Form nach als unbedingt erweist« (ULRICH BARTH, Gottesebenbildlichkeit und Menschenwürde, in: KLAUS D. HILDEMANN (Hrsg.), Die Zukunft des Sozialen. Solidarität im Wettbewerb, Leipzig 2001, 167–190, 188).

pologischen Bestimmung unfähig, diesen Anspruch, die gleiche Würde für einen jeden Menschen, durchzusetzen und durchzuhalten. Wo der Mensch meint, seine Würde in sich selbst begründen zu können, wird es unter den »Gleichen« immer jene geben, die *gleicher* sind. Wenn die Menschenwürde keine transzendente Begründung erfährt, dann besteht ihr Wert ausschließlich in den Grenzen, in denen der Mensch fähig ist, Werte zu bestimmen und zu sichern. Es ist immer eine durch den Menschen selbst begrenzte, den menschlichen Hierarchien ausgelieferte Würde. Sie ist abhängig von den Wesenseigenschaften des Menschen und von dem, »woran er sein Herz hängt«, sei es Hass oder Liebe, Fürsorge oder Selbsterhalt etc. Die Menschenwürde, wenn sie allgemein und umfassend verstanden werden soll, kann nur transzendent begründet sein. Dafür bedarf es des ersten Gebotes. Wenn sie nicht in *dem* begründet ist, von dem angenommen werden muss, dass er der Schöpfer des Kosmos und der »Herr« der Welt ist, dessen Ordnungen die Welt durchziehen und sie in ihrer Grundstruktur prägen, dann lässt sie sich allgemein und umfassend auch nicht begründen.

RELIGION AM ENDE –
AM ENDE (DOCH) RELIGION?

Jörg Dierken

I WIDERSPRÜCHE

Zwischen religionssoziologischen Befunden und theologischen Deutungen klafft ein garstig breiter Graben. Auf der einen Seite wird mit scheinbar erdrückenden Belegen die ›forcierte Säkularität‹ – insbesondere in Ostdeutschland – beschrieben,[1] während auf der anderen Seite der Mensch und seine gesellschaftliche Lebensform grundsätzlich als religionsoffen, wenn nicht religionsbedürftig gelten. Den empirischen Erhebungen zu einer stetig anwachsenden Mehrheit von Menschen, die konfessionell nicht gebunden sind, keine sonstige Form von Religiosität praktizieren und dabei nicht einmal mehr einen Verlust erahnen,[2] stehen Beschreibungen des Menschen als *homo religiosus* gegenüber.[3] Nach christlichem Verständnis sind alle Menschen Geschöpfe Gottes, deren Frömmigkeit zwar durch Sünde oder Unkenntnis verschattet sein mag, aber deren Kreatürlichkeit doch auf einen erlösenden Gottesglauben angelegt ist, welcher durch die Predigt des Wortes Gottes erweckt wird, in kirchlichem Leben Gestalt gewinnt und dabei zunehmend in Herz und Gewissen verankert wird. Selbst wenn eine weichere Tonlage als die einer heilsgeschichtlich inspirierten Dogmatik angestimmt wird und etwa von einer anthropologischen Offenheit, vielleicht auch Bedürftigkeit nach transzendenzbezogenen Deutungen die Rede ist, kollidiert ein solches Verständnis des Menschen mit den realen sozialstatistischen Daten. Diese

---

[1]   Vgl. zu dieser Formel MONIKA WOHLRAB-SAHR, Forcierte Säkularität: Religiöser Wandel und Generationendynamik im Osten Deutschlands, Frankfurt a. M. 2009.

[2]   Vgl. summarisch GERT PICKEL, Religionssoziologie, Wiesbaden 2011, 339 ff.

[3]   Vgl. als fast schon klassisches Beispiel: WOLFHART PANNENBERG, Anthropologie in theologischer Perspektive, Göttingen 1983.

verstellen insbesondere den traditionellen Ausweg, nach dem durch die missionarische Dimension des kirchlichen Handelns eine fortschreitende Verbreitung des christlichen Glaubens mit entsprechender Frömmigkeitspraxis zu erwarten steht. Die empirischen Daten zeigen für unsere Breiten statt Zuwächsen kontinuierliche Rückgänge von christlich-kirchlicher Religionsausübung, auch ist deren kulturelle Dominanz im Schwinden. Das gilt insbesondere in Ostdeutschland mit seinem ganz überwiegenden Anteil Konfessionsloser an der Gesamtbevölkerung. Wie in seiner frühen Phase in der Antike stellt das kirchliche Christentum eine Minderheitenposition dar – allerdings nun weniger im Zeichen von Aufwuchs und Aufbau, sondern solchen zum Abbruch und Rückbau.

Doch nicht nur für die Perspektive christlicher Theologie, sondern auch die der Soziologie werfen die Befunde forcierter Säkularität grundlegende Fragen auf. Das betrifft insbesondere die seit ca. 20 Jahren im Gegenzug zu Säkularisierungstheorien aufgekommene These von einer ›Wiederkehr der Religion‹.[4] Diese These wurde durch verschiedene Phänomene motiviert. Hierzu gehören der Aufschwung alternativer Religionspraktiken zwischen Esoterik und Naturmystik, zunehmendes Interesse an fernöstlichen Meditationsformen, aber auch die Präsenz von religiöser Symbolik in quasi kultisch inszenierter Popmusik. Hinzu kommen die Erfordernisse für religionspolitische Neujustierungen angesichts des migrationsbedingt gestiegenen religiösen Pluralismus mitsamt seinen Schattenseiten, insbesondere soziale Desintegration durch Parallelgesellschaften. Weiter ist die politische Dimension von Religion zu nennen. Religion kann hochgradig streitbar sein, sei es im Sinne der von Papst Johannes Paul II. forcierten Auseinandersetzung mit dem Kommunismus, sei es im Sinne von monströsem Terror wie 9/11 und Krieg gegen die ›Achsen des Bösen‹. Insbesondere die Religionskonflikte haben zu einem massiven Zuwachs an öffentlicher Aufmerksamkeit geführt. Religion rückte ins Zentrum der Medien – in deutlichem Kontrast zu dem in behäbigen Bahnen verlaufenden kirchlichen Leben. Es hat auch sonst von der sog. ›Wiederkehr der Religion‹ wenig profitiert. Zur medialen Aufmerksamkeit – mit

---

[4]   Vgl. exemplarisch Pickel, Religionssoziologie, a. a. O., 137 ff.; 284 ff. u. ö. Im Hintergrund stehen v. a. Arbeiten von Detlef Pollack. Vgl. Ders., Säkularisierung – ein moderner Mythos? Studien zum religiösen Wandel in Deutschland, Tübingen 2003; Ders., Rückkehr des Religiösen? Studien zum religiösen Wandel in Deutschland und Europa II, Tübingen 2009; ders., Religiöser Wandel in modernen Gesellschaften: Religionssoziologische Erklärungen, in: Rückkehr der Religion oder säkulare Kultur? Kultur- und Religionssoziologie heute, Würzburg 2008, 166–191, bes. 173 ff.

Parallelen in nichttheologischen Kultur- und Sozialwissenschaften – hat vermutlich auch die sperrige Abständigkeit des Religiösen für religionsentwöhnte Zeitgenossen beigetragen, sozusagen eine Faszination des Anderen und Fremden, das unser standardisierter, an Überraschendem armer Alltag kaum mehr zu bieten hat. Mag die ›Wiederkehr der Religion‹ auch in gewissen Teilen ein bloßes Medienereignis sein und mithin eher zu den Themen der Medien- als der Religionssoziologie gehören, so hat das mit ihr verbundene Motivbündel doch die Säkularisierungsthese der älteren Soziologie klar zurückgedrängt. Sie besagt generell, dass die fortschreitende Modernisierung von Gesellschaften mit einem Rückgang von Religion einhergeht. Das Spektrum spezieller Varianten von Säkularisierungsthesen ist freilich denkbar weit. Es reicht von der Annahme eines gänzlichen Endes von Religion im Zusammenhang des gesellschaftlichen Fortschritts durch Naturwissenschaft und Technik bis hin zum Verständnis der Moderne als konsequente Verwirklichung christlich-religiöser Gehalte wie Humanität und Menschenwürde in den säkularen Institutionen von Staat und Recht. Auch in dieser gleichsam religionsfreundlichen Variante von Säkularisierung ist eine besondere religiöse Form nach der Verwirklichung ihres Gehalts nicht mehr notwendig – ähnlich wie in der religionskritischen Variante, die die evolutive Überwindung von Religion tendenziell als Naturgesetz der Geschichte versteht.

In der Theologie wie auch in der Soziologie sind eine Reihe von Denkmustern entwickelt worden, um mit solchen Widersprüchen umzugehen. Ausgangspunkt ist in beiden Fällen das Motiv von einer grundlegenden Bedeutung von Religion – sei es im Sinne eines in der Kreatürlichkeit des Menschen begründeten Geltungsanspruchs, sei es im Sinne der überragenden Rolle von Religion in der Herkunftsgeschichte unserer Gesellschaft und Kultur, die den grundlegenden Wandel hin zur Säkularität erklärungsbedürftig macht. Sogar radikale Theorien der Säkularisierung wie das Drei-Stadien-Gesetz von A. Comte[5], wonach Religion ihren Ort in den frühen Phasen der Gesellschaftsentwicklung hat und im letzten Zeitalter von Vernunft und Wissenschaft abstirbt, müssen den Wandel mit Bezug auf Religion erklären. Und die ebenso radikalen Theorien der Verwirklichung der Religion in den säkularen Institutionen der Moderne haben das Problem, dass sie unterschwellig auch letztere im Gefälle von Religion verstehen.[6] Moderatere Säkularisierungstheorien

---

[5] Vgl. AGUSTE COMTE, Die Soziologie. Die positive Philosophie im Auszug, Stuttgart ²1974.

[6] Vgl. exemplarisch für Debatten um geschichtsphilosophische Deutungen der Moderne

fokussieren hingegen die Rolle der Religion im Prozess gesellschaftlicher Modernisierung. Sie kann als deren früher Motor gelten wie in M. Webers These der Entstehung des kapitalistischen Geistes aus protestantischem Erbe, um schließlich von der angestoßenen Entwicklung als gesellschaftliche Kraft überrollt zu werden – und allenfalls noch ein Dasein zu fristen im Kontext einer kritisch-resignativen Bewertung der Ambivalenz der in »agonalen Leidenschaften« gefangenen Moderne.[7] H. Kippenberg zieht diese Linie fort und sieht Religion insbesondere auf der Rückseite der beschleunigten Modernisierung, also bei deren Verlieren, beheimatet.[8] Diese Diagnose muss mit Blick auf die boomende Lebenserfolgsreligiosität in den USA und ihre pentecostalen Variationen in Schwellenländern wie Brasilien, aber auch umgekehrt mit Blick auf die hartnäckige Religionsdistanz auch der Modernisierungsverlierer in etlichen Umbruchsgesellschaften Osteuropas modifiziert werden. Zudem spielen konfessionelle Prägungen für den Säkularitätsgrad einer Gesellschaft eine wichtige Rolle, wie schon ein Vergleich von Ostdeutschland, Polen und Tschechien zeigt. Nicht nur in der Tradition des religionssoziologischen Klassikers Weber, sondern auch in der seines französischen Kollegen E. Durkheim[9] wird Religion mit der gesellschaftlichen Modernisierung zwar zurückgedrängt und modifiziert, lebt aber in transformierter Gestalt fort. Das Heilige, das hiernach soziale Integration vermittelt, indem es das Gemeinsame durch Tabuisierung der Sphäre des Strittigen entzieht, zieht Spuren bis in die Gegenwart hinein. H. Joas' Formel von der ›Sakralität der Person‹ als Beschreibung des aller Manipulation entzogenen, gleichsam unbedingten und unverfügbaren Kerns der modernen Menschenrechte mag als Beleg genügen.[10]

Solche und weitere Beobachtungen fordern zur Interpretation der sozialstatistischen Befunde heraus, die tendenziell die Religion am Ende sehen. So einfach scheinen die Dinge nicht zu liegen. Dennoch können die Interpreta-

---

als säkularisierte Eschatologien: Hans Blumenberg, Säkularisierung und Selbstbehauptung, Frankfurt 1974.

[7]   Vgl. Max Weber, Die protestantische Ethik und der Geist des Kapitalismus, in: Ders., Gesammelte Aufsätze zur Religionssoziologie I, Tübingen [9]1988, 17–206; hier 204.

[8]   Hans Kippenberg, Die Entdeckung der Religionsgeschichte. Religionswissenschaft und Moderne, München 1997, bes. 259 ff.

[9]   Vgl. Émile Durkheim, Die elementaren Formen des religiösen Lebens, übersetzt v. L. Schmidts, Frankfurt a. M. 1994, v. a. 17–75; 556–596.

[10]   Hans Joas, Die Sakralität der Person. Eine neue Genealogie der Menschenrechte, Frankfurt a. M. 2011.

tionen nicht unter der Hand zur Umdeutung der Befunde führen. Dann ist am Ende doch alles wieder Religion, wenn auch nur in der Optik soziologischer oder theologischer Deutungen. Sie müssen sich an der Realität bewähren, wenn sie nicht leer werden sollen. Umgekehrt bleiben die Befunde ohne Deutungen blind. Ein Nullsummenspiel ist angesichts der gegensätzlichen Ausgangspunkte und bleibenden Widersprüche nicht angezeigt. Das erhellt aus einem exemplarischen Blick auf Typen soziologischer und theologischer Deutungsfiguren.

2 Typen soziologischer (Um-)Deutungen

Mag der Säkularisierungsbegriff in den soziologischen Debatten[11] auch in den Hintergrund getreten sein, so sind doch wesentliche Phänomene aus seinem breiten Bedeutungsspektrum[12] unstrittig. Dazu gehören: der Rückgang der sozialdisziplinierenden und politisch-ökonomischen Bedeutung von Religionsinstitutionen, die Entkoppelung von Bürgerrechten und Konfession, die funktionale Ausdifferenzierung der Gesellschaft in funktionsspezifische Teilsysteme einschließlich des der Religion, das private Entscheiden über Teilnahme am Religionssystem, die damit verbundene Entdogmatisierung und der gestiegene weltanschauliche Pluralismus. Diese Phänomene lassen sich in nahezu allen westlichen Gesellschaften beobachten, freilich mit unterschiedlichen Geschwindigkeiten und Wirkungsgraden für die Religion. Die USA sind bekanntlich ein hochmodernes Land mit klarer Trennung der religiösen und politischen Institutionen sowie ausgeprägtem religiösen Pluralismus, in dem Religion mit hoher Beteiligung in konkurrierenden Angeboten verschiedenster Denominationen öffentlich sichtbar gelebt wird – überwölbt von einer zivilreligiösen politischen Rhetorik. Demgegenüber ist die Beteiligung an staatsnah und behördenähnlich organisierten Volks- oder Staatskir-

---

[11] Vgl. zur Einführung in religionssoziologische Debatten neben dem genannten Buch von Pickel: GÜNTER KEHRER, Einführung in die Religionssoziologie, Darmstadt 1988; VOLKHARD KRECH, Religionssoziologie, Bielefeld 1999; HUBERT KNOBLAUCH, Religionssoziologie, Berlin 1999.

[12] Vgl. ULRICH BARTH, Säkularisierung und Moderne. Die soziokulturelle Transformation der Religion, in: DERS., Religion in der Moderne, Tübingen 2003, 127–165; JÖRG DIERKEN, Säkularisierung zwischen Schwund und Wiederkehr der Religion, in: DERS., Selbstbewusstsein individueller Freiheit. Religionstheoretische Erkundungen in protestantischer Perspektive, Tübingen 2005, 49–67.

chen der beiden großen Konfessionen in Westdeutschland und insbesondere Skandinavien traditionell sehr viel geringer. Ein noch etwas anderes Bild bietet der französische Laizismus in einem traditionell katholischen Land, in dem ehemals religiöse Gravitätsinsignien auf die ›Grande Nation‹ übertragen wurden. In Osteuropa und insbesondere Ostdeutschland werden viele Säkularisierungsschritte rasant nachgeholt, wobei teilweise auch die Rolle der vorherigen staatlich verordneten anti-religiösen Weltanschauung betroffen ist. Die Bürgerrechte wurden ohne staatsatheistisches und natürlich auch ohne kirchliches Bekenntnis allgemein zugänglich, privates Entscheiden in Religionsdingen wird nach langer massiver Bedrängung der Kirchen freigestellt. Die Kirchen sind zunehmend auf Religion fokussiert, nachdem sie zuvor gerade auch als Orte bürgerlichen Widerstands und kleiner politischer Freiheiten wahrgenommen wurden, gleichsam im Windschatten ihrer politisch konzedierten Freiheit zu religiös-liturgischer Tätigkeit. Die Säkularisierung erstreckt sich ebenso auf religiöse Formationen wie auch auf das quasi- wie antireligiöse Gepräge der sozialistisch-politischen Lebensordnung. Neben der staatlichen Zurückdrängung der Kirchen aus dem öffentlichen Raum dürfte das ein Grund dafür sein, dass es nach der Wende keine rasanten kirchlichen Aufschwünge gab. Wenn Konfessionslosigkeit der Gradmesser ist, nimmt Ostdeutschland eine Sonderstellung in Religionsferne ein, unbeschadet volkskirchenähnlicher Strukturen der Lebensbegleitung im institutionellen Umfeld der ehemaligen Staatspartei mitsamt einem geradezu konfessorischen Atheismus.[13]

Neuere Säkularisierungstheorien, etwa die von N. Luhmann, besagen nicht, dass Religion einfach verschwindet.[14] Es wird sie weiter geben, in den kleineren Kreisen derer, die »durch die Zufälle ihres Lebens in den Schoß der Kirche geführt werden«.[15] Auch andere weltanschauliche oder nichtkirchliche Entsprechungen werden sich finden lassen, wie an geschlossenen Na-

---

[13] Dass sich atheistische Positionen geradezu konfessorisch oder gar missionarisch artikulieren, ist kein Phänomen, das nur in den (natur-)wissenschaftsgläubigen Milieus Ostdeutschlands zu finden wäre. Parallelen zeigen sich ebenso in den Kampagnen im Umkreis von RONALD DWORKIN in England, und selbst im katholischen Polen lassen sich zunehmend militante antireligiöse Stimmungen ausmachen.

[14] Vgl. N. LUHMANN, Die Religion der Gesellschaft, Frankfurt a. M. 2000, bes. 278; DERS., Funktion der Religion, Frankfurt a. M. 1977, bes. 225 ff.

[15] N. LUHMANN, Die Ausdifferenzierung der Religion, in: DERS., Gesellschaftsstruktur und Semantik. Studien zur Wissenssoziologie der modernen Gesellschaft, Bd. 3, Frankfurt a. M. 1993, 259–357; hier 350.

turalismen oder einem konfessorischen Atheismus sichtbar ist. Entscheidend ist vielmehr die funktionale Differenzierung der Gesellschaft in tendenziell autonome Teilsysteme, die ihren eigenen Imperativen folgen. Das Rechtssystem orientiert sich am positiven Recht und nicht an einer Idee von Gerechtigkeit, die Politik sucht ständig nach Mehrheiten, in der Wissenschaft tritt die Wahrheitsfrage hinter die erfolgreiche Beschreibung der Welt in Modellen zurück und die Wirtschaft greift Zahlungsfähigkeit ab. Selbst wenn ein Unternehmen mit dankbarem Erfolg gesegnet ist, wird die Bilanzkonferenz im Unterschied zum Erntedankfest in früheren Zeiten nicht von Segenshandlungen und Dankgebeten begleitet. Die Religion, ehedem für fast alles zuständig, bildet ein eigenes Teilsystem aus, in dem es um Wort und Glaube geht. Äußerungen zu Politik, Recht und Wirtschaft verpuffen tendenziell – es sei denn, sie werden in die Logiken anderer Systeme in Gestalt von Wählerstimmen, Verfahrensregeln oder Geldströme übersetzt, mögen sie auch in universalen religiösen Ansprüchen der Frommen auf eine ›Lebensform im Ganzen‹[16] begründet sein. Doch im Unterschied zu dem tendenziellen Zwang zur Teilnahme an den säkularen sozialen Systemen der modernen Gesellschaft ist die Teilnahme am Religionssystem hochgradig ins individuelle Belieben gestellt. Essen muss man schon aus Gründen der Selbsterhaltung, Beten nicht. Das markiert die Grenze der Religion für Interferenzen mit anderen Systemen durch Einstellung in deren Funktionsweisen. Dennoch kennt Luhmanns Systemtheorie zwei Orte, an denen Religion am Ende dennoch nahezu unverzichtbar ist – unbeschadet aller Säkularisierung. Der eine Ort liegt gleichsam in der Schaltzentrale der systemtheoretischen Begriffsbildung.[17] Differenzierung ist als bestimmte nur denkbar gegenüber einer unbestimmten, an ihr selbst unfassbaren Einheit. Zugleich ist der Vorgang des Differenzierens selbst unhintergehbar und in seiner Kontingenz mithin gleichsam absolut. Diese Paradoxie werde in der Religion symbolisch bearbeitet. Religion ist damit für die Gesellschaft als Ganzes nach systemtheoretischer Beschreibung mitgesetzt – sosehr viele Individuen sich von ihr abkehren mögen. »Religion löst nicht spezifische Probleme des Individuums, sondern erfüllt eine gesellschaftliche Funktion.«[18] Doch auch auf der Ebene von Individuen bleibt Religion im Spiel. Hier habe sie die Fährnisse des Lebens wie Geburt und

---

[16] Die Formel stammt von J. Habermas, vgl. DERS., Zwischen Naturalismus und Religion. Philosophische Aufsätze, Frankfurt a. M. 2005, 117.

[17] Vgl. JÖRG DIERKEN, Soziologische Theo-Logik. Ein dissensorientierter Dialog mit der Religionstheorie Niklas Luhmanns, in: DIERKEN, Selbstbewusstsein (s. Anm. 12), 325–343.

[18] NIKLAS LUHMANN, Ausdifferenzierung (s. Anm. 15), 349.

Tod, Krankheit und Schicksal abzufedern. Religion ist Kontingenzbewältigung. Kontingenzen werden sich nicht aus der Welt schaffen lassen, sosehr die modernen Sozialsysteme die Bedrohung des Lebens durch äußere Schicksale wie Missernten, Armut und Siechtum minimiert haben – und folglich auch eine Vielzahl von Anlässen für Praktiken des religiösen Bittens und Dankens. Doch damit sind die Kontingenzen mitsamt ihren Chancen und Risiken der eigenen Lebensführung nicht beseitigt. Durch Lebensdeutung an biographischen Schwellenpunkten trage Religion dazu bei, das, was faktisch der Fall ist, obwohl es auch ganz anders sein könnte und vielleicht auch anders gewünscht wird, in einen tragfähigen Gesamtsinn zu integrieren. Die Kasualien der Kirche bilden das klassische Beispiel. Selbst wenn ihre Inanspruchnahme rückläufig ist, bleibt die Kontingenzthematik ein universaler Ankerpunkt für Religion. Allgemeinen Bestand hat dieses Bezugsfeld für individuelle Religion auch unter Säkularisierungsbedingungen – wie auch das gedankliche Paradox von Differenzierung und ihrem einheitlichen Anderen auf der Ebene der Gesellschaftstheorie.

Ein anderer soziologischer Erklärungstyp stellt auf die Individualisierungsschübe der Gesellschaft ab und fokussiert Religion am Ort des Einzelnen. In gewissem Anschluss an das Motiv der eigenen Teilnahmeentscheidung kommt die zunehmende Individualisierung von Lebensentwürfen und Sinndeutungen in den Blick. Damit geht nach P. Bergers Formel ein ›Zwang zur Häresie‹ einher.[19] Er drückt sich in zunehmender Distanz zu orthodox-kirchlichen Formeln, eigenen Arrangements unterschiedlicher, insbesondere auch östlicher Sinnmuster, Formen mystischer Naturfrömmigkeit bis hin zum Trost durch Überwindung personaler Endlichkeit in einem ewigen ›Kreislauf der Moleküle‹[20] oder auch quasireligiösen esoterischen Praktiken aus. Hinzu kommt ein relativ weitverbreitetes Christentum außerhalb der Kirche. Das Christliche könne auch ohne die störende, einengende und nicht zuletzt kostenpflichtige Institution gelebt werden – wenigstens in seinen positiv besetzten, oft ethisch eingefärbten Elementen. So unbestreitbar die Tendenzen zur Individualisierung auch sind, sosehr stammen erhebliche Teile alternativer Religionsmilieus aus den Beständen des kirchlichen Christentums. Das gilt jedenfalls für Westdeutschland. In Ostdeutschland ist die Neigung zum häretischen ›Basteln im religiösen Hobbykeller‹[21] deutlich geringer, wohl auch

---

[19]   PETER L. BERGER, Der Zwang zur Häresie, Freiburg i. B. 1992.

[20]   Diese Formel schließt an die Beschreibung des naturalistisch gefärbten Glaubens seiner Ehefrau Loki durch Helmut Schmidt an, wonach auch durch den Tod kein ›Molekül Naturstoff verloren geht‹.

in der Nachwirkung naturalistischer Denkmuster. Hinzu kommt, dass ein expressiver Individualismus[22] von einer Orientierung an Gemeinschaftsformen überlagert wird. Das Denken in Kategorie des Kollektivs zeigt vielfältige Spuren.

Entscheidend ist bei dem Individualisierungsmodell jedoch noch etwas anderes. Religion gehört hiernach zur *conditio humana* und gehe nicht in ihren gegenständlich-sichtbaren Manifesten auf. So beschreibt der Nestor dieser Konzeption, Th. Luckmann, den Menschen als ein unweigerlich in Transzendierungsvollzügen begriffenes Wesen.[23] Nach seiner Einteilung haben ›kleine Transzendenzen‹ etwas mit alltäglichen Überschreitungen des im Hier und Jetzt begriffenen Bewusstseins zu tun; als Beispiel gilt das Hinüberdämmern in den Schlaf bei gleichzeitigem Vertrauen in die Beständigkeit der Welt. ›Mittlere Transzendenzen‹ gelten weiträumigeren lebensleitenden Ausgriffen; genannt seien exemplarisch gesellschaftliche und geschichtliche Ziele und Utopien. Die ›großen Transzendenzen‹ schließlich beziehen sich auf die Grenzen unseres Daseins; sie gelten dem Zuvor und dem Danach, dem Verhältnis des Einzelnen zum Gesamt der Gemeinschaft. Auf allen diesen Transzendenzebenen komme es zu sozial kommunizierten Symbolen und Narrativen, um durch kollektive Erinnerungsmuster jene Überschreitungen des Alltags im Hier und Jetzt mit den Erfordernissen des Lebens hierin zu vermitteln. Wirklichkeit sei auf diese Weise eine gesellschaftliche Konstruktion. Entscheidend ist, dass die Art dieser gesellschaftlichen Wirklichkeitskonstruktion geschichtlich variabel ist, während die Disposition zum Transzendieren bereits mit dem Menschsein als solchem verbunden sei. Im Blick auf die jüngeren geschichtlichen Veränderungsprozesse beobachtet Luckmann ein ›Schrumpfen‹ der Transzendenzen mit zunehmender Modernisierung:[24] Die großen religiösen Narrative verblassen zu einer Art Hintergrundrauschen, die gesellschaftlichen Zielutopien treten zugunsten von politischem Pragma-

---

[21]   Vgl. hierzu GERHARD SCHULZE, Die Erlebnisgesellschaft. Kultursoziologie der Gegenwart, Frankfurt a. M., 2000.

[22]   Vgl. hierzu CHARLES TAYLOR, Die Formen des Religiösen in der Gegenwart, Frankfurt a. M. 2002.

[23]   Vgl. als Klassiker: THOMAS LUCKMANN, Die unsichtbare Religion, Frankfurt a. M. 1991; vgl. ferner PETER L. BERGER u. DERS., Die gesellschaftliche Konstruktion der Wirklichkeit, Frankfurt a. M. 2004.

[24]   Vgl. THOMAS LUCKMANN, Schrumpfende Transzendenzen, expandierende Religion, in: DERS., Wissen und Gesellschaft. Ausgewählte Aufsätze 1981–2002, Konstanz 2002, 139–154.

tismus und eigenem Lebenserfolgsstreben zurück; zudem werden sie über die kleinen Fluchten des Privatlebens in Freizeit, Lifestyle oder Tourismus mit noch kleineren Transzendenzen vermittelt. In dieser Transzendenzverschiebung liegt die systematische Pointe der religionssoziologischen Individualisierungsthese. Sie erlaubt es, eine grundsätzliche Disposition zur Religion mit historischen Veränderungen zusammenzudenken.

Demgegenüber ist die Frage nach dem Saldo von Gewinn- und Verlustrechnungen im Bereich kirchlich-konfessioneller und außerkirchlicher Religiosität von geringerem Gewicht. Daher haben auch Analysen von Chancen und Risiken auf den Märkten der Religion[25] nur eine begrenzte Aussagekraft darüber, ob die statistisch signifikanten Entwicklungen zur Religions- und Konfessionslosigkeit nur Verschiebungen auf der Nachfrageseite betreffen und ob eine reichere Palette an Angeboten unter verschärften Konkurrenzbedingungen für Zuwächse oder wenigstens eine schwarze Null gut ist. Denn in jedem Fall bedürfte es eines Maßstabes zur Bewertung von Verschiebungen auf den Religionsmärkten. Und dieser Maßstab kann weder der konfessionellen Kirchlichkeit noch sichtbaren Alternativen zu ihr entnommen werden. Selbst wenn – um nur zwei geläufige Beispiele zu nennen – etwa auf den Vereinsfußball als gleichsam konfessionsferne Form von quasi religiöser Hingabe verwiesen wird oder die Lebensbetreuungsformate der ehemaligen ostdeutschen Staatspartei als Transzendierungen des Individuums in die Sphäre des Sozialen erscheinen, werden wohl weder eingefleischte Fußballfans noch überzeugte Genossen einer Beschreibung ihrer Praxis in Religions- oder gar Konfessionsbegriffen zustimmen – so viele formale Äquivalente es auch geben mag. Um die subjektive Selbstsicht kommt auch eine soziologische Theorie der Religion nicht herum. Dies führt in die Domänen der Theologie.

3 Typen theologischer (Um-)Deutungen

Mehr noch als die Soziologie kann die Theologie einer Deutung der Befunde nicht entraten. Mit dem Anspruch auf Geltung der christlichen Religion ist ein Ausgriff auf Allgemeinheit prinzipiell gesetzt. Religiöses Wahrheitsbewusstsein korrespondiert unvermeidlich mit Streben nach Universalität. Es

---

[25]   Vgl. zur religionssoziologischen Verwendung der Kategorie des Marktes: Rodney Stark/Roger Finke, Acts of Faith: Explaining the Human Side of Religion, Berkeley/Los Angeles, CA, 2000.

manifestiert sich nicht zuletzt in der Mission. Was einem selbst einleuchtet, davon muss man wollen, dass es auch anderen einleuchten kann – anderenfalls droht ein Selbstwiderspruch. Freilich dürfte sich der Geltungsanspruch des Christlichen gegenwärtig nicht mit dem Konfessionskirchentum des Wohnortes decken. Dies wird schon durch die Kontingenz der historisch-institutionellen Entwicklung der Landeskirchentümer relativiert, die seit der Reformation bis 1919 in Abhängigkeit von den politischen Territorialeinheiten erfolgte. Zudem geht auch für Protestanten das Protestantische nicht in der sichtbaren Konfessionsinstitution auf. Die unsichtbare Kirche als wahre Gemeinschaft der Gläubigen ist größer oder auch kleiner als jene. Relativ neu dürfte dabei sein, dass das Bewusstsein eines konsequenteren Christentums außerhalb der Konfessionskirche gepflegt werden kann, die *ecclesiola* muss gleichsam nicht mehr *in ecclesia* verortet sein. Überdies haben sich die konfessionellen Gegensätze unter den Bedingungen des weltanschaulich neutralen Staates mit Religionsfreiheit entpolitisiert. Dazu hat maßgeblich auch die konfessionelle Mischung der Bevölkerung aufgrund von Flucht und Vertreibung nach dem Zweiten Weltkrieg beigetragen. Der Katholizismus wird protestantischerseits gegenwärtig weithin als ein anderer Typus im Spektrum des Christlichen verstanden und nicht als Bollwerk des Antichristen – sofern das Bewusstsein konfessioneller Differenzen nicht ohnehin verblasst ist. Für andere christliche Kirchen gilt Ähnliches. Weiterhin gibt es das Phänomen eines Christentums außerhalb der Kirche: Menschen bezeichnen sich als gläubige Christen, obgleich sie keine Kirchenmitglieder sind und die Kirche für ihren Glauben gleichgültig wird. Das kann mit der institutionell-weltlichen Seite der Kirche, insbesondere der Kirchensteuer, begründet sein, aber auch als ideelle Kritik und Überbietung artikuliert werden – angefangen von ethisch-politischen Motiven bis hin zum Protest gegen Kurie und Klerus. Das vordergründige Abweichen der eigenen Christentumsauffassung gegenüber der kirchlichen Lehre kann durchaus als hintergründige Zustimmung in eigener Brechung verstanden werden. So gilt der Glaube doch ohnehin als innere Angelegenheit der Einzelnen. Dass die Kircheninstitutionen durch eine vermeintlich geistlich legitimierte Abgeschlossenheit in ökonomischen wie rechtlichen Dingen auch die Glaubwürdigkeit ihrer Lehre selbst untergraben haben, kann als weitere Erklärung der Distanz fungieren. Die jüngsten Missbrauchsskandale mögen als Beleg genügen.

Diese und weitere Erklärungen federn empirische Befunde angesichts der beanspruchten Universalität des Christlichen ab. Man mag das als Eingemeindung oder Realitätsverlust werten – je nach Standpunkt und Sicht der Dinge. Nach traditioneller Theologie gilt derjenige, der trotz Bekanntschaft

mit der christlichen Heilsbotschaft sich nicht zum Glauben bekehrt, tendenziell als verstockt. Die Konsequenz wäre Ausschluss vom Heil – was freilich
bereits eine Form von Eingemeindung ist. Wenn unser Herz auf Gott hin geschaffen ist und in ihm seine Ruhe findet, wenn die Botschaft Christi andere,
etwa heidnische Lebens- und Heilslehren überbietet und wenn die Kunde davon im geistlichen Wort aufgeschlossen wird, dann muss es bei den Reniten-
ten letztlich mit dem Teufel zugehen. Das ist christliche Lehre seit der Alten
Kirche. Der Teufel mag sodann konsequent aus der Position des heilsgeschichtlich mit Gott ringenden Gegenspielers heraus- und ganz in den Wir-
kungsbereich Gottes hineingenommen werden wie etwa in der Lehre von der
doppelten Prädestination, in der die Verstockung auf eine im Wissen um die
Sünde erfolgende Verwerfung Gottes zurückgeführt wird. In beiden Fällen
gibt es kein Motiv von Seiten des Glaubens und seiner Lehre, dem Unglauben
ein Eigenrecht zuzuerkennen, das mehr ist als eine unverständliche Verneinung. Dem Unglauben eignet keine eigene, rationale Realität – allenfalls die
einer inneren Spannung im Gottesbegriff, wonach Gott aufgrund seines er-
wählenden Willens zugleich mit dem kämpfen muss, was sein Wille als Kehr-
seite verwirft und ausschließt. Dieser Kontrast des Glaubens gegenüber Verwerfung und Verstockung dürfte sich freilich kaum über seine Grenze hinaus
kommunizieren lassen.

Nicht zuletzt im Interesse an einer grenzüberschreitenden Kommunikation über die Religion mit ihren Verächtern traten in der theologischen Moderne subjektivitätstheoretisch-anthropologische Modelle der Begründung
christlich-religiöser Geltung an die Stelle der Denkmuster von Gott und Teufel.
Exemplarisch versteht F. Schleiermacher Frömmigkeit – deren höchste Gestalt
die christliche ist – als ein »der menschlichen Natur wesentliches Element«.[26]
Sosehr Schleiermacher dies mit einer komplexen subjekt-, sozial-, kultur- und
religionstheoretischen Argumentation begründet und damit Raum für vielfa-
che Abstufungen gewinnt, sosehr bestreitet die These in ihrer Umkehrung
den Unfrommen streng genommen die *conditio humana*. Jene Abstufungen
betreffen Gesichtspunkte wie ein richtiges Bewusstsein über unsere mentale
Vollzüge in Korrespondenz mit der gemeinschaftlichen Mitteilung von Frömmigkeit über kulturell etablierte Symbole; sie betreffen ferner Fragen der re-

---

[26]   FRIEDRICH SCHLEIERMACHER, Der christliche Glaube. Nach den Grundsätzen der evangelischen Kirche im Zusammenhange dargestellt (1830), Berlin 1960 (= CG), § 6.1; Vgl. zu
Schleiermachers Verständnis des Christentums als Gipfel des geschichtlichen Religions-
kosmos JÖRG DIERKEN, Fortschritte in der Geschichte der Religion? Aneignung einer Denkfigur der Aufklärung, Leipzig 2012, 74 ff.

ligionsgeschichtlichen Entwicklung und der jeweiligen Bildung der Akteure; und sie betreffen zudem das weite Feld der Reflexion und Artikulation von Religion in kulturellen Formen mit gewissen Familienähnlichkeiten zur Religion wie Geselligkeit und Kunst; und sie korrespondieren schließlich mit Hemmnissen des religiösen Lebens durch falsche, disziplinierende Verzweckungen im Dienste anderer Formative des Soziallebens wie Staat, Wirtschaft und Politik. Werden diese und weitere Faktoren in Rechnung gestellt, dann kann auch der nahezu Unfromme noch als ein potentiell religiöses Subjekt verstanden werden. Doch damit ist die – spätestens in ihrer Umkehrung schroffe – These von der Religion als Bestandteil der *conditio humana* nicht unterlaufen. Religiös bekräftigt Schleiermacher diese These im Blick auf ein fast gänzliches Fehlen von Frömmigkeit, indem er ein solches Bewusstsein im Zeichen einer – und sei es noch so minimalen – Erlösungsbedürftigkeit begreift. Sie vertritt den christlichen Erlösungsglauben im Negativ. Damit legt sich als Einwand nahe, dass Phänomene des Nichtglaubens gleichsam umgedeutet und auch in diesem liberaleren Modell religiös eingemeindet werden. In der Tat kann Schleiermacher einen wirklichen Atheismus bei Wesen von ›menschlicher Natur‹ nicht denken: Er hätte den Ausschluss aus dieser Gattung zur Folge. Nur an einer Stelle kennt Schleiermacher einen Platzhalter für die *humanitas* derjenigen, die – noch? – nicht zum Glauben gekommen sind: Er liegt in der je eigenen Freiheit des Entschlusses zum Glauben in Korrespondenz zum Erleben von dessen Evidenz.[27] Religiöser Glaube ist in seiner unübertragbaren Freiheit immer auch kontingent, entsprechend zum eigenen Dabeisein beim prozessualen Erleben von seiner Evidenz, das keine äußere Zwangsläufigkeit kennt.[28] Religion ist eben nicht andemonstrierbar. Und dies wird mit dem Motiv der Freiheit als Zugang zum Glauben gerade religiös eingeholt – mithin bis zum Grenzgedanken eines bleibenden Nein zum Glauben.[29] Dass radikaler Atheismus keine rational

---

[27]   Vgl. CG § 14.1.

[28]   Das gilt auch im Zusammenhang der erlösenden Mitteilung von Frömmigkeit im Wirkungskreis Christi: Sie geschieht in der »Ordnung … des Freien« (CG § 100.2).

[29]   Dieser bei Schleiermacher anthropologisch explizierte Sachverhalt kann heute auch wieder theologisch gefasst werden. So geht INGOLF U. DALFERTH gegenwärtig der Frage »Ist Glauben menschlich?« nach und kommt zu der Antwort, dass er keine Kompetenz des Menschen ist, sondern seine Wirklichkeit immer eine von Gott zugespielte Möglichkeit darstellt (vgl. INGOLF U. DALFERTH, Ist Glauben menschlich?, In: Denkströme. Journal der Sächsischen Akademie der Wissenschaften, 8 (2012), 173–192). Wenn Gott als Möglichkeitsgeber zum Platzhalter der Kontingenz des Glaubens wird, erhebt sich die Frage, ob

nachvollziehbare menschliche Position sein kann, ist die andere Seite dieser Grenzbestimmung.

Die menschliche Disposition zur Religion konnte jüngst stärker geschichts- und sozialtheoretisch statt allgemein-anthropologisch expliziert werden. In diesem Sinne betont T. Rendtorff, dass soziologische Diagnosen von Säkularisierung und Entkirchlichung zumeist Vorstellungen von einer ehedem gegebenen Einheit von Kirche und Gesellschaft als untergründigen Maßstab beanspruchen. Er fungiert als Negativfolie, um die Gegenwart im Zeichen fortschreitenden Auseinandertretens von Religion und Gesellschaft zu beschreiben.[30] Damit reicht Religion gleichsam im Negativ in die Grundbegriffe historisch-soziologischer Gegenwartsdiagnostik hinein und schreibt sie mithin noch in der Distanzierung unterschwellig fort. Ein inhaltliches Pendant hat dieser methodische Zugang darin, dass soziologische Systemtheorien die Gesellschaft als Ganzes zu beschreiben suchen – womit sie gewissermaßen die Perspektive Gottes einnehmen[31] –, während Theorien sozialen Handelns sich auf die Individuen als Akteure beziehen – womit spätestens bei der Beschreibung des Individuell-Besonderen im Modus von Abweichen und Differenz zum Ganzen die aus dem Verhältnis von Gott und Mensch vertraute Relation wieder auftritt. Religion, für Rendtorff »Inbegriff der Subjektivität«, sei daher in den vielschichtigen Verhältnissen von Gesellschaft und Individuum zu thematisieren.[32] Darin zeige sich nicht nur die Uneinholbarkeit von Gesellschaft überhaupt, was folgerecht zur Beschreibung mit Prädikaten aus der theologischen Gotteslehre führen kann, sondern auch die religiöse Dynamik des Transzendierens als Merkmal von je besonderem individuellem Ver-

---

nicht ähnliche Spannungen wie in der der alten theo-logischen Konzeption zwischen innerer Rationalität Gottes und Verstockung wieder auftreten – auch wenn die Frage, ob Glauben menschlich ist, unbeschadet ihrer theologischen Ausrichtung in einem existentialhermeneutischen Gefälle erörtert wird (vgl. Ingolf U. Dalferth, Radikale Theologie, Leipzig ²2012).

[30] Vgl. Trutz Rendtorff, Gesellschaft ohne Religion? Theologische Aspekte einer sozialtheoretischen Kontroverse (Luhmann/Habermas), München 1975, bes. 7 ff.; ders., Zur Lage des Protestantismus. Religion ohne Institution?, In: Kirche als Heilsgemeinschaft – Staat als Rechtsgemeinschaft: Welche Bindungen akzeptiert das moderne Bewusstsein? Veröff. d. Hanns-Martin-Schleyer-Stiftung 38, Köln 1993, 123–134; ders., Christentum und christliche Kirchen, in: Mitteilungen der Ernst-Troeltsch-Gesellschaft 22, München 2011, 3–42.

[31] Oder zumindest die des (theologischen) Beobachters Gottes, dessen Selbstdarstellung als Offenbarung beschrieben wird.

[32] Rendtorff, Gesellschaft (s. Anm. 30), 16.

halten. Menschliche Individualität präsentiere daher »das Jenseits der Gesellschaft in deren Diesseits«.[33] Das gilt freilich nur, wenn die für individuell eigenständiges Verhaltens erforderliche Freiheit gesellschaftlich anerkannt ist. Ebendies wurde in dem komplexen Prozess der Modernisierung ermöglicht. Zu dessen wesentlichen Stufen zählen die reformatorische Differenzierung des Christlichen in verschiedene Konfessionskirchen, einhergehend mit einer grundsätzlichen Differenzierung von Kirche und Staat, sowie die aufklärerische Transformation des Staats- und Rechtsverständnisses hin zu neutraler Diesseitigkeit und die Transformation des Kirchenglaubens hin zu einem entdogmatisierten, ethisch geprägten Religionsverständnis. Dieser im Einzelnen überaus komplexe Modernisierungsprozess schließt die eigene Gewissens- und Urteilsbildung bis hin zum Abweichen gegenüber dem Allgemeinen ein. Für die Religion in engerem Sinn bedeutet dies, dass die Gleichung von Christlichkeit und Kirchlichkeit zunehmend aufgelöst wird. Christentumsgeschichte wird daher zum Rahmen der Erzählung der Religionsgeschichte der westlichen Moderne.[34] Hierin werden die Transformationen von ehedem in frommer Kirchensprache artikulierten Beständen expliziert: angefangen bei der Unterscheidung von Kaiser und Gott durch die Differenzierung von politischer und geistlicher Organisation, der Beschränkung der innerweltlichen geistlichen Macht durch Pluralisierung der Kirche in Konfessionen – mit der Möglichkeit zur Ökumene als Rückseite –, der Entwicklung der modernen freiheitlich-demokratischen Ordnung mit liberalen Eigentumsgarantien, Gewaltenteilung und Rechtsstaatlichkeit bis hin zur Realisierung der menschlichen Gottebenbildlichkeitsbestimmung in der Etablierung der Menschenrechte, der Akzentuierung der Glaubens- und Gewissensfreiheit in der Religionsfreiheit und des Sozialstaatsprinzips als ökonomische Letztgarantie der Würde in der sozialen Existenz.[35] Die Liste lässt sich leicht verlängern, insbesondere durch modifizierte religiöse Bestände in der säkularen Kultur. Deren Spektrum reicht vom christlichen Kalender für Weltgeschichte und Jahreszyklus bis hin zu sakralen Motiven in Kunst und Architektur, Literatur und Musik. Für die Kirchen folgt aus der Differenzierung der Kirchen- und Christentumsgeschichte einerseits, Phänomene des Christlichen außerhalb der Kirchen wahrzunehmen und anzuerkennen. Das betrifft insbesondere ethische Themen und Ansprüche. Andererseits gelte es, die

---

[33] A. a. O., 83.

[34] Vgl. TRUTZ RENDTORFF, Theorie des Christentums. Historisch-theologische Studien zu seiner neuzeitlichen Verfassung, Gütersloh 1972, bes. 61 ff.; 116 ff; 140 ff. u. ö.

[35] Vgl. RENDTORFF, Christentum (s. Anm. 30), bes. 13 ff.; 22 ff.

Kirchen als Institutionen der Kommunikation des Evangeliums in der Freiheit vielfältiger Frömmigkeitsstile zu gestalten. Dafür könne nicht eine reine Gemeinschaft der wahrhaften Christen der Maßstab sein. Nicht der Purismus einer homogenen Freiwilligkeitskirche mit Abwertung derer, die sich dem strengen und engen Maßstab nicht fügen, sei angebracht, sondern volkskirchlicher Pluralismus mit einer zu stärkenden Dissenskultur nach innen und nach außen.[36] Dass dies auch für Ostdeutschland nach der Wendezeit gelte, begründet Rendtorff damit, dass die Kirchen vor dem Hintergrund der DDR-Erfahrungen vielfach als Orte bürgerlich-freiheitlicher Opposition verstanden wurden und nicht, wie vom SED-Staat erwartet, als bloße Vereinigungen zur Pflege mythologischer Geschichten und Liturgien.[37] Damit wird freilich der Kirche in Ostdeutschland ein etwas anderer Status als im Westen zugesprochen. Dies führt nach der rechtlich-institutionellen Angleichung der Verhältnisse im Blick auf Ostdeutschland zu der Frage, ob und wie hier Phänomene des Christentums außerhalb der Kirche zu beschreiben sind und was daraus für das Verhältnis zu tendenziell entvölkerten Konfessionsinstitutionen folgt.

4 Schlussfolgerungen: Grenzüberschreitung, Positionsmarkierung und Theologie als Urteilskraft

Hegels Diktum, dass es schlecht für die Wirklichkeit sei, nicht der Vernunft zu entsprechen, wird im Umkehrschluss zu einem Verdikt gegen letztere. Dementsprechend scheinen soziologische und theologische Deutungen, die die empirischen Belege von Konfessionslosigkeit nicht als das Ende von Religion verstehen, luftig-abgehobenen Phantasien zu ähneln. Indes, die Dinge liegen komplizierter, schon weil es keine Empirie ohne Kategorien gibt und gerade Zahlen nichts als gedankliche Beschreibungen sind. In diesem Sinne besitzen soziologische und theologische Theorien zur Konfessions- oder Religionsferne durchaus Wahrheitsmomente, solange ihr Konto nicht überzogen

---

[36]   Vgl. Trutz Rendtorff, Volkskirche in einer säkularen Welt, in: Ders., Vielspältiges. Protestantische Beiträge zur ethischen Kultur, Stuttgart 1991, 231 ff.; vgl. auch ders., Die Herausforderung der Kirche durch die Aufklärung – Kirchen m Kontext unterschiedlicher Kulturen, in: A. a. O., 249 ff.

[37]   Vgl. Rendtorff, Lage (s. Anm. 30), 123 ff.; Ders., Die Revolution der kleinen Leute – Politik und Kirche in der DDR, a. a. O., 267 ff.

wird. Phänomene von Säkularisierung lassen sich nicht leugnen, sosehr sie an der Negativfolie des Religiösen beschrieben werden und etwa der Säkularisierungsindikator einer Trennung von Kirche und Staat ohne die Existenz von Kirchen hinfällig wird. Mit funktionaler Differenzierung sind Ausgriffe auf Einheit und Differenz verbunden, deren Paradoxien mit solchen aus dem Umfeld theologischer Spekulationen konvergieren. Dennoch kann Religion nicht in gesellschaftsmetaphysischer Gotteslehre oder subjetivitätstheoretischen Frömmigkeitsbeweisen aufgehen. Gerade ein auf ›Glauben‹ abstellendes Verständnis von Religion kommt um die tatsächlichen Vollzüge individueller Subjekte nicht herum. Damit ist deren Abweichen von den theo-logischen Erwartungen mitgesetzt, bis hin zum harschen ›Nein‹. Hierfür sind soziologische wie theologische Kategorien erforderlich, die ohne Momente von Kontingenz und Freiheit nicht denkbar sind.

Daher gilt es, auch ein solches Abweichen vom religiös erwarteten Normalfall nachzuvollziehen, das sich nicht als Realisierung von besonderer Individualität versteht, sondern wie in Ostdeutschland eher als Kollektivbewusstsein von Normalität, für das Religiosität als der Sonderfall gilt. So ist danach zu fragen, ob auch dieses Kollektivbewusstsein religionsähnliche Muster in der Verneinung zeigt – was zur Konsequenz hätte, Religionskritik als Aufgabe der Theologie im Innen- und Außenverhältnis zu betreiben. Naturalistische Weltbilder nehmen durchaus religionsähnliche Färbungen und Funktionen an, etwa in einer spannungsvollen Verbindung mit einer Gesamtsicht von Geschichte in den Stiefeln des Fortschritts bei gleichzeitigem Kreislauf der Naturstoffe, in den auch das Leben des Einzelnen nach seinem Tod aufgehoben wird. Solche immanenten Spannungen gilt es zu fokussieren. Zudem kann ein Bekenntnis zum Atheismus mit großer Zustimmung zu den ethischen Gehalten des Christentums einhergehen, die freilich nicht in kirchlicher, sondern gesellschaftlich-säkularer Form zu realisieren sind. Nicht zufällig gilt für Nietzsche der Sozialismus als Frucht vom egalitaristischen Baum des Christentums. Überdies schrumpfen auch bei den Erben sozialistischer Zwangssozialisation die Transzendenzen. Sie dürften sich weniger an den mittleren Transzendenzen von Geschichtszielen orientieren als an den kleinen Transzendenzen im Rhythmus des Alltagslebens wie Freizeit und Tourismus. Die Agenda der öffentlichen Debatten ist auf diese Dimension des Materialismus ausgerichtet, nicht auf die großen Utopien und Visionen. Selbst die Kirchen als Organisationen zur sozialen Kommunikation der großen Transzendenzsymbole eines ewigen Friedens im Jenseits und im Diesseits diskutieren die Fragen von Arm und Reich in Kategorien individueller Konsummöglichkeiten angesichts der Warenkorbgrößen von Transferleistungen.

Individualität, nach Luhmann Ansprüchigkeit und Unzufriedenheit,[38] will in einer auf individuellen Glauben ausgerichteten Religionsinstitution auch nach dieser Seite ernst genommen werden.

Die vermittelnden Deutungskategorien zeigen mehrfache Grenzüberschreitungen. Sie liegen nicht nur auf der abstrakten Ebene der Theorie wie bei Luckmanns Figuren von Transzendenzen und Individualisierung, Luhmanns Motiven vom Letzthorizont der Gesellschaftstheorie, Schleiermachers Gedanken humaner Frömmigkeit und deren fein gestuftes Negativ von Erlösungsbedürftigkeit oder auch Rendtorffs Argument von einem Christentum außerhalb der Kirche. Grenzüberschreitungen lassen sich auch auf der Phänomenebene beschreiben. Das Interesse an Kirchengebäuden bei Kirchenfernen in Mitteldeutschland dürfte Resonanzen für Sakralität im Profanen markieren, unbeschadet des Bewusstseins für das gemeinsame kulturelle Erbe. Ähnliches gilt für ein Bedürfnis nach passagären Riten im Lebenszyklus, die allerdings nur niedrigschwellig zu erfüllen sind. Und ethische Erwartungen aus dem Überlieferungsbestand des Christentums finden sich auch im kirchenfernen Leben zuhaufe.[39] Religion ist eben immer auch mehr als konfessionelle Kirchlichkeit. Das gilt schon angesichts des auf Luther zurückgehenden Grundmusters von ›Gottesglauben‹ als ›Sein-Herz-an-etwas-Hängen‹.[40] Mit dieser Akzentuierung des Subjektiven sind auch antikirchliche und konfessionsfremde Programme im Spiel, wie Luthers prominentes Negativbeispiel des ›Mammons' zeigt. Hinzu kommt, dass Religion einen Hybridcharakter hat, demzufolge sie ebenso für anderes steht: Soziale Normen, Formen der Eingliederung des Einzelnen in ein sinnhaftes Ganzes, ästhetisch-kultische Inszenierungen und Narrative, Orientierungen für ein richtiges Leben, kontrafaktische Gegenentwürfe im Namen besserer Gerechtigkeit und Freiheit.[41] Für Theologie ergibt sich daraus eine permanente Übersetzungsaufgabe – auch im konfessionslosen Kontext.[42]

---

[38]   Vgl. NIKLAS LUHMANN, Individuum, Individualität, Individualismus, in: DERS., Gesellschaftsstruktur (s. Anm. 15), 149–258; hier 243.

[39]   Vgl. hierzu aus empirischer Perspektive: THOMAS PETERSEN, Christentum und Politik, in: FAZ, 26.09.2012, 8.

[40]   Vgl. MARTIN LUTHER, Der große Katechismus, Das erste Gebot, in: BSLK 560 ff.

[41]   Vgl. für ausführliche Überlegungen zum Religionsbegriff JÖRG DIERKEN, Zwischen Relativem und Absolutem. Dimensionen des Religionsbegriffs, in: DERS., Selbstbewusstsein (s. Anm. 12), 3–35; Gibt es Fortschritte in der Geschichte der Religion? A. a. O., v. a. 33 ff.

[42]   Vgl. zu dem Programm einer ›Übersetzung‹ von Religion JÜRGEN HABERMAS, Naturalismus (s. Anm. 16), bes. 106 ff.; 119 ff.

Diese wird sich aber nicht glatt erfüllen lassen. Unübersetzbares bleibt, und zwar nicht nur in Restbeständen. Religion ist anderen Lebensgebieten gegenüber anders, fremd und auch sperrig. Auch das ist ihrem grenzüberschreitenden Charakter geschuldet. Aus dem alten Menschen soll ein neuer werden, aus dem Sünder ein Gerechtfertigter. Es gilt die Forderung von Umkehr, im Kleinen wie im Großen. Schon von daher wird plausibel, dass religiöses Bewusstsein kontingent ist. Es ist nicht durch den zwanglosen Zwang des besseren Arguments erzwingbar. Die Kontingenz des Religiösen ist ein Platzhalter von Freiheit. Religion ist kein Argumentationsgebäude, die Zustimmung zu ihr hat mit eigener, eben nicht fremdgesteuerter Überzeugung zu tun – und sei sie auch verborgen unter der bohrenden Kraft des Zweifels. Diese Kontingenz des Religiösen betrifft ebenso das Innenverhältnis von christlichen Religionsgemeinschaften als auch ihre Außenrelationen. Ohne Kontingenz gäbe es keine Veränderung in religiösen Biographien, sei es Wachsen im Glauben, seien es Bekehrung und Neuaufbruch. Sie sind zumeist durch religiöse Kommunikation angeregt, aber als eigene kein Produkt fremder Einwirkungen. Ähnliches gilt für das Außenverhältnis. Schon der Unterschied von Christen und Nicht-Christen lässt sich ohne Kontingenz, verstanden als Möglichkeit des Andersseins, nicht begreifen. Und erst recht aktualisieren Veränderungen wie Konversionen die Möglichkeit des Anderswerdens. Auch hier gilt, dass sie ohne religiöse Anregung und Bildung extrem unwahrscheinlich sind, aber andererseits sogar die beste Erziehung nicht zwangsläufig zum Glauben führt, ja diese sogar Abbrüche und Distanzierungen zu sozialer religiöser Praxis provozieren kann. Selbst die kirchliche Sitte lebt von immer neuer Zustimmung. Die Kontingenz des Religiösen zurückdrängen zu wollen würde zugleich eine Bestreitung der Freiheit des christlichen Glaubens bedeuten.

Momente der Kontingenz stehen in dialektischen Wechselverhältnissen zu Momenten von Kontinuität. Institutionalisierte kirchliche Praxis ist die Voraussetzung für Zustimmung wie Ablehnung. Ohne kontinuierliche öffentliche Artikulation der Symbolik des christlich-religiösen Glaubens verlöre die Übersetzung des Religiösen in nichtkirchliche Idiome ihren Ankerpunkt. In diesem Sinn ist die klare Darstellung des christlichen Glaubens in kirchlich-religiöser Kommunikation auch im Kontext von Konfessionslosigkeit angezeigt. Pflege der christlichen Symbolsprache ist ohne eigene Positionierung nicht möglich. Wenn der Glaube nicht nur gegenständliche Gehalte über Gott und die Welt umfasst, sondern in seinem Vollzug auf eigene Überzeugung drängt, ist hiermit untrennbar eine konfessorische Dimension verbunden. Sie ist mit Religion als Inbegriff des Subjektiven, mithin immer auch Perspektivisch-Standpunkthaften, gesetzt. Es dürfte zu den Kriterien des Gelingens von religiöser Kommunikation gehören, diese konfessorische Dimension von Religion als Element des Subjektiven in seinem Eigenrecht auch dort verständlich zu artikulieren, wo es gegen deren christliche Färbung Vorbehalte gibt. Eine über sie selbst orientierte Konfessionalität bringt die Gehaltlichkeit des christlichen Glaubens zusammen mit seiner subjektiven Vollzugsdimension auch dort erkennbar zur Sprache, wo dieser Glaube nicht geteilt wird. Es gilt gerade im Kontext von forcierter Konfessionslosigkeit Konfessionalität reflektiert zu praktizieren.

Reflektierte Konfessionalität und religiöse Übersetzung sind zwei Seiten eines spannungsvollen Verhältnisses von Grenzüberschreitung und Positionsmarkierung, zu dem soziologische und theologische Deutungen aktueller Befunde herausfordern. Die Theologie kann im interdisziplinären Diskurs mit anderen Disziplinen diese Spannung erneut abbilden, aber – hoffentlich – auch reflektieren. Im Kontext von Konfessionslosigkeit wächst ihr die besondere Aufgabe zu, diesen spannungsvollen Diskurs präsent zu halten. Ihre Chance und Herausforderung liegen darin, dass sie durch ihre Reflexion die Urteilskraft in Religionsdingen stärkt. Das betrifft die Religion innerhalb wie außerhalb konfessioneller Milieus, mithin mit der Religion auch ihre Kritik und Umkehrung. Und das betrifft zugleich die angemessene Wahrnehmung von Lebens- und Bewusstseinsformen, die sich der Identifikation im Religionsidiom sperren. Zur theologischen Urteilsfähigkeit in Sachen Religion gehört mithin auch, deren Negation mitzubedenken.

Aus Geschichte lernen –
Historische Perspektiven

Die Attraktivität der frühchristlichen Gemeinden – ein Modell für die Zukunft?

Udo Schnelle

1 Einführung

Die menschliche Lebenswelt muss gedeutet, sinnhaft gedacht und erschlossen werden, denn nur so ist Leben und Handeln in ihr möglich. Jede Religion, jede Philosophie, aber auch jede naturwissenschaftliche Theorie und jede politische Idee ist als Sinnform ein solcher Erschließungsvorgang, der das Leben deutet und erklären soll. Konkret vollziehen sich diese Erschließungsvorgänge als historische Sinnbildungen[1], d. h. es werden bestimmte Deutemuster herangezogen, um ein bestimmtes Handeln zu interpretieren und zu legitimieren. Das Christentum, aber auch der Marxismus, der Islam oder der Materialismus der Gegenwart sind Lebensdeutungen, die von Menschen als sinnvoll erlebt wurden und werden. Der Erfolg derartiger Sinnbildungen in der Geschichte entscheidet darüber, ob sie als Sinn- und Orientierungsrahmen in das kollektive Bewusstsein übergehen oder in der Geschichte verschwinden. Das Christentum ist eine solche Sinnbildung mit einzigartiger Erfolgsgeschichte. Warum aber war das Frühe Christentum so erfolgreich? Um diese Frage zu beantworten, ist es gute protestantische Tradition, sich der Zukunft mit einem Blick in die Vergangenheit zuzuwenden. Finden sich im Neuen Testament Konzepte von Christentum, die auch in der Gegenwart und Zukunft hilfreich sein können? Könnten die Erfolge der ersten Christen ein Modell für die Kirche in unserer Zeit sein? Um hier eine Antwort zu geben, muss man sich zunächst die Situation des frühen Christentums in der römischen Gesellschaft verdeutlichen. Das Frühe Christentum war in ein sehr komplexes und attrak-

---

[1]   Treffend Jörn Rüsen, Zeit und Sinn, Frankfurt 2012, 21: »Historisches Denken macht aus Zeit Sinn«.

tives religiös-philosophisches Umfeld eingebettet. Das Leben des antiken Menschen wurde in allen Bereichen durch religiöse Vorstellungen und Vollzüge bestimmt. Somit entwickelte sich das Frühe Christentum in einer multi-religiösen Gesellschaft und stieß keineswegs in einen religionslosen Raum vor. Daraus folgt, dass es die mit der jüdisch/christlichen Unterscheidung ›Jude/Christ/Heide‹ heute suggerierte religionsfreie Gesellschaft der Antike nie gegeben hat. Im Gegenteil, keine Gesellschaft war so religiös bestimmt wie der Hellenismus und dies gilt auch für das römische Kaiserreich im 1. Jh. n. Chr. Deshalb ist es unangemessen, im Hinblick auf Nicht-Juden und Nicht-Christen von ›Heiden‹ zu sprechen[2], sondern es handelt sich in der Regel um Menschen aus griechisch-römischer Religiosität, um Christen aus den Völkern, die in den frühen Gemeinden lebten[3].

Damit verbindet sich ein weiterer zentraler Aspekt: Die frühen Gemeinden mit ihren Mitgliedern aus verschiedenen kulturellen Kontexten (palästinisches / hellenistisches Judentum /griechisch-römische Religiosität / lokale Kulte und Vereine) waren von Anfang an sowohl durch ihre Mitglieder als auch durch die konkrete Umwelt in die politischen und kulturell-religiösen Debatten der Zeit verwickelt. Die Erfolge der frühchristlichen Mission lassen sich nur unter der Voraussetzung erklären, dass eine hohe Anschlussfähigkeit in Bezug auf die jüdischen und griechisch-römischen Traditionsströme bestand. Diese Anschlussfähigkeit ließ sich nicht durch Verweigerung, sondern nur durch eine bewusste Teilnahme an den Debatten erreichen, die im Umfeld der Gemeinden geführt wurden. Will man die Geschichte des Frühen Christentums verstehen, müssen diese Kommunikationsfelder identifiziert werden und es gilt herauszuarbeiten, welche Antworten auf diese Fragen gegeben wurden und weshalb die Antworten in Theorie und Praxis offenbar von vielen Menschen als plausibel empfunden wurden. Ein neues kulturelles System wie das Frühe Christentum konnte nur entstehen, weil es in der Lage war, sich mit bestehenden kulturellen Strömungen zu vernetzen und Neuorgani-

---

[2]   Das deutsche Wort ›Heide‹ leitet sich wahrscheinlich von dem aus dem Gotischen abgeleiteten Wort ›hethnos‹ ab, nämlich ›der einem ausländischen Volk Zugehörige‹; vgl. Carsten Colpe, Das deutsche Wort »Judenchristen« und ihm entsprechende historische Sachverhalte, in: ders., Das Siegel des Propheten: historische Beziehungen zwischen Judentum, Judenchristentum, Heidentum und frühem Islam, Berlin 1989, (38–58) 40f.

[3]   Zur Frage, ob und inwieweit Begriffe wie ›Jude‹, ›Judäer‹, ›jüdisch‹, ›Christ‹, ›christlich‹ für das 1. Jh. n. Chr. vorauszusetzen und sinnvollerweise zu gebrauchen sind, vgl. Bengt Holmberg, Understanding the First Hundred Years of Christian Identiy, in: ders. (Hrsg.), Exploring Early Christian Identity, Tübingen 2008, 1–32.

sationen von Vorstellungen und Überlieferungen vorzunehmen. Bewusste Kommunikation und gewollte Überzeugung stehen hier am Anfang!

2 FRÜHCHRISTLICHE MISSION

Die Herstellung von Kommunikation und die Bildung von Netzwerken nennt man mit einem etwas altmodischen Wort ›Mission‹. Die Paulusbriefe und die Apostelgeschichte lassen an einigen Stellen erkennen, wie sich die Mission im Einzelnen vollzog[4]. Paulus verkündete das Evangelium nicht nur in den örtlichen Synagogen, sondern auch in privaten Häusern (vgl. Apg 18,7f.; 20,7-11; 28,30-31; ferner Röm 16,23)[5], auf öffentlichen Plätzen (vgl. Apg 17,16-34)[6] und in Gefangenschaft (vgl Apg 28,30f.; Phil 1,12ff.; Phlm). Er mietete öffentliche Säle (vgl. Apg 19,9f.)[7] und nutzte auch seine handwerkliche Tätigkeit, um missionarisch tätig zu sein (vgl. 1Thess 2,9)[8]. Der Kontakt mit Geschäftsleuten, Kunden, Kollegen, Mitarbeitern und Sklaven bot Paulus zahlreiche Gesprächs- und Verkündigungsmöglichkeiten[9]. Wie bei kynischen

---

[4] Zu den Modalitäten der paulinischen Mission vgl. zuletzt WOLFGANG REINBOLD, Propaganda und Mission im ältesten Christentum, Göttingen 2000, 182-225. Reinbold betont sehr stark die Funktion der persönlichen Kontakte des Apostels:»Es sind die kleinen Einheiten und Strukturen, an denen er ansetzt: Zufallsbekanntschaften, Angehörige, Familien, Kollegen, kleine Interessengruppen und ähnliches« (a. a. O., 195).

[5] Vgl. dazu ausführlich ROGER W. GEHRING, Hausgemeinde und Mission. Die Bedeutung antiker Häuser und Hausgemeinden von Jesus bis Paulus, Gießen 2000, 311-328.

[6] Vgl. CHRISTOPH VOM BROCKE, Thessaloniki - Stadt des Kassander und Gemeinde des Paulus, Tübingen 2001, 151 Anm. 37, der im Hinblick auf Thessalonich feststellt, was auch für andere Städte zutreffen dürfte:»Daß Paulus das große Auditorium der Agora mit ihren vielen Geschäften und öffentlichen Einrichtungen nicht zur Verkündigung des Evangeliums genutzt haben sollte, ist kaum vorstellbar. Neben dem Hafen dürfte es wohl kaum noch andere Plätze in der Stadt gegeben haben, wo das öffentliche und geschäftliche Leben in ähnlich starker Weise pulsierte wie hier.«

[7] Vgl. dazu EPIKTET, Dissertationes III 23,30.

[8] Vgl. dazu RONALD F. HOCK, Social Context of Paul's Ministry, Philadelphia 1980, 37-42.

[9] Vgl. PETER ARZT-GRABNER, Gott als verlässlicher Käufer: Einige Papyrologische Anmerkungen und bibeltheologische Schlussfolgerungen zum Gottesbild der Paulusbriefe, NTS 57 (2011), (392-414) 412:»Ein nicht unwesentlicher Teil der paulinischen Mission dürfte in Handwerksbetrieben und im Kontakt mit Geschäftsleuten stattgefunden haben. Die Verwendung des Begriffs ἀρραβών durch Paulus ist somit sinnvollerweise vor diesem Hintergrund zu deuten.«

Predigern[10] sicherte ihm die Arbeit finanzielle Unabhängigkeit (vgl. 1Kor 9,18) und geistige Freiheit. Der Entstehung der Gemeinde ging die Erstverkündigung voran. Nach Röm 15,20 sah Paulus seine spezifische Aufgabe darin, »das Evangelium zu verkünden, wo der Name Christus noch nicht genannt wurde, damit ich nicht auf fremdem Fundament baue.«

Dem Inhalt des Evangeliums entsprachen die Methoden der Verkündigung. Das Werben und der Eifer für das Evangelium (vgl. 2Kor 11,2; Gal 4,18) müssen übereinstimmen mit der Predigt vom gekreuzigten Christus (vgl. 1Kor 1,17; 2Kor 13,4). Nicht Heimlichkeit, List oder Gewinnsucht prägen das Verhalten des Apostels (vgl. 2Kor 4,1f.; 7,2; 11,7–11). Vielmehr ist er um seine Gemeinde besorgt wie eine Mutter um ihre Kinder (vgl. 1Thess 2,1–12; 1Kor 4,14–16; 2Kor 12,14; Gal 4,9). Die Sorge um »alle Gemeinden« (2Kor 11,28) prägt das rastlose Leben des Apostels. Seelsorgerlich wendet er sich den Gemeinden und ihren einzelnen Gliedern zu (vgl. 1Thess 2,11), die parakletische Rede und ein entsprechendes Handeln des Apostels gehören von Anfang an zum Grundvollzug seiner missionarischen Tätigkeit. Offenheit und Liebe bringt er den Gemeinden entgegen, er kämpft um sie, wenn sie von der Wahrheit des Evangeliums getrennt werden sollen (vgl. 2Kor 11,4.29; Gal 3,1–5). Obwohl Paulus von der Sorge getrieben wird, für seine Gemeinden vergeblich gearbeitet zu haben (vgl. 1Thess 3,5; Gal 2,2; 4,11; Phil 2,16), ist seine Mission dennoch nicht einfach erfolgsorientiert. Er ist unabhängig von der Anerkennung durch Menschen, allein seine Berufung zum Völkerapostel verpflichtet (vgl. 1Thess 2,4.6; 1Kor 9,16; Gal 1,10). Paulus vertraut der Überzeugungskraft der Wahrheit, und gerade deshalb arbeitet er unermüdlich für die Wahrheit (vgl. 1Kor 3,10.11). Er nimmt die Mühen und Gefahren der Verkündigungstätigkeit auf sich (1Kor 4,11; 2Kor 6,5; 11,23f.: Prügel, 2Kor 6,5; 11,23; Phil 1,7.13f.16: Gefängnis, 2Kor 11,25: Steinigung, 1Kor 15,32; 2Kor 4,11; 11,23; Phil 1,20–23: Todesgefahr), weil er weiß, dass durch die Verkündigungsbotschaft Gott selbst an Menschen handelt (vgl. 1Thess 2,13).

Die bleibende Bedeutung der Erstverkündigung dokumentieren 1Thess 1,6–10; 2,1; 4,2ff.; 1Kor 3,6.10f.; 4,15; Gal 4,13; 5,21; Phil 1,5; 4,15. Paulus erinnert die Gemeinden an dieses grundlegende Geschehen und leitet aus

---

[10] Belege bei MARTIN EBNER, Leidenslisten und Apostelbrief, Würzburg 1991, 70f. Besonders instruktiv ist MUSONIUS, Dissertationes 11: »Es ist doch klar, dass von einem freien Manne zu erwarten ist, eher sich selbst das Lebensnotwendige zu erarbeiten, als es von anderen in Empfang zu nehmen. Es ist doch viel ehrenvoller, für seine eigenen notwendigen Bedürfnisse keinen anderen Menschen zu brauchen, als ihn nötig zu haben.«

ihm auch seine Autorität ab. Als Bote des Evangeliums (vgl. 2Kor 5,19-21; Röm 10,14-17) fand er Eingang in die Herzen der Menschen, weil das Evangelium von Jesus Christus selbst seine Hörer überzeugte (vgl.1Kor 15,11). Durch das Evangelium wirkt in der Verkündigung des Apostels der Geist (vgl. 1Thess 1,5; 1Kor 2,4f.; 4,19f.; Gal 3,5); Wortverkündigung und Krafterweis waren für Paulus eine selbstverständliche Einheit (vgl. 1Thess 1,5; 1Kor 2,4f.; 4,19f.; 2Kor 6,7; 12,12; Gal 3,5; Röm 15,18f.).

Mitarbeiter trugen und prägten zu einem erheblichen Teil die paulinische Mission; ohne sie ist der Erfolg dieses Unternehmens nicht denkbar[11]. Die Protopaulinen erwähnen etwa 40 Personen, die als Mitarbeiter des Apostels zu betrachten sind. Zum engsten Mitarbeiterkreis des Paulus gehörte zunächst Barnabas, mit dem Beginn der selbständigen Mission Silvanus und Timotheus, später Titus. Silvanus (1Thess 1,1) und Timotheus (1Thess 1,1; 1Kor 1,1; 2Kor 1,1; Phil 1,1; Phlm 1,1) fungierten als Briefabsender (vgl. ferner Sosthenes in 1Kor 1,1), was ihre Mitverantwortung für die Arbeit in den verschiedenen paulinischen Gemeinden dokumentiert. Insbesondere Timotheus und Titus traten als eigenständige Missionare in Erscheinung, die im Auftrag des Paulus Probleme in den Missionsgemeinden lösen (vgl. 1Kor 4,17; 2Kor 8). Die Mehrheit der in den Paulusbriefen erwähnten Mitarbeiter waren Gemeindegesandte. Sie entstammten den von Paulus gegründeten Gemeinden und nahmen nun als Delegierte dieser Gemeinden an der Missionsarbeit teil (z.B. Erastos, Gaius, Aristarchos, Sosipater, Jason, Epaphras und Epaphroditus). Sie hielten den Kontakt zu ihren Heimatgemeinden aufrecht, unterstützten Paulus auf vielfältige Weise und missionierten eigenständig im Umland der paulinischen Gemeindegründungen. Paulus selbst konnte bei der sich ausweitenden Missionsarbeit nur noch gelegentlich Kontakt zu den Gemeinden halten. Seine Briefe lassen erkennen, wie unzufrieden die Gemeinden mit dieser als spärlich empfundenen Betreuung waren und wie schwer es Paulus fiel, diesen Unmut mit einsichtigen Erklärungen zu dämpfen (vgl. 1Thess 2,17-20; 1Kor 4,18). Innerhalb des großen Mitarbeiterkreises wird sich die Arbeit des Paulus kaum auf reine Organisationsfragen beschränkt haben. Die συνεργοί (»Mitarbeiter«) waren nicht von Paulus Beauftragte, sondern von Gott in Dienst Genommene (vgl. 1Kor 3,9). Wie Paulus arbeiten auch sie für das gleiche ›Werk‹ der Verkündigung des Evangeliums unter den Völkern (vgl. 1Thess 3,2; 1Kor 3,5-9; 16,10.15-18; 2Kor 8,16-23;

---

[11] Ausführliche Auflistung und Besprechung bei Wolf-Henning Ollrog, Paulus und seine Mitarbeiter, Neukirchen 1979, 14-62.

Phil 2,22). Speziell im engeren Mitarbeiterkreis wird man deshalb eine intensive theologische Arbeit voraussetzen dürfen.

3 Die Strukturen frühchristlicher Gemeinden

Die große Zahl der Mitarbeiter/Gemeindegesandten hängt ursächlich mit der neuen Missionsmethode des Paulus zusammen. Er führte nicht die bis dahin praktizierte Reisemission weiter, sondern entwickelte eine eigenständige Zentrumsmission. Wanderten andere Missionare oder urchristliche Propheten von Ort zu Ort, versuchte Paulus, in der jeweiligen Provinzhauptstadt eine Gemeinde, d. h. konkret eine oder mehrere Hausgemeinden zu gründen. Er verblieb so lange, bis die Hausgemeinde eigene Leitungsstrukturen entwickelt hatte und seine Anwesenheit nicht mehr benötigte. Aus der paulinischen Zentrumsmission erwuchsen eigenständige Gemeinden, die ihrerseits eine Basis für die weitere paulinische Mission bildeten und in eigener Verantwortung Missionsarbeit übernahmen (vgl. 1Thess 1,6-8).

3.1 Das Haus als Zentrum religiösen Lebens

Innerhalb dieses Konzeptes bildete das Haus als Zentrum religiösen Lebens den natürlichen Anknüpfungspunkt, zumal die urchristlichen Gemeinden nicht über öffentliche Gebäude verfügten. Das Haus als zentraler Ort des religiösen Lebens hat in der Antike in zweifacher Weise eine lange Tradition: 1) Das Haus war in griechisch-römischer, aber auch in jüdischer Tradition Kultort bzw. Ort des religiösen Lebens einer Familie im Alltag (religio domestica)[12]. Vor allem die paganen Hauskulte prägten die religiöse Praxis von Griechen und Römern (Verehrung von Hausgottheiten, Hausaltäre, Speise- und Trankopfer, Gebete, Bilder, Statuen, kleine Kulträume), wobei der Haus- bzw. Familienvorstand (pater familias) in der Regel auch den religiösen Zeremonien vorstand[13]. Dies wird in 1Kor 1,16 (»ich habe aber auch das Haus des Stephanas getauft«); 1Kor 1,11; Apg 16,13-15; 16,25-34; 18,8) vorausgesetzt:

---

[12]   Vgl. dazu Markus Öhler, Das ganze Haus. Antike Alltagsreligiosität und die Apostelgeschichte, ZNW 102 (2011), 201-234; Martin Ebner, Die Stadt als Lebensraum der Christen, Göttingen 2012, 166-177.

[13]   Vgl. dazu die Inschrift eines Hauskultes aus Philadelphia (Kleinasien) aus dem 1. Jh. v. Chr., in der statusbezogene Verhaltensregeln (Männern, Frauen, Freien, Sklaven) gegeben werden; Text: Klaus Berger/Carsten Colpe, Religionsgeschichtliches Textbuch zum Neuen Testament, Göttingen 1987, 274f.

Mit dem Familienvorstand gingen auch die Angehörigen und (vielfach) die Haussklaven zu dem neuen Kult über. Der christliche Glaube war nun der Kult des Hauses, d. h. konkret die Verehrung der bisherigen Götter wurde aufgegeben, man entfernte die Altäre, verbrannte Zauberbücher (vgl. Apg 19,19) und kaufte keine neuen Götterstatuen mehr (vgl. Apg 19,26 f.). 2) Das Haus war auch über die Familie hinaus natürlicher Versammlungs- und Kultort. Hier trafen sich private Kultvereine, Mysterienzirkel und Philosophenschulen[14]. Auch die jüdischen Gemeinden organisierten sich in Haussynagogen[15] und die christliche Mission setzte zunächst im Umfeld der Synagoge ein. So überrascht es nicht, dass in den Briefen des Apostels Paulus christliche Hausgemeinden selbstverständlich vorausgesetzt werden (vgl. die Wendung ἡ κατ᾽ οἶκον αὐτῶν ἐκκλησία = »die sich hausweise konstituierende Kirche« in 1Kor 16,19; Röm 16,5; Phlm 2; ferner Röm 16,14 f.23; Apg 12,12; 18,7; Kol 4,15)[16]. In der Außenwahrnehmung erschienen die christlichen Gemeinden wie auch die jüdisch-hellenistischen Synagogengemeinden als Vereine[17]. So wie sich in der römisch-hellenistischen Antike das Gemeinschaftsleben in Vereinen[18] vollzog und im Gemeinschaftsmahl seine Mitte und seinen Höhe-

---

[14]   Vgl. Hans-Josef Klauck, Hausgemeinde und Hauskirche im frühen Christentum, Stuttgart 1981, 83–97.

[15]   Vgl. dazu Carsten Claussen, Versammlung, Gemeinde, Synagoge, Göttingen 2002, 160–164.

[16]   Nachweisbar sind Hausgemeinden in Thessalonich, Philippi, Korinth, Kenchreä, Ephesus und Rom; für die paulinische oder nachpaulinische Zeit zudem in Kolossä und Laodicea; zur Analyse vgl. Gehring, Hausgemeinde und Mission (s. Anm. 5), 238–274.

[17]   Vgl. dazu grundlegend Georg Heinrici, Die Christengemeinden Korinths und die religiösen Genossenschaften der Griechen, ZWTh 17 (1876), 465–526; ferner Hans-Josef Klauck, Umwelt des Urchristentums I, Stuttgart 1995, 49–58; Thomas Schmeller, Hierarchie und Egalität. Eine sozialgeschichtliche Untersuchung paulinischer Gemeinden und griechisch-römischer Vereine, Stuttgart 1995; Ekkehard Stegemann/Wolfgang Stegemann, Urchristliche Sozialgeschichte, Stuttgart ²1997, 237–248; Richard S. Ascough, What are they Saying about the Formation of Pauline Churches?, New York 1998 (umfassende forschungsgeschichtliche Darstellung); John S. Kloppenborg/Richard S. Ascough (Hrsg.), Greco-Roman Associations, Berlin 2011.

[18]   Die rechtliche Situation von Vereinen fasst Markus Öhler, Römisches Vereinsrecht und christliche Gemeinden, in: Michael Labahn/Jürgen Zangenberg (Hrsg.), Zwischen den Reichen. Neues Testament und Römische Herrschaft, Tübingen 2002, (51–71) 61, so zusammen: »Spätestens seit Augustus gab es eine genaue Regelung bezüglich der Vereinszulassung: Ein collegium konnte beim Senat um Bewilligung ansuchen und erhielt diese, wenn keine staatsgefährdenden Aktivitäten zu erwarten waren und ein öffentlicher

punkt hatte[19], strukturierte sich auch das christliche Gemeinschaftsleben um das Gemeinschaftsmahl herum. Die Etablierung einer neuen Gruppe konnte sich nur im Rahmen von regelmäßigen Versammlungen und Mahlgemeinschaften in Häusern vollziehen.

3.2 Die Grösse der Gemeinden

Über die Größe der ersten Gemeinden lassen sich nur Mutmaßungen anstellen. 1 Kor 11,20; 14,23 (»wenn nun die ganze Gemeinde am selben Ort zusammenkommt«) ist zu entnehmen, dass sich die gesamte korinthische Gemeinde an einem Ort, d. h. in einem größeren Privathaus versammelte. Das Atrium eines Wohnhauses konnte dreißig bis maximal fünfzig Personen fassen, so dass ca. 30–40 Personen auch die ungefähre anfängliche Gemeindegröße angeben dürften[20]. Existierten in einer größeren Stadt mehrere Hausgemeinden (z. B. in Rom), dann erhöht sich die Gemeindegliederzahl entsprechend. Die gesamte Gemeinde traf sich wahrscheinlich bei Gottesdiensten und Versammlungen am selben Ort; daneben wird es sicherlich Treffen in sehr viel kleineren Wohnungen gegeben haben. Die Haus-/Wohngemeinde war ein besonderer Ort, um in einer teilweise feindlichen Umwelt christliches Leben gemeinsam zu praktizieren. Hier wurde gebetet (vgl. Apg 12,12), das Wort verkündigt (vgl. Apg 16,32; 20,20), fanden Tauf- und Abendmahlsfeiern statt und wurden Missionare beherbergt (vgl. Apg 16,15). 1 Kor 14,23 bezeugt Gemeindeversammlungen in einem Haus, und Paulusbriefe wurden in Hausgemeinden vorgelesen (vgl. 1 Thess 5,27; ferner Kol 4,16).

Nutzen vorlag. Bestimmte alte Vereine wie z. B. auch die jüdischen Synagogen waren aufgrund ihrer Tradition immer schon lizensiert. Daneben gab es aber eine Unzahl von nicht konzessionierten Vereinen, die solange geduldet wurden, bis sie durch Straftaten oder andere Vergehen auffielen.« Die frühen Christen konnten sich als eine zunächst innerjüdische Bewegung als lizensiertes collegium ausgeben; ab Mitte der 50er Jahre dürfte dies nicht mehr möglich gewesen sein, wie die Verfolgung unter Nero zeigt. Es bestand dann die Möglichkeit, als nicht lizensierter Verein wie viele pagane collegia zu existieren, solange die politische Unbedenklichkeit feststand.

[19]   Vgl. hierzu Matthias Klinghardt, Gemeinschaftsmahl und Mahlgemeinschaft. Soziologie und Liturgie frühchristlicher Mahlfeiern, Tübingen 1996, 21–174, der die Gemeinsamkeiten zwischen den Mahlgemeinschaften der frühen Christen und Privat- bzw. Vereinsmählern in der Umwelt herausarbeitet.

[20]   Vgl. Jerome Murphy-O'Connor, St. Paul's Corinth, Collegeville ³2002, 178–191 (er rechnet auf der Basis der Grundrisse römischer Häuser mit 30–40 Personen); Gehring, Hausgemeinde und Mission (s. Anm. 5), 252–254, nimmt 40–50 Personen für eine Hausgemeinde an.

Die Hausgemeinde als ein Zentrum frühchristlicher Mission erlaubte somit eine relativ ungestörte Praxis religiösen Lebens und ermöglichte eine effiziente Konkurrenz zu Synagogengemeinden und antiken Kultvereinen. Schließlich bot die Hausgemeinde den Raum, antike Ordnungen und Wertvorstellungen zu durchbrechen und die neue Identität in Christus zu leben (vgl. Gal 3,26-28). In der griechisch-römischen Gesellschaft vollzog sich das Leben zwischen den Polen der Polis (Stadt) und der Familie. Beide Bereiche waren streng hierarchisch strukturiert; an der Spitze standen die männlichen Bürger. Frauen, Menschen ohne Bürgerrecht, Kinder und Sklaven konnten nur eingeschränkt oder gar nicht am gesellschaftlichen Leben teilnehmen. In den christlichen Hausgemeinden verloren nun diese Unterschiede zwischen Menschen ihre Bedeutung. Alle wurden von Gott aus ihrem alten Leben herausgerissen und in eine neue Wirklichkeit gestellt, die Paulus als das Sein in Christus beschreibt. Die jungen Gemeinden sprengten durch ihre eschatologische Ausrichtung, die Selbstbezeichnung ἐκκλησία, die fehlende Ämterstruktur und die breitgefächerte Mitgliederschaft (ausländische Männer ohne Bürgerrecht, Frauen, Sklaven) antike Normen[21].

4 Soziale Schichtung

Die soziale Schichtung der paulinischen Hausgemeinden dürfte zu großen Teilen ein Abbild der damaligen Gesellschaft gewesen sein[22]. Zwar gehörten den frühen Gemeinden keine Mitglieder der elitären reichsweiten Führungsschicht (Kaiser, kaiserliche Familie, Senatoren, höchste Militärs) oder der provinzialen Oberschicht an (Senatoren, Statthalter, Mitglieder der kaiserlichen Familie, Militärs), wahrscheinlich aber lokale Oberschichtmitglieder (vgl. Erastos als »Verwalter der Stadt« in Röm 16,23[23]; die Angehörigen der familia Caesaris in Phil 4,22). Angehörige städtischer Oberschichtfamilien werden in Röm 16,10f. gegrüßt. Zur Gruppe der Wohlhabenden innerhalb ihrer Stadt zählten Gaius (1Kor 1,14; Röm 16,23), Phoebe (Röm 16,1f.), Stepha-

---

[21]   Vgl. Stegemann/Stegemann, Sozialgeschichte (s. Anm. 17), 243f.

[22]   Die methodischen Probleme einer sozialgeschichtlichen Klassifizierung der antiken Gesellschaft insgesamt und der christlichen Gemeinden im besonderen erörtert Steven J. Friesen, Poverty in Pauline Studies: Beyond the So-called new Consensus, JSNT 26 (2004), 323-361.

[23]   Vgl. dazu Gerd Theissen, Soziale Schichtung in der korinthischen Gemeinde, in: ders., Studien zur Soziologie des Urchristentums, Tübingen ²1983, (231-271) 240-245.

nas (1 Kor 1,16; 16,15.17), Jason (Apg 17,5.7) und Philemon (Phlm 2). Sie besaßen Häuser und teilweise Sklaven, vor allem aber unterstützten sie als Pa-
trone die Gemeinde[24]. Die von Paulus organisierte Kollekte für Jerusalem ist
ohne die Existenz von Gemeindepatronen nicht denkbar. Auch die Kaution
des Jason für Paulus und seine Mitarbeiter (Apg 17,9), die Rechtsstreitigkeiten
in Korinth vor heidnischen Richtern (vgl. 1 Kor 6,1–11) und die Missstände
beim Abendmahl (1 Kor 11,22: »Habt ihr denn nicht Häuser, wo ihr essen und
trinken könnt?«) zeugen von einem gewissen Wohlstand. Wenn Paulus in
1 Kor 1,26 betont, es gäbe in der Gemeinde nicht »viele Weise, nicht viele
Mächtige und nicht viele von vornehmer Herkunft«, dann setzt dies die Existenz einiger Reicher und Vornehmer in der Gemeinde voraus.

Zur Mittelschicht dürften wie Paulus selbst vor allem Handwerker und
Gewerbetreibende gehören (vgl. Prisca und Aquila: Röm 16,3; Apg 18,2.18.26;
die Purpurhändlerin Lydia: Apg 16,14–15; ferner die in 1 Thess 4,11 f. erwähnten Gemeindeglieder), denn sie konnten ihren Lebensunterhalt selber
erwirtschaften. Auch hervorgehobene Mitarbeiter des Apostels wie Timotheus
und Titus könnten der Mittelschicht angehört haben. Die überwiegende Zahl
der Gemeindeglieder ist allerdings zur Unterschicht zu rechnen (vgl. 1 Kor
1,26–28: »nicht viele Weise dem Fleische nach, nicht viele Mächtige, nicht
viele Hochgeborene … das Unedle der Welt und das Verachtete hat Gott sich
erwählt«), darunter zahlreiche Frauen und Sklaven (vgl. 1 Kor 7,21–24; Gal
3,28; Onesimus, die weiblichen und männlichen Sklavennamen in Röm
16,8 f.22). Sie befanden sich in zahlreichen Abhängigkeiten und waren nicht
in der Lage, selbständig ihren Lebensunterhalt zu erwirtschaften. In Korinth
entstanden Probleme beim Herrenmahl, weil die beschämt wurden, die
»nichts haben« (1 Kor 11,22); bei der Kollekte gaben die Makedonier »in ihrer
tiefen Armut« (2 Kor 8,2). Insgesamt lebte die große Mehrheit der paulinischen Gemeinden am Existenzminimum oder darunter[25].

---

[24]   Zum römischen Patronatswesen vgl. Peter Garnsey/Richard Saller, Patronal Power
Relations, in: Richard A. Horsley (Hrsg.), Paul and Empire, Harrisburg 1997, 96–103.

[25]   Vgl. Friesen, Poverty in Pauline Studies (s. Anm. 22), 357.

5 SKLAVEN UND HERREN

Ganz überwiegend zur Unterschicht zählten die Sklaven, die ein wesentlicher Bestandteil aller antiken Gesellschaften und Wirtschaftsformen waren. In den frühen Gemeinden bildeten die Sklaven eine wichtige und zahlenmäßig wahrscheinlich große Gruppe[26]. So zeigt die inschriftliche Analyse der in Röm 16,3-16 belegten Namensformen, dass von 13 vergleichbaren Namen 4 auf eine freie und 9 auf eine unfreie Herkunft des Namensträgers weisen[27]. In 1Kor 7,21-22 wendet sich Paulus ausdrücklich den Sklaven zu und rät ihnen, angesichts der vergehenden Welt (1Kor 7,29-31) in ihrem Stand zu verbleiben[28]. Für eine solche Interpretation des unklaren V. 21 (»Wenn du als Sklave berufen bist, so soll es dich nicht kümmern. Sondern auch wenn du frei werden kannst, gebrauche es umso mehr«) spricht vor allem der Kontext 1Kor 7,17-24, wo das Schwergewicht der Paränese auf dem ›Bleiben‹ (μένειν in 1Kor 7,20.24, ferner 7,8.11.40) in der jeweiligen Berufung liegt. Auch der erläuternde Vers 22 weist in diese Richtung: »Denn der im Herrn berufene Sklave ist ein Freigelassener des Herrn, ebenso ist der berufene Freie ein Sklave Christi.« Paulus definiert hier Freiheit als innere Freiheit, die ihre Ermöglichung und ihren Zielpunkt allein in Jesus Christus hat. Soziale Strukturen sind für diesen Freiheitsbegriff unerheblich, weil sie weder Freiheit gewähren noch Unfreiheit aufheben können. Paulus steht in deutlicher Nähe zu kynisch-stoischen Vorstellungen. So kann Seneca über den Sklaven sagen: »Sklave ist er. - Aber vielleicht frei in der Seele! - Sklave ist er. - Das wird ihm schaden? Zeig, wer es nicht ist: einer ist Sklave seiner Sinnlichkeit, ein anderer seiner Habsucht, ein anderer seines Ehrgeizes, alle der Hoffnung, alle der Furcht. Vorweisen werde ich einen ehemaligen Konsul, (der) eines alten Weibes Sklave (ist), vorweisen werde ich einen Reichen, (der) einer jungen Sklavin Sklave (ist), zeigen werde ich hochvornehme Männer als Sklaven, von Schauspielern: keine Sklaverei ist schimpflicher als die aus eigenem Willen« (Epistulae 47). Für Epiktet ist Freiheit identisch mit innerer Unabhän-

---

[26] Zum Gesamtbefund vgl. J. ALBERT HARRILL, Slaves in the New Testament, Minneapolis 2006; zu Paulus vgl. PETER MÜLLER, Der Brief an Philemon, Göttingen 2012, 54-67.

[27] Vgl. PETER LAMPE, Die stadtrömischen Christen in den beiden ersten Jahrhunderten, Tübingen 1987, 141-153.

[28] Ausführliche Exegesen bieten SAMUEL VOLLENWEIDER, Freiheit als neue Schöpfung, Göttingen 1989, 233-246; WOLFGANG SCHRAGE, Der erste Brief an die Korinther, Neukirchen 1995, 138-144; J. ALBERT HARRILL, The Manumission of Slaves in Early Christianity, Tübingen 1995.

gigkeit: »Du musst alles fahren lassen, den Leib und den Besitz, den guten Ruf und deine Bücher, die Gesellschaft, das Amt und dein Privatleben. Denn wohin dich deine Neigung zieht, dort bist du zum Sklaven geworden, zum Untergebenen, bist gefesselt, gezwungen, kurz: bist du ganz von anderen abhängig« (Dissertationes IV 4,33; vgl. Enchiridion 11)[29]. Im vergehenden Kosmos (vgl. 1Kor 7,29–31) rät Paulus zu einer inneren Freiheit gegenüber den Dingen der Welt und zu einem Verbleiben in der jeweiligen Berufung. Während vor allem die korinthische Auslegung der Freiheit die individuellen Freiheitsrechte als Mittel der Selbstverwirklichung in den Mittelpunkt stellt, sieht Paulus in der ἐλευθερία einen Relationsbegriff. Nicht die Möglichkeiten des eigenen Ich (so die Stoa), sondern die Bedürfnisse des Du prägen das paulinische Freiheitsverständnis. Erst die Bindung an Gott stellt den Menschen in den Raum der Freiheit, wo er sich selbst findet, dem anderen zum Mitmenschen wird und die Schöpfung als Gabe Gottes respektieren lernt.

Über die (christlichen) Herren der Sklaven erfahren wir zu paulinischer Zeit mit Ausnahme des Philemonbriefes nichts. Philemon war Christ (Phlm 5.7) und wird von Paulus als ἀδελφός (*Bruder*) und συνεργός (*Mitarbeiter*) angeredet (Phlm 1). Er wurde wahrscheinlich von Paulus bekehrt (V. 19b), arbeitete aktiv in der Gemeinde mit, besaß zumindest einen Sklaven, und sein Haus diente als Versammlungsraum der Gemeinde, so dass er der lokalen Oberschicht (oder handwerklichen oder kaufmännischen Mittelschicht) zugerechnet werden kann. Das zentrale theologische Motiv des Briefes erscheint in V. 11: Die Bekehrung des Onesimus hat nicht nur Konsequenzen für diesen selbst, sondern auch für das Verhältnis des Sklaven Onesimus zu seinem Herrn Philemon. Philemon soll den *neuen Status* des Sklaven Onesimus als geliebten Bruder »sowohl im Fleisch als auch im Herrn« (Phlm 16: καὶ ἐν σαρκὶ καὶ ἐν κυρίῳ) erkennen und akzeptieren. Damit mutet der Apostel Philemon zu, das antike Sozialgefüge des Hauses zu durchbrechen und Onesimus einen neuen Sozialstatus als geliebtem Bruder bei gleich bleibendem Rechtsstatus zuzuerkennen[30]. Indem sich der Apostel nachdrücklich mit Onesimus identifiziert (Phlm 12.16.17–20), verdeutlicht er Philemon die neue Situation.

---

[29]   Die beiden Reden über »Freiheit und Knechtschaft/Sklaverei« bei Dion Chrysostomos (Orationes 14 und 15) zeigen deutlich, wie stark dieses Thema das philosophisch-religiöse Selbstverständnis der Menschen bestimmte.

[30]   Vgl. Michael Wolter, Der Brief an Philemon, Gütersloh 1993, 233f.: »Philemon soll gerade in seinem Sklaven den Bruder sehen (15f.), und zwar ohne daß die Radikalität dieser Zumutung durch eine formalrechtliche Anhebung von Onesimus' Rechtsstatus mittels Freilassung abgemildert wird.«

Dieser soll von seinem Verhältnis zu Paulus her die neue Beziehung zu Onesimus gestalten. Christlichen Sklavenhaltern wird also zugemutet, nicht nur ihren eigenen Status, sondern auch das Verhältnis zu ihren christlichen Sklaven als Mitbrüdern/Mitschwestern neu zu definieren.

6 Frauen und Männer

Die gesamte antike Gesellschaft[31] ist von dem Bild der Überlegenheit des Mannes über die Frau[32] und einer damit verbundenen Aufgabenteilung geprägt: Der Mann ist für die ›Außenwelt‹ zuständig, d. h. für die Sicherung des Lebensunterhaltes und die Politik; die Frauen hingegen konzentrieren sich auf das Geschehen innerhalb des ›Hauses‹, d. h. Nahrung, Haushalt und Kindererziehung[33]. Zwar gab es zu allen Zeiten Ausnahmen[34], aber nur in der kynischen Tradition entwickelten sich Ansätze, Frauen als gleichwertig anzusehen (vgl. De Cynicorum Epistulis, Krates 28: »Die Frauen sind von Natur aus nicht geringer als die Männer«). Nach Musonius ist der »Keim der Tugend« (σπέρμα ἀρετῆς) in jeden Menschen eingepflanzt und deshalb haben auch die Frauen Anteil an der Tugend und können Philosophie studieren (Dissertationes 3). Töchter und Söhne sollen gleich erzogen werden, denn beide Geschlechter müssen gerecht sein im Leben (Dissertationes 4). Alle Laster finden sich bei Männern und Frauen, so dass beide auch in der Lage sind, sie zu überwinden.

In den paulinischen Gemeinden wurde von Anfang an ein für antike Normen offenes Modell gemeinsamer Teilhabe und Verantwortung zwischen

---

[31] Zur Stellung der Frau in der Antike vgl. Günter Mayer, Die jüdische Frau in der hellenistisch-römischen Antike, Stuttgart 1987; Thomas Späth/Beate Wagner-Hasel (Hrsg.), Frauenwelten in der Antike, Stuttgart 2006; Stegemann/Stegemann, Sozialgeschichte (s. Anm. 17), 311–346.

[32] Vgl. nur Platon, Politeia 5,451–457; in dem pseudepigraphischen Brief der Pythagoreerin Melissa an Kleareta heißt es: »Denn die Wünsche des Mannes sollen ungeschriebenes Gesetz für die Frau sein, nach dem sie leben muss« (Epistulae Pythagoreorum III,2); Josephus, Contra Apionem 2,24, stellt knapp fest: »die Frau ist in jeder Hinsicht geringer als der Mann«.

[33] Vgl. z. B. Homer, Il 6,486–492; Plutarch, Mor 142c.d; Philo, SpecLeg 3,169–171.

[34] Vor allem wohlhabende römische Frauen konnten sich den Konventionen entziehen und ein relativ selbstbestimmtes Leben führen; vgl. Andrea Rottloff, Lebensbilder römischer Frauen, Mainz 2006.

Männern und Frauen praktiziert[35]. Nach Apg 17,4.12 schlossen sich Frauen aus der lokalen städtischen Oberschicht in Thessalonich der Gemeinde an. Zur lokalen Oberschicht von Kenchreä dürfte Phoebe gehört haben, denn sie unterstützte als Patronin Paulus und viele andere (vgl. Röm 16,1-2); Lydia zählte zur Mittelschicht in Philippi (vgl. Apg 16,14), der soziale Status von Damaris aus Athen ist unbekannt (vgl. Apg 17,34). Frauen leiteten selbstverständlich Hausgemeinden (Apg 16,15: Lydia in Philippi; Röm 16,2: Phoebe als »Vorsteherin/Leiterin« (προστάτις) in Kenchreä; 1Kor 16,19; Röm 16,4f.: Prisca in Ephesus und Rom; 1Kor 1,11: Cloë in Korinth) und Junia (Röm 16,7) gehörte als Frau zu der Gruppe der frühesten Apostel. Viele Führungsaufgaben im Gemeindeleben wurden von Frauen wahrgenommen; für die Tätigkeiten von Maria (Röm 16,6), Thryphäna, Thryphosa und Persis (Röm 16,12) verwendet Paulus das Verb κοπιάω (= »arbeiten«), mit dem er in 1Thess 5,12f.; Gal 4,11; Phil 2,16 seine eigene Arbeit/Evangeliumsverkündigung bezeichnet. Über die streitbaren Euodia und Syntyche in Phil 4,2f. heißt es: »… sie haben mit mir für das Evangelium gekämpft …« Zu den Gemeinden zählten verheiratete Frauen (1Kor 7,2-5), geschiedene Frauen (1Kor 7,10-12), Alleinstehende (1Kor 7,25f); Ledige und Witwen (1Kor 7,8.39) sowie Frauen mit gemeindefernen Männern (1Kor 7,13.15f.). Die Ehe wird von Paulus als gegenseitige Teilhabe und Verpflichtung angesehen (vgl. 1Kor 7,3f.: »Seiner Frau gegenüber soll der Mann die Pflicht erfüllen, ebenso aber auch die Frau dem Mann gegenüber. Die Frau hat über ihren Körper nicht das Verfügungsrecht, sondern ihr Mann; ebenso aber hat auch der Mann über seinen Körper nicht das Verfügungsrecht, sondern seine Frau«); eine für die Antike geradezu revolutionäre Anschauung! Frauen traten als Patronin für Gemeinden (Lydia in Philippi/Phoebe in Kenchreä) oder Einzelpersonen auf (Röm 16,13: die Mutter des Rufus unterstützte Paulus). Der Anteil von Frauen in den Gemeinden ist schwer zu bestimmen; nimmt man die erwähnten Namen zum Ausgangspunkt, dürfte er bei ca. 20 Prozent gelegen haben[36]. Andererseits lassen die Paulusbriefe, speziell der 1. Korintherbrief und Röm 16 erkennen, dass der Anteil in einzelnen Gemeinden sehr viel höher gewesen sein muss. In Korinth gab es offenbar von Frauen getragene emanzipatorische Bestrebungen, worauf vor allem die Frage nach der Rolle von Frauen in den Gottesdiensten (1Kor 11,1-16) hinweist. Frauen treten im Gottesdienst als Beterin-

---

[35] Zur umfassenden Analyse der Texte vgl. Philip B. Payne, Man and Woman. One in Christ, Grand Rapids 2009.

[36] So Stegemann/Stegemann, Sozialgeschichte (s. Anm. 17), 332, im Anschluss an Wayne A. Meeks.

nen und Prophetinnen mit unbedecktem Haar auf (1Kor 11,5: »Jede Frau aber, die mit unverhülltem Haupt betet oder prophezeit, verunziert ihr Haupt; denn sie ist gleichbedeutend mit der Kahlgeschorenen«)[37]. Paulus argumentiert dagegen schöpfungstheologisch, in 1Kor 11,7 f. bezieht er sich ausdrücklich auf Gen 1,26 f.: »Denn der Mann muss nicht sein Haupt verhüllen, weil er Bild und Abglanz Gottes ist; die Frau aber ist Abglanz des Mannes. Denn nicht stammt der Mann aus der Frau, sondern die Frau aus dem Mann.« Die Teilnahme von Frauen ohne Kopfbedeckung am Gottesdienst war offenbar eine neue, in anderen Gemeinden unbekannte Praxis und zugleich heftig umstrittene Erscheinung (vgl. 1Kor 11,16: »Wenn aber jemand meint, streitsüchtig zu sein …«). Die paulinische Argumentation zeigt, dass der Apostel nicht von der allgemein antiken Anschauung der Überlegenheit des Mannes über die Frau abrückt[38], zugleich aber in seinen Gemeinden die gemeinsame Teilhabe zulässt, solange nicht Grenzen überschritten werden. Ein wesentliches Movens für diese Entwicklung war die gleichartige und gleichwertige Zulassung zu den Sakramenten. Insbesondere die Taufe als geschlechtsunabhängiges Initiationsritual und die damit verbundene Geistverleihung dürften emanzipatorische Entwicklungen begünstigt haben, wie Gal 3,26–28 (und 1Kor 12,13; Kol 3,11) zeigen. Alle erhalten die gleiche Taufe und empfangen den einen Geist, der sie zu Schwestern und Brüdern in Christus macht. Die volle Teilhabe an den Ritualen und den kultischen Vollzügen hat in der Gemeinde eine Aufhebung fundamentaler Statusunterschiede zur Folge, auch zwischen Mann und Frau (Gal 3,28: »… hier ist nicht Mann noch Frau …«). Die pneumatische Gleichstellung durch die Taufe und die damit verbundene charismatische Vielfalt (vgl. 1Kor 12,12–31; 14,32) werteten offenkundig die Stellung der Frauen in den Gemeinden auf, denn sie waren die Trägerinnen zahlreicher Charismen.

---

[37] 1Kor 14,33b–36 (»Die Frauen sollen in der Gemeinde schweigen …«) ist aus drei Gründen eine Glosse; 1) Das dort geforderte Schweigen der Frauen im Gottesdienst widerspricht 1Kor 11,5; 2) die Glosse unterbricht deutlich den Gedankengang über die Prophetie und 3) der Einschub verdankt sich der Gedankenwelt von 1Tim 2,11–15; vgl. zur Begründung JÜRGEN ROLOFF, Der erste Brief an Timotheus, EKK XV, Neukirchen 1988, 128ff.; PAYNE, Man and Woman (s. Anm. 35), 217–267.

[38] Vgl. auch PLUTARCH, Moralia 142E: »… solange sich die Frauen ihren Männern unterordnen, verdienen sie Lob.«

7 GRIECHEN UND JUDEN

Ihre kulturelle Überlegenheit definierten die Griechen seit Homer, vor allem
aber im Gefolge der Perserkriege im Gegenüber zu den ›Barbaren‹ (ὁ βάρβα-
ρος = der Nichtgrieche)[39]. Dies bezog sich auf das (nicht) einwandfreie Griechisch[40], ebenso aber auf alle Bereiche der Kultur, Technik und Kriegsfüh-
rung[41]. Die Barbaren galten als grausam, ausschweifend und kulturfern, die
Hellenen hingegen als tapfer, gesittet und edel. Dieses Bewusstsein zeigt sich
sowohl in der Dichtung als auch in der systematischen Philosophie[42]: Die Hellenen sind zum Herrschen geboren, die Barbaren hingegen zur Sklaverei. In
der kulturellen Rangfolge der Völker sahen sich die Griechen selbstverständlich an erster Stelle[43]. Die Römer verstanden sich als Nachfolger der Hellenen
und übernahmen diese Sicht.

Dennoch war auch in der Antike das Nationalbewusstsein von kleineren
Völkern von großer Bedeutung. Weder die Hellenisierung in der Folge des
Alexanderzuges noch die Herrschaft der Römer führten zu einer gleichförmi-
gen Einheitskultur, sondern unter und neben der vorherrschenden griechisch-
römischen Kultur existierten zahlreiche Ethnien – wie z.B. das Judentum –
als sprachliche und kulturelle Einheiten weiter, wobei auch die Juden die
Welt in zwei Gruppen unterteilten: in Juden und Nichtjuden. Angesichts dieser Konstellation waren ethnische Wertungen/Diskriminierungen an der Tagesordnung[44]. Die frühen Gemeinden standen hier vor einem doppelten Problem: 1) Viele Mitglieder waren geborene Juden und damit Glieder eines
Volkes, das sich selbst als erwählt ansah und aus dem die neue Bewegung
hervorgegangen war. Zugleich galten aber die Juden den Griechen und Römern vor allem wegen ihrer Absonderung und der Beschneidung als ›bar-
barisch‹[45]. 2) Die geborenen Griechen und Römer in den Gemeinden gaben

---

[39]   Vgl. HOMER, Ilias 2,867.

[40]   So z.B. ZENON nach DIOGENES LAERTIUS 7,59.

[41]   Vgl. umfassend JULIUS JÜTHNER, Hellenen und Barbaren aus der Geschichte des Na-
tionalbewusstseins, Leipzig 1923.

[42]   Vgl. EURIPIDES, Iphigenie in Aulis, 1400f.; ARISTOTELES, Politica 1252b: »Billig ist es,
dass der Hellene über die Barbaren herrscht«.

[43]   Paulus verwendet in Röm 1,14 das Begriffspaar ›Hellenen und auch Barbaren‹, um
die gesamte Menschheit als Zielgruppe seiner Verkündigung zu benennen.

[44]   Vgl. EPIKTET, Dissertationes II 9,19: »Warum schauspielerst du einen Juden vor, der
du doch ein Grieche bist? Siehst du nicht, aus welchem Grunde einer ein Jude oder Syrer
oder Ägypter genannt wird?«

ihre privilegierte Herkunft auf und schlossen sich einer obskuren Bewegung aus dem Osten des Reiches an. Überwunden wurden die damit verbundenen Probleme in der antiochenisch-paulinischen Mission durch ein trans-ethnisches Konzept: Der eine Geist des einen Gottes ergoss sich über viele Menschen und Völker und lässt keine ethnischen Begrenzungen mehr zu (vgl. 1Kor 12,12–13). Alle sind mit einem Geist getränkt und haben die eine Taufe empfangen, so dass nun gilt: »Hier ist nicht Jude noch Hellene« (Gal 3,28). Man empfindet sich als ›drittes Geschlecht‹ gegenüber Juden und Griechen (vgl. 1Kor 1,22 f.) und es gilt: »Ihr seid einer in Christus Jesus« (Gal 3,28). Die Zugehörigkeit zum auserwählten Volk definiert sich nicht mehr über die völkische oder familiäre Abstammung, sondern durch die ›Neu-/Wiedergeburt‹ in der Taufe. Die theologische Konstruktion einer neuen Identität und ihre soziale Realisierung in den kleinasiatischen und griechischen Gemeinden des Paulus war die Voraussetzung für die Entstehung einer neuen Religion und zugleich einer ihrer attraktiven Inhalte! Wieder hat diese Relativierung überkommener Denkmuster eine Parallele bei den Kynikern, die sich dezidiert als Kosmopoliten verstanden[46] und der Alternative ›Grieche – Barbar‹ nicht folgten[47]. Epiktet entwickelt auf der Basis der vernunftgemäßen Verwandtschaft aller Menschen mit Gott ein universales Modell. Sokrates ist weder ein Bürger von Athen oder Korinth, sondern: »ein Weltbürger« und deshalb gilt: »Warum sollte sich nicht ein solcher Mensch ›Bürger des Universums‹ (κόσμιος) nennen? Warum nicht ›Sohn Gottes‹?« Er ist wirklich frei und muss niemanden fürchten, denn verwandt ist er allein mit Gott, seinem »Schöpfer, Vater und Beschützer«[48]. Bei Paulus werden die Menschen durch Glaube und Taufe zu ›Söhnen Gottes‹ (Gal 3,26), bei Epiktet sind sie es aufgrund ihrer Verwandtschaft mit Gott; die entscheidende Folge ist in beiden Fällen eine Relativierung/Aufhebung der natürlichen Abstammung/Zugehörigkeit. Allerdings gibt es einen entscheidenden Unterschied:

---

[45]   Vgl. dazu exemplarisch den Abschnitt über die Juden in: TACITUS, Historien V 3–5: »Unheilig ist dort alles, was bei uns heilig, andererseits ist erlaubt bei ihnen, was bei uns als Schande gilt« (V 4,1).

[46]   DIOGENES VON SINOPE nach DIOGENES LAERTIUS 6,63: »Ich bin Weltbürger«; 6,72: »Die einzig richtige Verfassung ist die kosmische«; ferner EPIKTET, Dissertationes III 22,47: »Ich habe kein Bürgerrecht«; PS-ANACHARSIS 5: »… mein Lager ist die ganze Erde …«

[47]   PLUTARCH, Moralia 329C.D; DION CHRYSOSTOMOS, Orationes 4,4–6: Alexander d. Gr. wird dafür gelobt, dass er dem Rat seines Lehrers Aristoteles nicht gefolgt ist und die Barbaren nicht als Sklaven behandelte.

[48]   EPIKTET, Dissertationes I 9,1.6. 7.

Bei Epiktet ist es allein der Philosoph, der über solche Einsichten verfügt und sie zu realisieren vermag[49], bei Paulus gibt es solche elitären Schranken nicht.

4 FAZIT: OFFENHEIT, LIEBESETHIK, KOMMUNIKATION, ANSPRUCH UND EXKLUSIVITÄT

Vor allem die paulinischen Gemeinden stellten innerhalb der antiken Welt etwas Neues dar: Sie sind ohne Vorbedingungen (wie Herkunft, Geschlecht, Besitz, Status, Bildung) offen für Menschen aller Stände, aller Geschlechter und aller Berufe[50]. Diese Offenheit stellt den größten Unterschied gegenüber paganen Vereinen dar. Die Bekehrung ›ganzer Häuser‹ (vgl. 1Kor 1,16; Apg 16,15; 18,8) zeigt, dass Angehörige aller Stände und Schichten zu dieser neuen Gemeinschaft gehören konnten. Durch den Verzicht auf formale Zulassungsbedingungen schlossen sich insbesondere Frauen und Mitglieder unterer Gesellschaftsschichten (vor allem Sklaven) in einem erheblichen Maß den neuen Gemeinden an. Auffallend im Verhältnis zu paganen Vereinen und für das Gemeinschaftsgefühl in den Gemeinden von größter Bedeutung sind die gemeinsamen Mahlzeiten, die zumindest in Korinth (vgl. 1Kor 16,2) wahrscheinlich wöchentlich stattfinden. Die christlichen Gemeinden übertreffen mit der Anzahl der Gemeinschaftsmähler alle anderen. »Unter den um Mitglieder konkurrierenden Gemeinschaften im 1. und 2. Jahrhundert n. Chr. haben die christlichen Gemeinden in diesem Punkt die führende Position inne – niemand trifft sich häufiger zum Mahl.«[51]

Das Neue und Anziehende christlichen Verhaltens und christlicher Praxis zeigt sich auch im Vergleich mit dem Sozialverhalten und der Wohltätigkeit in der griechisch-römischen Gesellschaft[52]. Dort zielte die Verehrung der Götter des Reichspantheons auf die korrekte Ausübung des Ritus, um so die Götter zufriedenzustellen. Damit verband sich aber nicht die Verpflichtung auf

---

[49]   Vgl. EPIKTET, Dissertationes I 9,1.9.

[50]   Vgl. BRUCE HANSEN, ›All of you are in One‹. The Social Vision of Gal 3.28, 1Cor 12,13 and Col. 3.11, London/New York 2010.

[51]   EVA EBEL, Attraktivität früher christlicher Gemeinden, Tübingen 2004, 163.

[52]   Vgl. dazu KLAUS THRAEDE, Soziales Verhalten und Wohlfahrtspflege in der griechisch-römischen Antike (späte Republik und frühe Kaiserzeit), in: GERHARD T. SCHÄFER/THEODOR STROHM (Hrsg.), Diakonie – biblische Grundlagen und Orientierungen, Heidelberg 1990, 44–63.

ein bestimmtes ethisches oder soziales Verhalten[53]. Finanzielle Zuwendungen galten dem Vollzug des Kultes; Kulte bzw. Tempel konnten über ansehnliche Vermögen verfügen (z. B. Artemiskult in Ephesus) und im Rahmen lokaler Kulte wurden häufig auch Armenspeisungen u. ä. durchgeführt. Damit war jedoch keineswegs eine nachhaltige Förderung des Allgemeinwohls verbunden. Zwar waren Wohltaten (beneficia) in allen Bereichen hoch angesehen und willkommen, aber nicht als innere Verpflichtung der Religion oder Philosophie. Armut und Reichtum wurden nicht als gesellschaftlich bedingte Phänomene gesehen, sondern individualethisch behandelt.»Philosophischer Ethik galt gesellschaftliche Not als irrelevant für die Selbstverwirklichung des Weisen oder Gebildeten.«[54] Das konkrete Handeln für benachteiligte Menschen oder Gruppen war eher zweitrangig im Denken der politischen, militärischen und geistigen Eliten. Demgegenüber galt bei den Christen das Dienen als exemplarisches Christsein; es gehörte als natürliche Einsicht und Folge des Glaubens zu seinem Wesen. Wenn Gott Liebe ist (vgl. 1Joh 4,8.16), dann hat diese Zuwendung die konkrete Hinwendung der Glaubenden zu den Notleidenden zur Folge[55].

Zu der Offenheit der Gemeinden und ihrer konkreten Liebesethik kommt ein drittes Element: die intensive persönliche Kommunikation. Es existierte eine hohe soziale und informelle Vernetzung innerhalb der Gemeinden und unter den Gemeinden; die fünf Säulen des Netzwerkes waren: Briefe, Reisen, Mitarbeiter, gegenseitige materielle Unterstützung, eine ausgeprägte Kultur der Gastfreundschaft (vgl. Lk 14,12-14; Röm 12,13; 1Petr 4,9; 1Tim 3,2; 5,10; Tit 1,8; Hebr 13,1; 1Klem 1,2; Did 11-13). Insgesamt war die Infrastruktur der Christen neu und sehr effektiv. Christen waren Bürger einer Ortsgemeinde und zugleich Mitglieder der weltweiten Kirche, so dass sich Individualität und kosmopolitische Weite ergänzten. Im ganzen römischen Reich konnte man als Kaufmann, Soldat oder Sklave sehr schnell in den Zentren Gemeinden finden und heimisch werden. Die Taufe, die wöchentlichen Eucharistiefeiern und die kleinen Hausgemeinden schufen eine hohe Verbindlichkeit. Charismatische Gottesdienste, neuartige intensive Geisterfahrungen, Wunder und Heilungen sowie charismatische Persönlichkeiten bestimmten

---

[53]   Vgl. THRAEDE, Soziales Verhalten und Wohlfahrtspflege, 48 f.

[54]   A. a. O., 55.

[55]   Zur diakonischen Dimension des Evangeliums vgl. GERHARD T. SCHÄFER/THEODOR STROHM (Hrsg.), Diakonie – biblische Grundlagen und Orientierungen, Heidelberg 1990; ANNI HENTSCHEL, Diakonia im Neuen Testament, WUNT 226, Tübingen 2007; DIERK STARNITZKE, Diakonie in biblischer Orientierung, Stuttgart 2011.

das Gemeindeleben. In den Gemeinden war es möglich, die neue Identität zu leben und zu erweitern, indem das Ich- und Wir-Bewusstsein in eine ausgeglichene Balance gebracht wurden: Die Glaubenden waren gleichermaßen als einzelne Personen geliebte Kinder Gottes und in der Gemeinschaft des weltweiten Leibes Christi.

Neben Offenheit, Liebestat und Kommunikation tritt als viertes Element eine anspruchsvolle Theorie und Praxis. Vor allem Paulus entwirft eine anspruchsvolle Theorie: Der Mensch und die gesamte Lebenswelt werden im Christentum aus ihrer Relation zu Gott definiert. Von Kreuz und Auferstehung her dachte Paulus (wie alle anderen ntl. Autoren) die Welt und den Menschen neu. Damit verband sich eine beeindruckende Praxis, denn in einer agonistischen Gesellschaft waren es allein die Christen, die konsequent für Gewaltfreiheit eintraten und alles Leben als Gottesgabe verstanden. Sie nahmen eine klare ethische Position ein und traten für ihre Werte bis hin zum Leiden konsequent ein. Es gelang ihnen, das Leiden und die dunklen Seiten des Lebens mit ihrem Gottesbild zu vereinbaren, denn sie glaubten an einen Gekreuzigten als Gottessohn.

Das fünfte Element ist die Exklusivität: Die Gemeinden waren offen nach außen, zugleich aber verbindlich nach innen. Man wusste sich als erwählte Gruppe der Endzeit, für die Gott seinen Sohn gesandt hatte. Bestimmend waren dabei eine produktive Streitkultur und eine kreative Spannung zwischen Selbstentwurf und Realität: man war eine kleine Gruppe, entschied aber über die Welt. Utopien (das Reich Gottes) und Paradoxien wurden zu produktiven Ausgangspunkten: im Tod ist Leben; im Leiden zeigt sich Liebe, die Armen sind reich; die Unterdrückten werden herrschen. Dabei wirkte insgesamt das Prinzip der Umkehr als Motor.

Die gelebte Glaubensrealität in den Gemeinden übte offensichtlich eine große Attraktivität auf Menschen aus sehr verschiedenen Völkern, Kulturen, Ständen und Milieus aus. In einer durch einen griechisch-römischen Ethnozentrismus geprägten Gesellschaft praktizieren die Christen ein Modell der geschwisterlichen Offenheit, Liebe und Gleichheit, das utopische Elemente enthält, grundlegende Wertvorstellungen der Antike hinter sich ließ und neue schuf.

»WIE INSELN IM TOSENDEN MEER ...«

Zur Selbstsicht christlicher (Minderheits-)Gemeinden im zweiten Jahrhundert

Jörg Ulrich

I.

In seiner in der zweiten Hälfte des zweiten Jahrhunderts entstandenen apologetischen Schrift *Ad Autolycum*[1] präsentiert Theophilus von Antiochien[2] eine allegorische Auslegung der ersten Bücher der Genesis (Autol. 2,11–32), aus der die folgende kurze Passage ausgewählt und zum Ausgangspunkt unserer Überlegungen gemacht sei:

> »Das Meer aber können wir füglich ein Bild der Welt nennen. Denn gleichwie das Meer, wenn es nicht durch den reichlichen Zufluss der Ströme und Quellen gespeist würde, wegen seines Salzgehaltes längst ausgetrocknet wäre, so wäre auch die Welt, wenn sie nicht Gottes Gesetz und die Propheten hätte, die ihr gleich Flüssen und Quellen Süße, Milde, Gerechtigkeit und Belehrung durch die göttlichen Gebote zuführen, wegen ihrer Bosheit und der in ihr überwuchernden Sünde schon längst zugrunde gegangen. Und wie sich im Meere Inseln befinden, zum Teil bewohnt, gut bewässert und fruchtbar, mit Buchten und Häfen, dass die Schiffer im Sturme dort eine Zufluchtsstätte finden, so hat Gott der Welt, die infolge der Sünden von wilden Stürmen bewegt wird, Sammelplätze gegeben, hei-

---

[1] Text: MIROSLAV MARCOVICH (Hrsg.), Tatiani Oratio ad Graecos. Theophili Antiocheni ad Autolycum, Berlin/New York 1995, 15–137; Text mit spanischer Übersetzung: JOSÉ PABLO MARTÍN (Hrsg.), Madrid 2004; Text mit französischer Übersetzung und Kommentierung: GUSTAVE BARDY/JEAN SENDER (Hrsg.), SC 20, Paris 1948; Text mit englischer Übersetzung und Kommentierung: ROBERT MCQUEEN GRANT (Hrsg.), Oxford 1970; deutsche Übersetzung: JAKOB LEITL, BKV² 14, Kempten 1913, 9–122. Immer noch beachtenswert ist die alte Ausgabe von JOHANN CARL THEODOR OTTO, Jena 1861, die den griechischen Text, eine deutsche Übersetzung und eine Kommentierung bietet.

[2] Siehe PETER PILHOFER, Art.: Theophilos von Antiochien, in: LACL³ (2002), 690 (Lit!).

lige Kirchen genannt, in welchen sich gleichsam als in sicheren Inselhäfen die Lehrstühle der Wahrheit finden.«[3]

Der Fortgang des Passus zeigt, dass das Bild für Theophilus in den Zusammenhang von »Häresie und Orthodoxie« gehört: So wie es Inseln der Rechtgläubigkeit (»heilige Kirchen«) gibt, so gibt es im großen tosenden Meer auch Inseln der Irrlehre, an denen Seeleute und ihre Besatzungen bei Verlust ihres Lebens zu zerschellen drohen. Exegetisch im Hintergrund steht, wie eine Parallele aus der zeitlich ebenfalls ans Ende des zweiten Jahrhundert gehörenden Schrift des Irenäus von Lyon *Adversus haereses* zeigt,[4] die alttestamentliche Verheißung Jeremia 31,10-14 (Jer 38,10-14 LXX), der sich das Bild von den Inseln wie auch der Gedanke der Sammlung der Heilsteilhabenden aus der Diaspora verdanken. Theophilus wie Irenäus betonen das Vorhandensein von Kirchengemeinden (= Inseln) in der gesamten Ökumene (= dem Meer), sie prägen die Kirche-Welt-Differenz ein, in der der Kirche die Funktion zufällt, Schutz gegenüber der in der Welt allfällig wütenden Sünde zu bieten, und sie differenzieren zwischen wahrer Kirche und falschen Kirchen; letztere führen nicht zur rettenden Erkenntnis der Wahrheit, sondern verführen zur todbringenden Häresie.

Aus der Sicht christlicher Schriftsteller am Ende des zweiten Jahrhunderts scheinen es diese Aspekte gewesen zu sein, die im Blick auf die Gemeinden am meisten interessierten. Mit den (rechtgläubigen) Gemeinden hatte Gott in der Welt Sammelplätze bzw. Schutzhäfen zur Verfügung gestellt, die auf dem wilden Meer in Not geratene Schiffer anlaufen konnten. Natürlich wüsste der moderne, sich für das Thema »Kirche in Minderheitensituationen« interessierende Leser nun gerne, wie viele in Not geratene Schiffer von der Möglichkeit, sich aus den tosenden Wirrungen der Sünde heraus und in den sicheren Hafen der Kirche hineinzubegeben, denn eigentlich Gebrauch gemacht haben. Doch über Zahlen und Zahlenverhältnisse schweigen sich die christlichen Quellen des zweiten Jahrhunderts weitgehend aus.[5] Bei dem in *Adversus Haereses* mit der Bekämpfung gnostischer und anderer heterodoxer Gegner vollauf beschäftigten Irenäus von Lyon ist dieser Umstand noch relativ leicht zu er-

---

[3]   Die deutsche Übersetzung folgt bei leichten Veränderungen der BKV-Ausgabe von Leitl (s. Anm. 1).

[4]   Irenäus, adv. haer. 5,34,3. - Siehe zur Stelle die Ausgabe Irenäus von Lyon, Adversus Haereses. Gegen die Häresien, fünfter Teilband, eingeleitet und übersetzt von Norbert Brox, FC 8/5, Freiburg 2001, 257-259.

[5]   Siehe hierzu Abschnitt III.

klären: Ihm geht es primär um den Erweis der Wahrheit der eigenen Lehre und um die polemische Auseinandersetzung mit aus seiner Sicht sich fälschlich als solche bezeichnenden Christen. Bei Theophilus von Antiochien liegen die Dinge jedoch etwas anders: Sein *Ad Autolycum* ist eine apologetisch-protreptische Werbeschrift für das Christentum, und es wäre naheliegend gewesen, aus dem Umstand, dass Menschen sich dem Christentum zuwandten, apologetisches Kapital zu schlagen, zum Beispiel im Anschluss an programmatische Äußerungen des frühesten Christentums, die ein solches Interesse ja durchaus zeigen (so etwa Apg 2,47). Die Tatsache, dass eben dies nicht erfolgt, verlangt nach einer Erklärung. War die Zahl derer, die um das Jahr 180 im Hafen der Kirche an Land gingen, so gering, dass sich ihre Erwähnung erübrigte? War Theophilus mit seinem Desinteresse am Quantitativen eine Ausnahme in der christlichen apologetischen Literatur? Oder überfrachtet man die Texte methodisch mit der Frage danach, warum sie etwas nicht sagen? Oder lässt sich schließlich für die oben zitierte Stelle Autol. 2,14 eine Selbstsicht christlicher Gemeinden ableiten, die dem Quantitativen aus theologischen Gründen wenig Aufmerksamkeit schenkte? Ich denke, dass Letzteres der Fall ist, entfalte dies im folgenden in drei kurzen Schritten (II.-IV.) und schließe mit einem Ausblick (V.) auf Spätantike und Gegenwart.

II.

Trotz intensiver Bearbeitung der Frage nach Mission und Ausbreitung des Christentums in der vorkonstantinischen Zeit hat die Forschung zumal für das zweite Jahrhundert wenig Zuverlässiges herausarbeiten können, was absolute und relative Größenordnungen angeht.[6] Klar ist einerseits, dass das Christentum von seinem Selbstverständnis her nach missionarischem Erfolg strebte und solchen auch tatsächlich verzeichnete: auszugehen ist von Zuwachsraten über Jahrzehnte und Jahrhunderte hinweg.[7] Deutlich ist allerdings

---

[6]   Einschlägig ist immer noch ADOLF VON HARNACK, Die Mission und Ausbreitung des Christentums in den ersten drei Jahrhunderten, Leipzig [4]1924; neueren Datums ist das viel und kontrovers diskutierte Buch des Soziologen RODNEY STARK, The Rise of Christianity, Princeton 1996 (deutsche Übersetzung: Der Aufstieg des Christentums, Weinheim 1997). Vgl. außerdem BERNHARD KÖTTING, Art.: Christentum I (Ausbreitung), in: RAC Bd. 2 (1954), 1138-1159. Zu Schätzungsversuchen siehe schon LUDWIG VON HERTLING, Die Zahl der Christen zu Beginn des 4. Jahrhunderts, in: ZKTh 58 (1934), 243-253.

[7]   Dies gilt bereits für die frühe Zeit. Siehe zur Thematik insgesamt jetzt den umfäng-

auch, dass die christlichen Gemeinden zugleich in der religiös so ungeheuer bunten und vielfältigen Welt des Imperium Romanum[8] zunächst nur eine eher kleine und geringfügige Rolle spielten; und klar ist ebenfalls, dass wir mit erheblichen regionalen Unterschieden rechnen müssen: Während die Christen in Kleinasien relativ früh und schnell zahlenmäßig wuchsen, hören wir von Christen in Nordafrika überhaupt erstmals in der Passio der Märtyrer von Scili am Ende des zweiten Jahrhunderts. Während Christen sich in den Metropolen des Reiches wie Alexandrien, Antiochien und Rom auch zahlenmäßig relativ schnell bemerkbar gemacht haben müssen,[9] hören wir in den ländlichen Regionen lange Zeit kaum etwas von ihnen – abgesehen einmal von der Entwicklung in den ländlich geprägten Gegenden des bereits erwähnten Sonderfalles Kleinasien, wo die Entstehung und Ausbreitung, aber auch die Bekämpfung des Montanismus eine starke Stellung des Christentums zur Mitte des zweiten Jahrhunderts klar belegen. Allerdings ist das Beispiel Montanismus wiederum auch typisch für einen anderen signifikanten Aspekt der Ausbreitung des Christentums in den ersten Jahrhunderten: Die neue Religion breitet sich nicht als Einheit, sondern in großer Diversität und institutioneller Pluriformität aus, was die Kritiker des Christentums zu Spott und die Christen zu apologetischen und häreseographischen Anstrengungen veranlasst, für die der eingangs zitierte Passus aus Theophilus' *Ad Autolycum* ein gutes Beispiel ist.

Der sicherste Zeuge für eine durchaus stabile Ausbreitung des Christentums am Ende des zweiten Jahrhunderts ist ironischerweise der Christentumsgegner Kelsos. Vor Kelsos hören wir allenfalls am Anfang des zweiten Jahrhunderts durch den bithynischen Statthalter Plinius, dass das Christentum sich in bedrohlicher Weise ausgebreitet habe.[10] Doch ist diese Notiz erstens

---

lichen Sammelband Clare K. Rothschild/Jens Schröter (Hrsg.), The Rise and Expansion of Christianity in the First Three Centuries C. E., Tübingen 2013; darin meinen Beitrag Jörg Ulrich, Die Begegnung von Christen und Heiden im zweiten (und dritten) Jahrhundert, in: ebd., 453–481. Zur »Arithmetik des Wachstums« siehe Stark, Aufstieg (s. Anm. 6), 8–18.

[8]   Siehe hierzu die schöne Überblicksdarstellung von Jörg Rüpke, Die Religion der Römer, München [2]2006.

[9]   Für die Stadt Rom siehe Peter Lampe, Die stadtrömischen Christen in den ersten beiden Jahrhunderten. Untersuchungen zur Sozialgeschichte, Tübingen [2]1989.

[10]   Plinius d. J., ep. 10,96,9: »Mir schien nämlich die Sache einer Konsultation wert, vor allem um der großen Zahl derer willen, die hierbei auf dem Spiele stehen; sind doch zahlreiche Angehörige jeglichen Alters und Standes, auch beiderlei Geschlechts, von diesen Untersuchungen betroffen und werden es noch sein, da sich nicht allein in Städten, son-

regional auf Bithynien beschränkt, und zweitens wird sie relativiert durch den Hinweis des Plinius, dass durch seine Maßnahmen eine Eindämmung der »Seuche« bereits zu greifen beginne:[11] Er scheint das Christentum als schon wieder auf dem Rückzug befindlich anzusehen. Erst weit in der zweiten Hälfte des zweiten Jahrhunderts reagieren pagane Kritiker wieder auf das Christentum bzw. dessen Ausbreitung. Bei Galen[12] (wohl um 180) erfahren wir zwar wenig Konkretes, können aber aus dem Faktum erhobener Kritik eine gewisse Relevanz der kritisierten Christen zu jener Zeit ableiten. Auf vergleichsweise sicheren Boden gelangen wir dann beim etwa zeitgleichen Kelsos und seiner *Wahren Lehre*,[13] mit der er den ersten uns bekannten literarischen Großangriff auf die christliche Religion startet. Bei diesem Großangriff spielen einerseits Teile der bekannten, für uns v. a. im Spiegel der christlichen apologetischen Literatur greifbaren Vorwürfe und Urteile gegen die Christen eine Rolle,[14] es wird aber andererseits auch deutlich, dass die Wahrnehmung der Christen

---

dern auch über die Dörfer und das flache Land hin die Seuche dieses Aberglaubens ausgebreitet hat.« – Übersetzung nach ADOLF MARTIN RITTER, Alte Kirche, KThGQ 1, Neukirchen ⁷2002, 15. Zu diesem viel diskutierten Brief und der Antwort des Kaisers Trajan siehe JAKOB ENGBERG, Impulsore Chresto. Opposition to Christianity in the Roman Empire c. 50–250 AD, Frankfurt 2007, 173–206 (Lit!).

[11]   PLINUS D. J., ep. 10,96,9 f.: »Dennoch scheint es möglich, sie einzudämmen und auszurotten. Fest steht jedenfalls, dass man die schon verödeten Tempel wieder zu besuchen beginnt, dass die regelmäßigen Opfer, die lange unterbrochen waren, wieder aufgenommen wurden und das Fleisch der Opfertiere, für das es eben kaum noch einen Käufer gab, überall wieder Absatz findet.« (Übersetzung nach RITTER, Alte Kirche [s. Anm. 10], 15). – Interessant und einer näheren Untersuchung wert sind die offenbar erheblichen ökonomischen Implikationen, die eine Ausbreitung des Christentums für die jeweilige Region mit sich brachte.

[12]   Zu Galen siehe RICHARD WALZER, Galen on Jews and Christians, London 1949; kommentierend ROBERT L. WILKEN, The Christians as the Romans saw them, New Haven 1984, erschienen in deutscher Übersetzung von GREGOR KIRSTEIN unter dem Titel Die frühen Christen wie die Römer sie sahen, Graz 1986, hier 81–105. Ferner HANS SCHLANGE-SCHÖNINGEN, Die römische Gesellschaft bei Galen. Biographie und Sozialgeschichte, Berlin 2003, 247–254.

[13]   Siehe hierzu die grundlegende Arbeit von HORACIO E. LONA, Die »Wahre Lehre« des Kelsos, Freiburg 2005 (Lit!). Die Monographie bietet eine ausführliche Einleitung, deutsche Übersetzung und eingehende Kommentierung der Kelsosfragmente. Zu datieren ist die »Wahre Lehre« auf die Jahre 177–180, siehe hierzu LONA, »Wahre Lehre«, 54 f.

[14]   Dies geht insbesondere aus der Vorrede hervor: Die Christen sind ein heimlicher, verbotener Verein, ihre Lehre ist barbarischer Herkunft, sie ist keineswegs originell, Jesu Wunder verdanken sich der Zauberei, der christliche Glaube ist unvernünftig und jegliche

durch Kelsos vergleichsweise präzise und substantiiert ist: Absurde traditionelle Vorwürfe wie Eselsanbetung, Kannibalismus oder Inzucht[15] finden sich bei ihm nicht. Für unsere Zwecke ist interessant, dass Kelsos auf das aus seiner Sicht beängstigende zahlenmäßige Anwachsen der Christen abhebt: Waren diese am Anfang noch wenige und eines Sinnes, seien sie jetzt zu einer Menge angewachsen (Kels. 3,10). Infolge der Menge hätten sie sich wieder voneinander getrennt und widerlegten sich nunmehr gegenseitig (Kels. 3,12). Sie vermögen, viele zu überreden (Kels. 2,46). Insbesondere bei den einfältigen, niedrigen und primitiven Menschen hätten sie sich ausgebreitet: bei Sklaven, Weibern und Kindern (Kels. 3,44b; vgl. 1,27a). Wie Ameisen treten sie aus ihrem Bau heraus, wie Frösche im Sumpf halten sie ihre Versammlungen (Kels. 4,23a). Trotz der Widerlegung der Christen in der *Wahren Lehre* sei es erforderlich, noch ein weiteres Buch gegen sie zu schreiben (Kels. 8,76). Die Stellen zeigen, dass Kelsos eine signifikante Anzahl von Christen voraussetzt, und dies ist einer der Gründe, warum er das Christentum mittlerweile für gefährlich hält und sich so vehement gegen es wendet. Neben der Anzahl der Christen scheint sich zudem auch ihr gesellschaftlicher Status zu verändern: Zwar sind Christen nach wie vor primär in den ungebildeten und unterprivilegierten Gesellschaftsgruppen zu finden, doch gelingt es ihnen mehr und mehr, auch in höheren Kreisen Anhängerschaft zu rekrutieren. Kelsos konzediert, dass es unter den Christen neben den vielen Ungebildeten auch maßvolle, vernünftige und verständige Leute gebe, dass einige von ihnen die allegorische Methode der Auslegung von Texten beherrschten (Kels. 1,27b; 4,48) und dass manche sogar die Texte Platons traktierten mit dem (illegitimen) Ziel, diese für eine Beweisführung zugunsten der christlichen Lehre in Anspruch zu nehmen (Kels. 6,1–8; 6,18f.). Im Spiegel der *Wahren Lehre* des Kelsos haben wir also klare Belege für die quantitative Ausbreitung des Christentums wie auch für sein allmähliches Eindringen in die Schichten intellektueller, philosophisch gebildeter Römer.[16]

Überprüfung desselben lehnen sie ab. – Meine Aufzählung folgt der Gliederung des Vorworts bei Lona, »Wahre Lehre« (s. Anm. 13), 71f. bei leichten Modifikationen.

[15] Eselsanbetung: Tertullian, Apol. 16,1; Nat. 1,14,1.; Kannibalismus: Athenagoras, suppl. 3,1; Theophilus, Autol. 3,4; Inzucht: Athenagoras, suppl. 3,1; Theophilus, Autol. 3,4. Auch Referat des Caecilius bei Minucius Felix finden sich derlei Vorwürfe (Octav. 9,1–7). Dass sie für Kelsos keine Rolle spielen, zeigt Origenes, Cels. 6,40.

[16] Vor allem letzterer Entwicklung scheint die *Wahre Lehre* des Kelsos entgegenwirken zu wollen. Zur Auslegung im einzelnen siehe die instruktive Kommentierung der jeweiligen Stellen bei Lona, »Wahre Lehre« (s. Anm. 13).

Diese Entwicklung scheint sich im wesentlichen einer individuellen missionarischen Aktivität zahlreicher Christen im zweiten Jahrhundert zu verdanken, die von manchen paganen und jüdischen Zeitgenossen durchaus als penetrant wahrgenommen wurde. So sieht jedenfalls Kelsos selbst es, der mitteilt, das Christen sowohl auf öffentlichen Plätzen und Märkten als auch in Privathäusern jede sich bietende Gelegenheit nutzten, vor allem die Schwächeren und argumentativ wenig Widerstandsfähigen für sich zu gewinnen (Kels. 3,50; 3,55). Christliche Lehrer suchten sich, so Kelsos, einerseits leichte Opfer unter den Unvernünftigen (Kels. 3,74), es gelinge ihnen aber auch, einige der Gebildeten in eine philosophische Argumentation hineinzuziehen, wobei sie wiederum bei den Ungebildeteren unter den Gebildeten ihre ersten Erfolge verzeichnen (Kels. 6,14). Die Darstellung des Kelsos ist nicht frei von Sarkasmus, weswegen man nicht jede seiner Bemerkungen für bare Münze wird nehmen dürfen, aber der christliche Lehrer Justin, der etwa 25 Jahre vor Kelsos schreibt, ist ein glänzendes Beispiel für solche christliche Lehreraktivität, die die Wahrnehmung des Christentums in neuen gesellschaftlichen Kreisen (bis hin zu Kelsos selbst, wie die *Wahre Lehre* ja gerade in ihrer vehementen Ablehnung zeigt!)[17] bewirkte. Justin bestätigt darüber hinaus auch das starke missionarische Engagement vieler einzelner Christen in der Öffentlichkeit und die Außenwirksamkeit der Ernsthaftigkeit moralischen christlichen Glaubenszeugnisses, die offenbar immer wieder ansprechend und überzeugend gewirkt haben muss.[18] Diese Entwicklungen sind, wie die *Wahre Lehre* zeigt, um das Jahr 180 herum in ein Stadium eingetreten, in dem ein gebildeter paganer Mittelplatoniker wie Kelsos die neue Religion nicht mehr als Quantité négligeable übergehen konnte. Die Ausbreitung des Christentums muss zu jener Zeit bereits relativ weit, aus Sicht des Kelsos: beängstigend weit vorangeschritten gewesen sein. Das Seltsame ist nur: Kelsos betont und bezeugt diesen Ausbreitungserfolg der Christen wesentlich deutlicher als die Christen des zweiten Jahrhunderts selbst dies tun.

---

[17] Eine direkte literarische Verbindung und Auseinandersetzung mit Argumenten aus Justins Apologien wird man für Kelsos nicht sicher nachweisen können, aber das gedankliche Milieu, das sich bei Justin findet, ist in vielen Punkten genau die Zielscheibe, auf die Kelsos seine Angriffe richtet. Siehe Lona, »Wahre Lehre« (s. Anm. 13), 38–40.

[18] In Justin, 1. apol. 16,4 findet sich ein seltsamer, auch textkritisch nicht 100 %ig aufzuhellender, gleichwohl interessanter Satz, der das persönliche Missionswirken vieler einzelner Christen anzuzeigen scheint, die offensichtlich durch ihr ethisches Verhalten Eindruck auf pagane Beobachter machten: »Sie (sc. die vormaligen Heiden) wendeten sich von ihrem gewalttätigen und tyrannischen Wesen ab, weil sie überwunden wurden ent-

III.

Genau dies wird klar, wenn man nun gleichsam die Gegenprobe macht und einen kurzen Blick auf die Argumentationsfiguren der frühchristlichen Apologetik wirft. Die apologetischen Texte des zweiten Jahrhunderts verfolgen ja nicht nur defensive Ziele, sondern wollen dezidiert für das Christentum werben und Menschen für die neue Religion gewinnen.[19] Hierfür wird ein ganzes Arsenal von Argumenten zusammengestellt und in zahlreichen Varianten präsentiert.[20] Dabei sind die wichtigsten Argumente die christliche Lebenspraxis (Moralität, Religiosität, Staatsloyalität, Romaffinität), die Evidenz des Verlaufes der Geschichte (Altersbeweis, Plagiatsthese, Verteidigung der Neuheit des Christentums) und der Erweis der Vernunftgemäßheit des christlichen Glaubens durch ein differenziertes Inbeziehungsetzen von biblischer Überlieferung und paganer Philosophie.[21] In diesen Kontext hätte nun ein dezidiertes Hinweisen auf den Ausbreitungserfolg des Christentums – gleichsam als empirischer Beweis – ausgesprochen gut gepasst, zumal, wie unsere Analysen zu Kelsos gezeigt haben, das Argument den Tatsachen entsprochen hätte und mithin nicht von der Hand zu weisen gewesen wäre. Indes finden wir in der Apologetik des zweiten Jahrhunderts so gut wie keine Spuren dafür.[22] Eine einzige Stelle in Justins erster Apologie erwähnt die »unzählbare Menge derer, die sich von der Zügellosigkeit abgewendet und diese (sc. christ-

---

weder dadurch, dass sie der Selbstbeherrschung im Leben der (sc. christlichen) Nachbarn nachfolgten oder dadurch, dass sie die seltsame Geduld übervorteilter Mitreisender beobachteten oder dadurch, dass sie Erfahrungen mit ihren (sc. christlichen) Handelspartnern gesammelt hatten.« Ich übersetze den griechischen Text der Ausgabe von Dennis Minns/Paul Parvis, Justin, Philosopher and Martyr, Apologies, edited with an Introduction, Translation, and Commentary on the Text, Oxford 2009, 118.

[19] Siehe hierzu die Sammelbände Anders-Christian Jacobsen u. a. (Hrsg.), Critique and Apologetics. Jews, Christians and Pagans in Antiquity, Frankfurt/M. 2009 sowie Jörg Ulrich u. a. (Hrsg.), Continuity and Discontinuity in Early Christian Apologetics, Frankfurt/M. 2009.

[20] Einen sehr instruktiven Überblick bietet das einführende Werk von Michael Fiedrowicz, Apologie im frühen Christentum. Die Kontroverse um den christlichen Wahrheitsanspruch in den ersten Jahrhunderten, Paderborn ²2001.

[21] Meine Aufzählung folgt der Gliederung bei Fiedrowicz, Apologie (s. Anm. 20), 8–10.

[22] Fiedrowicz, Apologie (s. Anm. 20), 222–224, stellt einige Belege für die Ausbreitung des Christentums als Wahrheitsargument zusammen, aber diese gehören (abgesehen von den sogleich zu diskutierenden Tertullianstellen) in eine deutlich spätere Zeit. Ich komme auf dieses Phänomen unter Abschnitt V. zurück.

lichen) Lehren gelernt haben«[23] – aber der Impetus liegt hier auf der moralischen Besserung durch die christliche Lehre und nicht auf der Vielzahl. An anderer Stelle spricht Justin eher beiläufig von den »vielen, die (vormals) bei Euch (sc. den Heiden) gewesen sind«[24], aber er schlägt auch hier gerade kein apologetisches Kapital aus dem Verweis auf die Vielzahl, sondern rekurriert auf die Entschiedenheit der Lebenswandlung, die bei den Konvertierten erfolgt sei.[25] Ähnliches finden wir bei (dem schon rund 40 Jahre nach Justin und rund 20 Jahre nach Kelsos schreibenden) Tertullian, der selbstbewusst davon spricht, die Christen seien eine große Menge, »als welche wir auch wahrgenommen werden« (Apol. 1,6),[26] allerdings ist auch ihm argumentativ primär daran gelegen, auf den völligen Wandel des Lebens bei Konvertierten hinzuweisen. Apol. 37,4 schreibt Tertullian: »Wir sind erst gestern aufgetreten, und schon haben wir den Erdkreis und alles, was Euer ist, erfüllt, Städte, Wohnblocks, Dörfer, Ortschaften, Marktflecken, selbst die Heerlager, Bezirke, Dekurien, den Palast, den Senat, das Forum. Allein die Tempel haben wir Euch übrig gelassen!«[27] Das bestätigt zwar nun den aus Kelsos gewonnenen Befund aus christlichem Munde, der Kontext zeigt allerdings, dass Tertullian die hypothetische Frage klären will, ob die Christen aufgrund ihrer Zahl theoretisch eine Bedrohung für die Römer sein könnten; er bejaht dies, schlägt aber hieraus kein Kapital im Sinne eines empirischen Wahrheitsbeweises. Zu guter Letzt könnte man, was Hinweise auf die Vielzahl der Christen durch Christen im zweiten Jahrhundert angeht, noch auf Tertullians berühmtes »Tantos ad unum?« aus Apol. 40,2 verweisen,[28] allerdings verbietet der offensichtliche Sarkasmus der Bemerkung eine nähere Auswertung für unsere Frage. Diese wenigen Stellen sind auf christlicher Seite für das zweite Jahr-

---

[23] Justin, 1. apol. 15,7. Der griechische Text bei Minns/Parvis, Justin (s. Anm. 18), 114.

[24] Justin, 1. apol. 16,4. Der griechische Text bei Minns/Parvis, Justin (s. Anm. 18), 118.

[25] Siehe das Zitat der Stelle oben Anm. 18.

[26] Zum Apologeticum siehe Tobias Georges, Tertullian. »Apologeticum«, Freiburg 2011. Meine Übersetzung folgt Georges, »Apologeticum«, 64; zur Kommentierung der Stelle siehe ebd., 65 f. Georges betont zu Recht: »Durch den Hinweis auf die große Menge der Konvertiten verstärkt Tertullian die Wirkung der Bekehrungskraft des christlichen Glaubens.«

[27] Übersetzung Georges, »Apologeticum« (s. Anm. 26), 530.

[28] »Wenn der Tiber auf die Höhe der Stadtmauern steigt, wenn der Nil nicht auf die Höhe der Felder steigt, wenn der Himmel still steht, wenn die Erde bebt, wenn es eine Hungersnot, wenn es eine Seuche gibt, sogleich heißt es: Die Christen vor den Löwen! So viele vor einen einzigen?« – Übersetzung Georges, »Apologeticum« (s. Anm. 26), 584.

hundert erstaunlicherweise alles, was in den Texten zu finden ist. Bei allen anderen wichtigen Apologeten der frühen Zeit wie etwa Athenagoras oder Tatian findet sich zur zahlenmäßigen Ausbreitung des Christentums kein Wort. Theophilus von Antiochien war mit seinem Schweigen über die Anzahl der Menschen, die sich auf die »Inseln im tosenden Meer« retteten, also keine Ausnahme in der zeitgenössischen christlichen Literatur.[29] Angesichts des doch recht beachtlichen Umfangs der überlieferten Textcorpora ist dieser negative Befund durchaus signifikant. Er zeigt: Obwohl das »quantitative Argument« den Apologeten durchaus zum protreptischen Gebrauch zur Verfügung gestanden hätte, weist der Christentumsgegner Kelsos insgesamt wesentlich deutlicher (warnend) auf die relativ große Anzahl der Christen hin als die Christen selbst es (werbend) tun. Damit stehen wir bei der Frage: Lässt sich über die Gründe für das offensichtliche Desinteresse der Christen des zweiten Jahrhunderts am Quantitativen irgendetwas sagen? Der prima vista naheliegendste Grund, nämlich der, dass es signifikantes Wachstum der christlichen Gemeinden im zweiten Jahrhundert gar nicht gegeben habe, kommt jedenfalls als Erklärung nicht in Betracht, wie die Belege bei Kelsos zeigen. Dann aber verschärft sich die Frage noch einmal: Wieso machen die Christen des zweiten Jahrhunderts vom »quantitativen Argument« so gut wie keinen Gebrauch, obgleich es unbestreitbar den Tatsachen entsprochen hätte, obgleich es eine hohe Anschlussfähigkeit an die pagane Wahrnehmung gehabt hätte und obwohl, wie wir im Schlussabschnitt sehen werden, die Kirche späterer Jahrhunderte dieses Argument durchaus gern benutzt hat?

---

[29] Dies gilt auch für andere christliche Literaturgattungen. Norbert Brox hat, Vorarbeiten von Yves Congar aufnehmend und weiterführend, darauf aufmerksam gemacht, dass in der vorkonstantinischen Gebetsliteratur nur ganz sporadisch Gebete um die Bekehrung möglichst vieler oder gar aller Menschen zum Christentum bzw. keinerlei Dankgebete für die erfolgte Hinwendung von Menschen zum Christentum zu finden sind – auch hier scheint man auf die zahlenmäßige Ausbreitung relativ wenig achtgegeben zu haben, obwohl diese zeitgleich stattfand. Siehe Norbert Brox, Zur christlichen Mission in der Spätantike, in: ders., Das Frühchristentum. Schriften zur Historischen Theologie, Freiburg 2000, 354 mit Anm. 31 (Erstabdruck des Aufsatzes in: Karl Kertelge (Hrsg.), Mission im Neuen Testament, Freiburg 1982, 190–237).

IV.

Es dürften im Wesentlichen zwei Gründe sein, die als Erklärung in Betracht zu ziehen sind. Der erste ist das in den Quellen hin und wieder aufscheinende Wissen der frühchristlichen Autoren um die Ambivalenz des Zahlenmäßigen. Bei Lichte besehen war das Argument einer steigenden Zahl von Christen noch längst kein Wahrheitsbeweis für das Christentum.[30] Die unleugbar steigende Zahl der Christen konnte sogar zu einem Problem werden, was die Ernsthaftigkeit der Konvertierten im Umgang mit ihrer neuen Religion anging. Aus diesem Grunde verbinden Apologeten wie Justin den Hinweis auf steigende Zahlen, wenn sie ihn überhaupt anbringen, stets mit dem Verweis auf die lebensverwandelnde Kraft des Glaubens und auf seine sittlich-moralisch hohen Ansprüche.[31] Und sie insistieren darauf, dass zu den wahren Christen nur diejenigen gezählt werden können, die diese strengen Maßstäbe auch einhalten. Die Polemik der Apologeten des zweiten Jahrhunderts gegen Christen, die nur dem Namen nach Christen sind, wird am deutlichsten in Justins hartem Satz: »Wir fordern, dass die, die nicht im Einklang mit seinen (sc. Jesu) Lehren leben und die nur dem Namen nach Christen sind, auch von Euch (sc. den römischen Machthabern) bestraft werden.«[32] In einer Zeit, in der die Einhaltung hoher ethischer Standards dezidiert als Ausweis christlicher Identität verstanden[33] und als Argument in der apologetisch-protreptischen Literatur entsprechend vehement eingesetzt wurde,[34] war mit Hinweisen auf große oder größer werdende Mitgliederzahlen nichts gewonnen – es konnte im Gegenteil sogar sein, dass man mit dem Einsatz eines solchen Arguments ein Eigentor fabrizierte, je nachdem, wie es um die sittlich-moralische Wirklichkeit in den größer werdenden Gemeinden tatsächlich bestellt war. Permanente und intensive paränetische Anstrengungen christlicher Autoren im zweiten und dritten Jahrhundert scheinen anzuzeigen, dass hier durchaus eine Differenz klaffte. Das Wissen um diese Differenz musste es nahelegen, mit Hinweisen auf das Phänomen beachtlichen Zuwachses zurückhaltend umzugehen. Und was für Unterscheidungen im Bereich der Ethik

---

[30] So mit Recht Fiedrowicz, Apologie (s. Anm. 20), 223.

[31] Siehe die beiden oben zitierten Stellen Just., 1. apol. 15,7; 16,4.

[32] Justin, 1. apol. 16,14. Der griechische Text bei Minns/Parvis, Justin (s. Anm. 18), 120.

[33] Für Justin siehe hierzu meinen Aufsatz Ethik als Ausweis christlicher Identität bei Justin Martyr, in: ZEE 50 (2006), 21–28.

[34] Siehe den Aufsatz von Ilka Issermann, Did Christian Ethics have any Influence on the Conversion to Christianity?, in: ZAC 16 (2012), 99–112.

galt, galt für die Unterscheidung zwischen dogmatischer Orthodoxie und Häresie in gleicher Weise. Wenn Theophilus von Antiochien von den Gemeinden als Inseln im tosenden Meer spricht, die Lehrstühle der Wahrheit seien, dann geht es ihm gerade wegen dieser Ambivalenz nicht um deren Größe, sondern unabhängig von ihrer Größe um ihren Status als Inseln der Rechtgläubigkeit im Unterschied zu den Inseln der Häresie; der Verweis auf Zahlen wäre schon aus inneren Gründen ambivalent gewesen, dürfte doch die Homogenität dogmatischer Überzeugungen in den Gemeinden bei erheblichen personellen Zuwächsen nicht eben konstant geblieben sein.[35] Hinzu kam, dass als häretisch eingestufte Gemeinden das Argument zahlenmäßigen Wachstums mitunter mit durchaus gleichem oder gar größerem Recht hätten in Anspruch nehmen können als die »großkirchlich«-»orthodoxen«.[36]

Tertullian bezeugt das Bewusstsein der Ambivalenz zahlenorientierten Expandierens und Argumentierens, wenn er im *Apologeticum* schreibt: »Aber, sagt man, etwas wird nicht daher im Voraus als gut beurteilt, weil es viele zu sich hinwendet: Wie viele werden doch zum Übel verführt! Wie viele laufen doch zum Verderbten über! Wer mag das leugnen?«[37]

Eine zweite Erklärung für das unter II. und III. erhobene Phänomen dürfte mit jener ersten eng zusammenhängen und im Selbstverständnis der christlichen Minderheiten(gemeinden) im zweiten Jahrhundert zu suchen sein. Norbert Brox hat 1982 in einem Aufsatz auf das erstaunliche Phänomen hingewiesen, dass die früheste Christenheit keine eigentliche theologische Theorie des kirchlichen Missionsauftrages entwickelt habe.[38] Er macht hierfür i. w. vier Gründe namhaft: 1) Das Bewusstsein, dass der Missionsbefehl von

---

[35] Man wird davon ausgehen dürfen, dass die im Laufe des zweiten Jahrhunderts kontinuierliche Zunahme der Bedeutung des Bischofsamtes als Garant der Rechtgläubigkeit nicht zuletzt als eine Reaktion auf die zentrifugalen Kräfte zu deuten ist, die sich aus dem rasanten Wachstum des frühen Christentums ergaben.

[36] Für Phrygien muss man in der Mitte des zweiten Jahrhunderts von einer weiten Verbreitung des Montanismus ausgehen. Für die Markioniten zeigt zur selben Zeit vor allem die Fülle von Gegenschriften »großkirchlicher« Autoren (Eus., h.e. IV 11,8; 23,4; 24,1; 30,1; V 8,9; 13,1; VI 22), dass es sich hier nicht um ein marginales Phänomen gehandelt haben kann. Auch für die (in sich höchst vielfältige) außerkirchliche Gnosis sind relativ hohe Verbreitungszahlen anzusetzen. Bester Zeuge für die enorme Diversität des Christentums ist wieder einmal Kelsos, z. B. Kels. 3,12.

[37] Tertullian, Apol. 1,10. Übersetzung Georges, »Apologeticum« (s. Anm. 26), 68. - Die Stelle ist offenbar durch Überlegungen im zeitlich etwas vorher anzusetzenden *Ad nationes* vorbereitet: Tertullian, Nat. 1,1,6f.

[38] Brox, Mission (s. Anm. 29), v. a. 340–356.

Mt 28,16–20 bzw. Apg 1,8 an niemand anders als an die Elf adressiert gewesen war, 2) das Bewusstsein, dass Mission bzw. Bekehrung die Sache Gottes sei, 3) das Bewusstsein, dass durch die Tätigkeit der Apostel und die Anwesenheit von Christen das Evangelium bereits überall in der Welt, wenn auch verstreut, präsent sei, und 4) das Bewusstsein, dass die primäre pastorale Aufgabe in der Sorge um das Erscheinungsbild der Gemeinden vor der Welt, in der Sorge um die »Heiligkeit« der Gemeinden lag.[39] Sieht man diese vier Aspekte zusammen, so wird man für das Selbstverständnis christlicher Gemeinden des zweiten Jahrhunderts schließen müssen, dass – bei allem apologetischen und protreptischen Eifer persönlich-individueller und literarischer Art – das theologische Interesse an zahlenmäßigem Wachstum aus theologischen Gründen vergleichsweise gering gewesen sein dürfte. Ich erlaube mir, hierzu eine besonders prägnante, zusammenfassende Formulierung von Norbert Brox zu zitieren:»Dominierend war die Idee, wonach nicht die Bekehrung aller das erwartete Ziel ist, sondern im Gegenteil der Unterschied zwischen Kirche und Welt bleibend und unaufhebbar gedacht wird, so dass die Mission als Vorgang von Einzelbekehrungen notwendig unabgeschlossen bzw. das Faktum von Nichtbekehrten endgültig ist.«[40] Wenn dem so war, dann erklärt sich die offensichtliche Gelassenheit der frühesten Christen gegenüber dem Zahlenmäßigen (die, wie wir sahen, in einer eigentümlichen Weise mit der tiefen Sorge eines Kelsos angesichts des zahlenmäßigen Wachstums der von ihm bekämpften Christen kontrastiert) recht gut aus der Selbstsicht christlicher Gemeinden, die aus theologischen Gründen ihre Aufgaben und die Prioritäten ihres Handelns unabhängig von der Höhe ihrer Mitgliederzahlen definierten. Man kann vermuten, dass sie sich gerade mit diesen Prioritätensetzungen (innerer Zustand und äußeres Erscheinungsbild von Kirche) im bunten religiösen und gesellschaftlichen Umfeld des Imperium Romanum – der paganen antichristlichen Polemik zum Trotz – einiges an Ansehen und Respekt verdienten und den unbestreitbaren erstaunlichen quantitativen Ausbreitungserfolg so eher mittelbar beförderten.

---

[39] Siehe Brox, Mission (s. Anm. 29), 340. 350 f. 353.
[40] Brox, Mission (s. Anm. 29), 351.

V.

Ein kurzer Ausblick auf die Spätantike zeigt, dass die Ambivalenz des Quantitativen im Laufe der Jahrhunderte in geringerem Maße wahrgenommen wurde und zugleich die Faszination, die von den kontinuierlich größer werdenden Zahlen ausging, zunahm. Spätere Autoren nehmen das Wachstum der Christenheit ungehemmter argumentativ in Anspruch als wir das im zweiten Jahrhundert sahen. Das Interesse an der »Reinheit« der Kirche tritt demgegenüber zwar nicht zurück, wie die intensiven paränetischen Bemühungen spätantiker Bischöfe zeigen, aber der Hinweis auf die Ausbreitung des Christentums als Wahrheitsargument spielt eine immer gewichtigere Rolle. Diese Entwicklung ist nicht erst durch die Konstantinische Wende ausgelöst, sondern bereits ab der zweiten Hälfte des dritten Jahrhunderts wahrnehmbar. Schon in Origenes' *Contra Celsum* (um 248) ist sie zu beobachten.[41] Das (noch vor der Konstantinischen Wende entwickelte, freilich durch diese dann noch einmal enorm gestärkte) theologische Programm der Kirchengeschichte des Euseb von Caesarea geht von einem nahezu linearen Wachstum des Christentums in den ersten Jahrhunderten aus und interpretiert dies als Beweis für die Wahrheit der christlichen Religion.[42] Schon für die erste Hälfte des zweiten Jahrhunderts verweist Eusebius rückblickend darauf, dass »die über den ganzen Erdkreis sich ausbreitenden Kirchen gleich herrlich glänzenden Gestirnen leuchteten und der Glaube an unseren Erlöser und Herrn Jesus Christus siegriech zu allen Völkern drang.«[43] Über die Phase unmittelbar vor der Diokletianischen Verfolgung berichtet er: »Wer gar vermöchte zu schildern jene tausendköpfigen Versammlungen und die Mengen derer, die Stadt für Stadt zusammentraten, und die herrlichen Zusammenkünfte in den Bethäusern? Da infolge hiervon die alten Gebäude nicht mehr genügten, erbaute man in allen Städten ganz neue und geräumige Kirchen. Dieses mähliche Vorwärtskommen und dieses tägliche Zunehmen an Stärke und Größe konnte kein Neid verhindern und kein böser Dämon bannen oder durch

---

[41] ORIGENES, Cels. 1,3.27; 2,13.79; 5,50; 7,26. Siehe FIEDROWICZ, Apologie (s. Anm. 20), 223.

[42] Siehe CARL ANDRESEN, »Siegreiche Kirche« im Aufstieg des Christentums. Untersuchungen zu Eusebius von Caesarea und Dionysios von Alexandrien, in: ANRW II 23,1 (1979), 387–459.

[43] EUSEBIUS, h.e. IV 7,1. Meine Übersetzung folgt der von HANS ARMIN GÄRTNER durchgesehenen deutschen Übersetzung von PHILIPP HAEUSER/HEINRICH KRAFT (Hrsg.), Eusebius. Kirchengeschichte, Darmstadt 1984, 198.

menschliche Hinterlist aufhalten, solange die göttliche und himmlische Hand ihr Volk als dessen würdig schützte und schirmte.«[44]

Nach der Konstantinischen Wende und in theodosianischer und nachtheodosianischer Zeit verstärken sich derlei Tendenzen weiter. Die Kirche, die je länger je mehr von einer Minderheitsgemeinschaft im Imperium Romanum zur Mehrheitsreligion der Römer (und zur Religion der Mehrheit der Nachfolgestaaten des Römischen Reiches) geworden war, setzt das quantitative Argument nun mit großer Selbstverständlichkeit ein: Es gehört zu ihrer Selbstsicht und zu ihrem Selbstverständnis, größte Religion des Reiches zu sein. Augustinus formuliert, gewiss etwas übertreibend, in *De fide rerum invisibilium*: »Scheint es euch etwa unwichtig oder bedeutungslos, haltet ihr es für kein geringes Zeichen des Göttlichen, dass die gesamte Menschheit dem Namen eines Gekreuzigten nachläuft?«[45] Der große Prediger der Alten Kirche, Johannes Chrysostomus, wirbt mit demselben Argument vehement für den christlichen Glauben.[46] Und auch bei Theodoret von Cyrus, Abschluss und Höhepunkt der christlichen Apologetik im Osten, spielt es in seinen literarischen Bemühungen um die Widerlegung des Heidentums und den Wahrheitserweis für das Christentum eine zentrale Rolle.[47]

Wir können den Erkundungsgang durch die Quellen der antiken und spätantiken Christentumsgeschichte hier abbrechen und sehen bestätigt, dass die Position des Theophilus von Antiochien einerseits für die christlichen Autoren des zweiten Jahrhunderts durchaus typisch ist, andererseits aber bei christlichen Verfassern späterer Zeiten keine Rolle mehr spielt. Während Autoren wie Theophilus, Justin oder Tertullian trotz zahlenmäßigen Wachstums des Christentums zu ihrer Zeit von dem Phänomen des Wachstums keinen argumentativen Gebrauch machen, setzen spätere Autoren wie Origenes, Eusebius, Augustinus oder Theodoret es bei anhaltendem zahlenmäßigem Wachstum gezielt argumentativ ein. Es scheint, dass die theologischen Gründe, die die frühen Autoren zur Vorsicht leiteten, in späterer Zeit vielleicht

---

[44] EUSEBIUS, h.e. VIII 1,5f. (Übersetzung w. o., 361).

[45] AUGUSTINUS, fid. invis. 4,7; Stelle und Übersetzung nach FIEDROWICZ, Apologie (s. Anm. 20), 222f.

[46] JOHANNES CHRYSOSTOMAS, pass. Babyl. 10–18.

[47] THEODORET, affect. 8,5–9; 9,15f.; 12,95. Siehe FIEDROWICZ, Apologie (s. Anm. 20), 223 mit Anm. 55. Zur Apologetik Theodorets siehe JÖRG ULRICH, The Reception of Greek Christian Apologetics in Theodoretus' *Graecarum affectionum curatio*, in: JÖRG ULRICH u. a. (Hrsg.), Continuity and Discontinuity in Early Christian Apologetics, Frankfurt/M. 2009, 113–130.

nicht einfach obsolet wurden, aber doch mit der normativen Kraft des Faktischen mehr und mehr in ein Spannungsverhältnis traten.

Fragt man abschließend, was der hier erarbeitete Befund für die Wahrnehmung von Kirche in Minderheitssituationen anno Domini 2013 austragen könnte, so wird man zunächst einmal zu hermeneutischer Vorsicht raten – die offensichtlichen Unterschiede über die knapp zwei Jahrtausende hinweg stehen einer Vergleichbarkeit im Wege: Das Christentum ist jedenfalls im europäischen Entstehungskontext des vorliegenden Bandes anders als das vorkonstantinische Christentum religio licita; es steht, jedenfalls im mitteldeutschen Entstehungskontext dieses Bandes, Nichtchristen gegenüber, die konfessionslos und nicht wie die paganen Nichtchristen des Imperium Romanum multireligiös und polykonfessionell sind; es steht, jedenfalls in Zentraleuropa, vor dem Phänomen sinkender Zustimmungs- und Mitgliederzahlen, anders als das mit mehr oder minder kontinuierlichem eigenem Wachstum konfrontierte Christentum der Antike. Auch liegt theologische Kritik am Konzept des Theophilus hier und da auf der Hand: Die auf sichtbare moralische Heiligkeit und homogene, objektive Rechtgläubigkeit abstellende Ekklesiologie der frühen Apologeten wird kritisch zu befragen sein; die Kirche-Welt-Differenz wird zumindest in ihrer scharfen Durchführung bei Theophilus nicht jedermann überzeugen. Auf der anderen Seite könnten einige der Grundsätze, die hinter Theophilus' Bild von den »Inseln im tosenden Meer« stecken, es wert sein, auch heute präsent gehalten oder neu in Erinnerung gerufen zu werden: Zu nennen wären das Bewusstsein von der Ambivalenz des Quantitativen und in Verbindung hiermit eine Gelassenheit gegenüber (sei es positiv, sei es negativ sich entwickelnden) Mitgliederzahlen; das Wissen um das Vorhandensein von Christen und christlichen Gemeinden in der gesamten bewohnten Welt, das eine gewisse Gelassenheit gegenüber regional und überregional relevanten Schwund- und übrigens auch Expansionsprozessen ermöglichen sollte; das Selbstverständnis der frühen christlichen Gemeinden als verlässliche Anlaufstellen für Menschen, die im »tosenden Meer« der Wirrungen ihres Lebens Halt und Orientierung suchen; die Erinnerung an die pastorale Aufgabe der Pflege der – freilich gegenüber Theophilus noch einmal neu theologisch zu konzeptionierenden – Heiligkeit der Kirche; schließlich die Einsicht, dass Gott selbst es ist, der für die Ausbreitung seines Evangeliums Sorge trägt und der Erfolg oder Misserfolg kirchlicher Mission, wie immer dieser im einzelnen definiert werden mag, mithin nicht in der Letztverantwortung derer liegt, die selbst auf »Inseln im tosenden Meer« glücklich Rettung gefunden haben.

AUFGEARBEITETE VERGANGENHEIT?

Kirche in der DDR als Problem der Kirche heute[1]

Friedemann Stengel

I ZUR AMBIVALENTEN AKTUALITÄT DES HISTORISCHEN

Ist die Kirche in der DDR heute überhaupt noch ein Problem, das mehr ist als bloß memoriale Gestrigkeit? Könnte ein kritischer Rückblick vielleicht handlungsorientierte Reflexionsanregungen für die Gegenwart und Aufschlüsse speziell für die Situation der Kirche auf dem Gebiet der ehemaligen DDR erbringen? Wenn man als Zeitgenosse und Zeithistoriker die Diskussionen der letzten 20 Jahre selbst erlebt und mitgestaltet hat, dann ist der Eindruck kaum von der Hand zu weisen, dass es eine deutliche Abwärtsbewegung beim Interesse in der öffentlichen Diskussion gegeben hat, und das trotz der Tatsache stabiler und sogar steigender Anträge auf Akteneinsichtnahme bei der Gauck-Birthler-Jahn-Behörde.[2] Ist die Abnahme des öffentlichen Interesses also generationell bedingt? Wäre die Beschäftigung mit der DDR letztlich eine biologische Frage? In Lehrveranstaltungen dominieren inzwischen die erst um das Ende der DDR Geborenen, die zuweilen ihr Interesse an dieser nicht mehr vorhandenen Realität damit begründen, dass sie herausfinden wollen, warum ihre Vorfahren, nicht mehr nur Eltern, sondern bereits Groß- und Urgroßeltern in den 1950er oder 1960er Jahren aus der Kirche ausgetreten sind und niemals mehr irgendein religiöses oder konfessionelles Interesse gezeigt haben.

---

[1]   Für Hinweise und kritische Diskussionen danke ich Michael Bergunder, Daniel Cyranka, Christian Eger, Lars Fiedler, Werner Meyknecht, Christian Rebert und Falko Schilling.

[2]   Vgl. etwa »Es geht nicht um Abrechnung, es geht um Aufklärung«. Roland Jahn im Interview mit dem Deutschland Archiv vom 26. Oktober 2012, http://www.bstu.bund.de/DE/BundesbeauftragterUndBehoerde/Bundesbeauftragter/Interviews/2012_10_26_bpb.html (Stand: 18. 4. 2013).

Das Thema DDR bleibt angesichts der Beobachtung, dass die Konfessionslosigkeit in manchen ehemals sozialistischen Ländern extrem niedrig ist,[3] hochaktuell.

Wir befinden uns gleichwohl an der Schnittstelle zwischen zwei ›Reichen‹, der *Un*realität einer nur noch durch Memorialkonstruktion vorhandenen DDR, deren Konstrukteure aber alle (auto-) biographischen Befangenheiten unterliegen, und der Realität einer in erdrückender Majorität konfessionslosen Gesellschaft.[4] Dass diese Schnittstelle zwischen den historischen Reichen biographisch definiert wird und dazu zwingt, immer wieder die DDR-Realität vor dem Hintergrund aktueller Diskussionen zu konstruieren, zeigen jüngste und allerjüngste Debatten.

Hier ist der Vorstoß der Landesbischöfin der Evangelischen Landeskirche in Mitteldeutschland (EKM), Ilse Junkermann, von November 2009 zu nennen, einen Versöhnungsprozess in Gang zu bringen, der vor allem auch von den sogenannten Opfern initiiert werden sollte.[5] Die Vehemenz, mit der ehemalige kirchliche DDR-Bürger, aber vereinzelt auch mit Kirchenaustritt drohende Altbundesdeutsche[6] hier reagiert haben, zeigt, dass das Thema ›christliche Existenz in der DDR‹ gerade unter dem Horizont der Schuldfrage keineswegs erledigt ist. Fast zur selben Zeit wurde eine ebenfalls unbeendete Debatte um die wissenschaftlichen Qualifikationsarbeiten und ideologischen Anpassungsleistungen des früheren sachsen-anhaltischen Kultusministers, jetzigen Präsidenten der Humboldt-Universität und prominenten evangelischen Christen Jan-Hendrik Olbertz geführt, die gezeigt hat, dass das Problem der akademischen und zugleich christlichen Existenz in der DDR sich eben nicht auf die Belastung durch inoffizielle Mitarbeit im Dienst des Ministeriums für Staatssicherheit (MfS), auf Zugehörigkeit zur SED oder einer Blockpartei beschränkt, sondern auf die persönliche Positionierung zwischen vermeintlichen Karrierepflichten und freiwilligen Akklamationen ausgedehnt werden

---

[3]   Vgl. den Beitrag von Gert Pickel in diesem Band.

[4]   Ebd., sowie neuere Zahlen: Ders./Anja Gladkirch, Neue Formen des Atheismus. Alter Wein in neuen Schläuchen? Vortrag 28. 04. 2010 Pastoralkolleg Meißen »Argumente für Gott«. Argumente einer fairen Auseinandersetzung mit neuen Formen des Atheismus, http://www.uni-leipzig.de/~prtheol/pickel/V_neueratheismus_out.pdf (Stand: 18. 4. 2013).

[5]   Vgl. dazu Frank-Michael Lütze, »So ist Versöhnung […] eine Aufgabe, die noch mehr vor als hinter uns liegt«. Zum Umgang mit Schuld im Gottesdienst, in: Pastoraltheologie 100 (2011), 316–331, hier: 316f.

[6]   Vgl. Prof. [Dr.-Ing.] Hermann Kühnle/Magdeburg, Die Seele lässt sich nicht täuschen. Leserbrief in der Mitteldeutschen Zeitung vom 27. 11. 2009, 16.

muss, die anstelle einer persönlichen Meinung erbracht worden sind. Problematisierende Fragen sind in dieser unbeendeten und *unter* plakative Mitgliedschaften und Spitzeldienste zielenden Debatte nur von einer ganz kleinen Zahl von Autoren vorgelegt worden, die sich einen kritischen Blick über den existenziellen Zusammenhang von Konformität und Kritik – in diesem Fall: auf dem Gebiet der Universität – bewahrt haben.[7] Für die Brisanz des Themas DDR steht auch die Heftigkeit der Reaktionen Ostdeutscher auf Thesen des früheren (evangelischen) Ministerpräsidenten von Sachsen Anhalt, Wolfgang Böhmer, über den Zusammenhang von Moral und ideologischer Erziehung der DDR-Bevölkerung.[8]

Der Workshop, der zu dem Thema »Aufgearbeitete Vergangenheit« im Rahmen der Theologischen Tage an der Theologischen Fakultät Halle 2013 gehalten und auf dessen Basis der vorliegende Text entstanden ist, hatte die Kirche in der DDR mit dem Ziel zum Thema, über Kirche *damals* im Blick auf die Relevanz für die *heutige* Situation zu sprechen. Sicher wird zu berücksichtigen sein, dass die Debatten, die in den 1990er Jahren über die Kirche(n) und ihre Amtsträger zwischen SED und MfS stattgefunden haben, seinerzeit

---

[7]   Vgl. dazu ILKO-SASCHA KOWALCZUK, Die Hochschulen und die Revolution 1989/90. Ein Tagungsbeitrag und seine Folgen, in: BENJAMIN SCHRÖDER/JOCHEN STAADT (Hrsg.), Unter Hammer und Zirkel. Repression, Opposition und Widerstand an den Hochschulen der SBZ/DDR, Frankfurt a. M. 2011, 365–408, zugänglich auch auf der Homepage der Robert-Havemann-Gesellschaft, http://www.havemann-gesellschaft.de/fileadmin/Redaktion/Aktuelles_und_Diskussion/Dezember_2009_Dezember_2010/Olbertz/Kowalczuk_FU_Tagung.pdf (Stand: 18. 4. 2013). Besonders haben sich Autoren der Mitteldeutschen Zeitung an dieser Debatte beteiligt. Vgl. CHRISTIAN EGER, Dünnbrettbohrer, in: Mitteldeutsche Zeitung vom 25. 5. 2010; HENDRIK KRANERT, Habilitation aus DDR-Zeit wird für Olbertz zum Problem, in: ebd.; CHRISTIAN EGER, Von der Freiheit der Wissenschaft, in: Mitteldeutsche Zeitung vom 27. 5. 2010; DERS., Darum erst jetzt, in: ebd.

[8]   Ausgehend von einem Interview im Focus: Wolfgang Böhmer. »Ein Mittel der Familienplanung«. In: http://www.focus.de/politik/deutschland/wolfgang-boehmer_aid_262743.html; vgl. auch: Ministerpräsident Böhmer. »Kindstötung als Familienplanung«, in: stern.de vom 24. 2. 2008, http://www.stern.de/politik/deutschland/ministerpraesident-boehmer-kindstoetung-als-familienplanung-612117.html (Stand: 18. 3. 2013), oder: Sachsen-Anhalt: Ministerpräsident Böhmer macht DDR-Mentalität verantwortlich für Kindstötungen, in: Spiegel Online vom 24. 2. 2008, http://www.spiegel.de/politik/debatte/sachsen-anhalt-ministerpraesident-boehmer-macht-ddr-mentalitaet-verantwortlich-fuer-kindstoetungen-a-537375.html (Stand: 18. 3. 2013); oder: Böhmer erklärt Babymorde zum DDR-Relikt, in: Die Welt vom 24. 2. 2008, http://www.welt.de/politik/article1717733/Boehmer-erklaert-Babymorde-zum-DDR-Relikt.html (Stand: 18. 3. 2013).

virulent gewesen sind und nur noch für manche, besonders für damals in
verantwortlichen Positionen Stehende, durchaus heute ebenfalls virulent sind.
Jedoch drehten sich die angesichts der schnell aufgestellten These, eine »protestantische Revolution« mitgestaltet zu haben, unerwarteten Diskussionen
der 1990er Jahre um Schuld- und Verstrickungsvorwürfe, um Exkulpationen
und kircheninterne Untersuchungen.[9]

Aus der Perspektive der Theologischen Tage und dieses Bandes, der sich
der Rolle von Kirche und Theologie in der Konfessionslosigkeit und im »säkularen Kontext« der neuen Bundesländer auf dem Gebiet der ehemaligen
DDR verschrieben hat, soll der Blick über die Frage nach dem Verhältnis von
Kirche und SED-Staat hinaus darauf gelenkt werden, was an kritischen und
produktiven Fragestellungen aus der Betrachtung der Situation der Kirche in
der DDR für eben die heutige Situation fruchtbar gemacht werden und womöglich zu weiterführenden Anregungen führen kann. Es geht auch um kirchliche Strukturen, um innerkirchliches Verhalten und theologische Ansätze,
um den Raum und Rahmen einer Gesellschaft, die parallel und dann zunehmend separiert von den Kirchen zu dem geworden ist, was sie ist: eine tatsächlich entkirchlichte und in diesem Sinne säkulare Gesellschaft.

Es kann daher nicht nur, ja vielleicht sogar nicht mehr, um die SED, nicht
nur um das MfS, nicht nur um unaufgearbeitete Konflikte, nicht nur um Tä-
ter-Opfer-Geschichten gehen, die für die nachwachsende Generation lebensgeschichtlich höchstens mittelbar über die familiären Prägungen noch von
Belang sind.

Wenn nun nach Horizonten gefragt wird, die für die Analyse der heutigen
Situation von Theologie, Kirche und Christen auf dem Gebiet der ehemaligen
DDR relevant sein könnten, dann kann eine in sich geschlossene Untersuchung nicht Ziel und Gegenstand der folgenden Ausführungen sein. Es geht
zunächst um die Bündelung von Fragestellungen und Befunden, die sich in
einem unabgeschlossenen zeitgeschichtlichen und damit kirchlich existen-

---

[9]   Vgl. etwa exemplarisch für die Sicht der zweiten Hälfte der 1990er Jahre: Michael
Beyer, Kirche im Zwielicht. Vergangenheitsbewältigung oder Selbstvergewisserung, in:
Die Zeichen der Zeit 49 (1995), Heft 2, 47–56; sowie Anke Silomon, Situation, Probleme
und Stand bei der Erforschung der Geschichte der evangelischen Kirche im geteilten
Deutschland, in: Horst Dähn/Joachim Heise (Hrsg.), Staat und Kirchen in der DDR. Zum
Stand der zeithistorischen und sozialwissenschaftlichen Forschung, Frankfurt a. M. 2003,
97–140, hier: 101–104; Claudia Lepp, 15 Jahre kirchengeschichtliche Forschung im wie-
dervereinten Deutschland – ein Rückblick und Ausblick, in: Theologische Rundschau 70
(2005), 455–503 hier: 459–461, 484f.

ziellen Terrain ergeben. Viele dieser Fragen sind in bestimmten Kontexten seit 1989, manche schon davor, manche intensiver und andauernder, Thema innerkirchlicher Diskussionen und historischer oder religionssoziologischer Untersuchungen gewesen. Die Literatur zur Kirche in der DDR ist in manchen Feldern geradezu uferlos; sie wird in diesem Aufsatz nur peripher berührt werden können. Fünf Themenfelder werden benannt, die in ihrer heutigen Gestalt in die Zeit vor 1990 zurückreichen.

1. das Thema Kirche und SED-Staat, in der verengten Perspektive hieß das praktisch zumeist: Kirche und MfS;
2. das Phänomen der A-Konfessionalität und Säkularität als späte Konsequenz ideologischer Religionspolitik der SED, nämlich als Folge des sogenannten ›wissenschaftlichen Atheismus‹;
3. das Verhältnis des für die neuen Bundesländer diagnostizierten *homo areligiosus* zu der ihn meinenden, auf ihn abzielenden oder auch nur mit diesem anthropologischen Sonderfall rechnenden Theologie, die im aktuellen ostdeutschen gesellschaftlichen Kulturkontext der Religionslosigkeit generiert worden ist;
4. das Phänomen der Verbindung der (minoritären) Kirchen zum Staat als einer Rechtsverbindung, die als Inanspruchnahme einer Privilegierung gesehen werden kann, die vom SED-Staat bis 1989 permanent verletzt oder verweigert worden ist;
5. die Frage nach der Institutionalität von Kirche auf zwei Ebenen, die sich als ›Erbe‹ der DDR-Zeit verstehen lassen: als Frage einerseits nach dem Verhältnis zwischen ›Apparat‹ und ›Basis‹ und andererseits nach dem Verhältnis zwischen landeskirchlicher und überregionaler Institutionalität gegenüber der gemeindlichen, vielerorts sehr schmalen Basis.

Am Workshop der Theologischen Tage am 17. Januar 2013 nahmen etwa 50 Personen teil, davon etwa 20 emeritierte kirchliche Mitarbeiter und Fakultätsangehörige, teilweise aus dem kirchenleitenden Bereich wie frühere Superintendenten und Oberkirchenräte, 15 aktive kirchliche Mitarbeiter sowie zehn aktive Mitarbeiter und Studierende der Fakultät. Von den genannten fünf Komplexen wurden per Handzeichen drei ausgewählt, die dann jeweils etwa 25 Minuten diskutiert worden sind. Thema 5 erhielt 28 Stimmen, Thema 3 19, Thema 1 18 Stimmen. Im Anhang zu diesem Text werden die Frage-Thesen abgedruckt, die den Teilnehmern zu allen fünf Komplexen vorgelegt worden sind.

2 Kirche und SED-Staat

Zu fragen wäre zunächst, inwieweit die über die Kirche in der DDR geführten kombattanten Diskussionen in den 1990er Jahren für die heutige Situation relevant sind und inwieweit deren Gegenstand selbst – Kirche und Christen in der DDR – noch heute für die Positionierung der Kirche in der Öffentlichkeit bedeutsam ist. Es ist unübersehbar, dass die politische Rolle der evangelischen Kirche in der Gesellschaft der DDR selbst wie dann nach 1989 maßgeblich die öffentliche Diskussion über die DDR insgesamt mitgeprägt hat. In diesem Zusammenhang ist nur an den ›Besier-Schock‹ zu erinnern: Die Kirchen hatten sich ab Dezember 1989 im Zuge der volksseits herbeidemonstrierten deutschen Einheit zwar schnell wieder geleert, aber überall an ›Runden Tischen‹, dann in politischen Gremien und Parlamenten waren hauptamtliche und ehrenamtliche Kirchenvertreter stark vertreten, schon damals überproportional gegenüber der tatsächlichen Bedeutung der Kirchen in der Gesellschaft, der um 1990 nicht einmal ein Drittel der DDR-Bevölkerung angehörte.[10] In der Sozialdemokratischen Partei in der DDR (SDP) waren anfangs Christen und besonders auch Pfarrer ebenso stark vertreten wie im Demokratischen Aufbruch (DA), Demokratie Jetzt!, in der Deutschen Sozialen Union (DSU) oder in der Grünen Liga.[11] Angesichts dieser überraschenden politischen Aufwertung führte der Westberlin-Heidelberger Kirchenhistoriker Gerhard Besier mit seinen Quellendokumentationen und dann umfangreichen, die Gesamtzeit der DDR umfassenden Dokumentenpräsentationen[12] einen von vielen Kirchenrepräsentanten empfundenen Enthüllungsschock herbei, der das von Ehrhart

---

[10] Für 1990/91 liegen keine genauen Zahlen, sondern nur drei verschiedene Schätzungen vor. Die niedrigste geht von 21 % evangelischen und 3,6 % katholischen, die höchste von 27 % evangelischen und 5,5 % katholischen und eine mittlere Angabe von 24 % evangelischen und 4,6 % katholischen Kirchengliedern aus. Angehörige der evangelischen Kirchen 1946: 81, 5 %, der römisch-katholischen Kirche: 12,2 %. Vgl. Detlef Pollack, Kirche in der Organisationsgesellschaft. Zum Wandel der gesellschaftlichen Lage der evangelischen Kirchen in der DDR, Stuttgart/Berlin/Köln 1994, 374.

[11] Vgl. Ehrhart Neubert, Unsere Revolution. Die Geschichte der Jahre 1989/90, München/Zürich 2008, 345–362.

[12] Gerhard Besier (Hrsg.), »Pfarrer, Christen und Katholiken«. Das Ministerium für Staatssicherheit der ehemaligen DDR und die Kirchen, Neukirchen-Vluyn 1992² [1991¹]; Ders., Der SED-Staat und die Kirche. Der Weg in die Anpassung, München 1993; Ders., Der SED-Staat und die Kirche 1969-1990. Die Vision vom »Dritten Weg«, Berlin et al. 1995; Ders., Der SED-Staat und die Kirche 1983-1991. Höhenflug und Absturz, Berlin et al. 1995.

Neubert und dem Journalisten des Süddeutschen Rundfunks Gerhard Rein offenbar parallel erfundene Diktum von der »Protestantischen Revolution«[13] durch den Vorwurf der Kumpanei konterkarierte. Die Reaktionen reichten von der Weigerung, mit Besier überhaupt auf gemeinsamen Podien aufzutreten,[14] über das tatsächliche Entsetzen über das »erschreckende Ausmaß« der Instrumentalisierung kirchlicher Mitarbeiter durch das MfS, so der Erfurter Propst Heino Falcke,[15] über den innerkirchlichen Protest ebenfalls Falckes und vieler anderer, besonders oppositioneller Gruppierungen gegen die ihrer Sicht nach nicht nur zu langsamen, sondern auch in Verdrängung und Apologie verharrenden Kirchen, etwa in Gestalt von Vertretern der Offenen Jugendarbeit und der »Kirche von unten« um Walter Schilling,[16] bis hin zu den Veröffentlichungen altbundesdeutscher Journale und Tageszeitungen, die die Diskussion um die Kirchen in der DDR in den 1990er Jahren prägten und lange Zeit den Diskurs über die DDR insgesamt wesentlich mitbestimmten.

Bis in unsere Tage sind die Nachwirkungen dieser Debatte zu spüren, auch wenn nicht mehr dieselbe öffentliche Resonanz zu verzeichnen ist. Die 2009 veröffentlichte große Exkulpationsenthüllung des früheren Thüringer Oberkirchenrats Ludwig Große unter dem Titel »Einspruch« ist nichts anderes als ein fundamentaler Widerspruch gegen die mit Besier anhebende Kirchenkritik, die durch die Darstellung Walter Schillings zur Thüringer Kirche ergänzt, präzisiert und an vielen Stellen erweitert worden ist.[17] Gerade so, als

---

[13] EHRHART NEUBERT, Eine protestantische Revolution, in: Deutschland Archiv 23 (1990), 704–713; GERHARD REIN, Die protestantische Revolution 1987–1990. Ein deutsches Lesebuch, Berlin 1990.

[14] So im Falle des früheren Bischofs der Kirchenprovinz Sachsen Werner Krusche bei einem Podiumsgespräch zum 15jährigen Gedenken an das Treffen der Leitung des Bundes Evangelischer Kirchen in der DDR mit der Staatsführung am 6. 3. 1978. Vgl. auch: Grauzone Gott. Die Kirchen in der ehemaligen DDR bekennen sich nur zögerlich zu ihren Verstrickungen im Stasi-Staat, in: Der Spiegel 46 (1992), Nr. 6, 40–45, hier: 40; WERNER KRUSCHE, Ich werde nie mehr Geige spielen können. Erinnerungen, Stuttgart ²2007, 388.

[15] Grauzone Gott (s. Anm. 14), sowie WOLF KRÖTKE, Das beschädigte Wahrheitszeugnis der Kirche. Zu den Folgen der Einflußnahme des MfS auf die Kirche, in: CLEMENS VOLLNHALS (Hrsg.), Die Kirchenpolitik von SED und Staatssicherheit. Eine Zwischenbilanz, Berlin 1996, 405–414.

[16] Vgl. zum Beispiel: KATHARINA LENSKI u. a. (Hrsg.), »So bestehet nun in der Freiheit, zu der uns Christus befreit hat …«. Die »andere« Geschichte, Erfurt 1993. Diese Debatten am Anfang der 1990er Jahre wären mittlerweile selbst ein lohnender Forschungsgegenstand.

[17] WALTER SCHILLING, Die »Bearbeitung« der Landeskirche Thüringen durch das MfS, in:

würde er die Geschichte seiner eigenen Unterstützung widerständiger und emanzipatorischer Bewegungen wie der Offenen Jugendarbeit um Walter Schilling vor 1989 mit der Thüringer Landeskirche als ganzer identifizieren, behauptet Große unverdrossen, dass es keinerlei wirksame Einflussnahme des MfS auf die Thüringer Kirche, ja im Grunde nicht einmal einen »Thüringer Weg« gegeben habe; er nimmt den schon in DDR-Zeiten angegriffenen Bischof Mitzenheim in Schutz und erklärt das völlige Scheitern der Kirchenpolitik des MfS gegenüber der Kirche, von Einzelfällen abgesehen.[18] Die mit Besier anhebenden unhintergehbaren Offenlegungen und die nötige Problematisierung des Verhältnisses von Kirche und SED-Staat werden nach wie vor mit dem Verdikt einer irreführenden Verunglimpfung belegt.[19]

Nach zwanzig Jahren Forschung zu den Kirchen in der DDR wird man wohl sagen können, dass weder der Kumpanei-Vorwurf noch die Sicht der Kirchen als durchweg kritischer geschweige denn Oppositionsorganisation, die die ›protestantische Revolution‹ bewirkt habe, für zutreffend gehalten werden kann und der Komplexität und Vielfalt kirchlichen Lebens aber eben auch kirchlichen Leitungshandelns vollauf entspricht. Festzuhalten bleibt aber, dass normativ attackierenden, auf Enthüllung abzielenden, aber auch kritisch abwägenden Positionen wie denen von Rudolf Mau, die sich gegen Fundamentalexkulpationen absetzen und sowohl die kollaborativen als auch oppositionellen Positionen der Kirchen aus einer historischen Perspektive ästimieren,[20] seit den 1990er Jahren deutliche »Dennochs« gegenüberstehen. Das mit dem »Dennoch« verbundene Beharren auf grundsätzlicher Integrität wird trotz nachgewiesener Konspirationen und Verquickungen mit der Staats-

---

VOLLNHALS, Kirchenpolitik (s. Anm. 15), 211–266. Zu diesem Thema insgesamt vgl. besonders GÖTZ PLANER-FRIEDRICH, Trojanische Pferde. Wie sich die Stasi in die evangelischen Kirchen der DDR einschlich, in: THOMAS A. SEIDEL (Hrsg.), Gottlose Jahre? Rückblicke auf die Kirche im Sozialismus der DDR, Leipzig 2002, 47–56; FRIEDEMANN STENGEL, Partizipation an der Macht. Zur Motivlage Inoffizieller Mitarbeiter des Ministeriums für Staatssicherheit an den Theologischen Fakultäten der DDR, in: ZThK 106 (2009), 407–433.

[18] Vgl. LUDWIG GROSSE, Einspruch! Das Verhältnis von Kirche und Staatssicherheit im Spiegel gegensätzlicher Überlieferungen, Leipzig 2009, besonders 575–585, 601–603. Vgl. die Kritik von RUDOLF MAU in: ThLZ 136 (2011), 411–413.

[19] Vgl. GROSSE, Einspruch (s. Anm. 18), 637–642.

[20] Vgl. RUDOLF MAU, Eingebunden in den Realsozialismus? Die Evangelische Kirche als Problem der SED, Göttingen 1994. Vgl. auch CHRISTOPH DEMKE u. a. (Hrsg.), Zwischen Anpassung und Verweigerung. Dokumente aus der Arbeit des Bundes der Evangelischen Kirchen in der DDR, Leipzig 1994.

macht ins Feld geführt, und zwar gerade so, als hätte *die* Kirche als solche widerstanden und destabilisiert, wo man doch zutreffender sagen müsste, dass Kirche als Institution problematisiert, zuweilen widerstanden, aber eben darin auch stabilisiert hat, als Teil des Systems. Das wird nicht erst durch die weitgehende Behinderung der Freizügigkeit für kirchliche Mitarbeiter bei der Ausreise[21] und durch die Probleme deutlich, denen vordergründig politisch agierende Gruppen – mit regionalen Differenzen – innerkirchlich ausgesetzt gewesen sind.[22] Inwiefern steht das »Dennoch«[23] für die Verteidigung einer *corporate identity* gegen das einfache Eingeständnis, dass die Kirche als solche und insgesamt nicht durchweg und konsequent auf der Seite derer gestanden hat, die über die internen Staat-Kirche-Gespräche hinaus den unübersehbaren gesellschaftlichen Grundkonflikt in der DDR enttabuisieren und in Szene setzen wollten?[24] Kirche befand sich hier häufig zwischen den Lagern der Konfliktinszenierung und der Konflikteliminierung oder -tabui-

---

[21] Vgl. auch Werner Krusches Begründung für ein Bleiben in der DDR noch Ende 1985: »Weil Gott uns hier braucht«. Zitiert nach RUDOLF MAU, Der Protestantismus im Osten Deutschlands (1945–1990), Leipzig 2005, 163. Hier auch zur Infragestellung dieses »resignativ-realistisch[en] Tabu[s]« durch Heino Falcke 1984 und der im Auftrag der Theologischen Studienabteilung des BEK erarbeiteten und von der SED scharf attackierten Dokumentation von JOACHIM GARSTECKI, Leben und Bleiben in der DDR – Gedanken zu einem neuen und alten Thema. Zur Eskalation der Ausreiseproblematik und der Einrichtung eines Beratungsbüros für Antragsteller in Berlin Anfang 1988, ebd., 180 f., passim.

[22] Vgl. DETLEF POLLACK (Hrsg.), Die Legitimität der Freiheit. Politisch alternative Gruppen in der DDR unter dem Dach der Kirche, Frankfurt a. M. 1990; ein Überblick: DERS., Kirche und alternative Gruppen. Evangelische Kirche in der DDR zwischen inszenierter Öffentlichkeit und informeller Subkultur, in: Die Zeichen der Zeit 48 (1994), Heft 6, 202–209.

[23] Vgl. beispielhaft die nach Walter Schillings Tod (29. 1. 2013) kurz geführte Auseinandersetzung: Leserbrief MARGOT RUNGES mit dem Vorwurf, der Thüringer Landesbischof Ingo Braecklein und mehrere Oberkirchenräte müssten sich dafür »schämen […], Hand in Hand mit den staatlichen Stellen« gegen Schilling agiert zu haben, sowie die unter der bemerkenswerten Überschrift »Richtigstellung« abgedruckte Entgegnung LUDWIG GROSSES »Wir mussten staatliche Erpressung abwehren«, Glaube und Heimat 2013, Nr. 10 vom 10. 3. 2013, 9 und Nr. 13 vom 31. 3. 2013, 9. Runge bezieht sich auf den diese Konflikte ihrer Ansicht nach auffällig umschiffenden Nachruf des ehemaligen Landesbischofs Werner Leich, der die Anstößigkeit von Schillings Hinwendung zu den »Ausgegrenzten« betont hatte, ebd., Nr. 6 vom 10. 2. 2013, 5.

[24] Neben der ausführlichen Darstellung aus der Perspektive der Gruppen durch EHRHART NEUBERT, Geschichte der Opposition in der DDR 1949–1989, Bonn 2000[2], ist ein diesen Basiskonflikt zwischen Staat, Gruppen und Kirchenleitung(en) betonender Überblick durch MAU, Protestantismus (s. Anm. 21), ab 141, gegeben worden.

sierung[25] in einer situativ auch nicht einheitlichen Vermittlungsposition, die vielfach auf Konfliktvermeidung abzielte, sofern erstens die Gruppen als dritter Block ein eigenes Gewicht zwischen Staat und Kirche erhielten und zweitens gerade volkskirchlich strukturierte Gemeinden den Konflikt scheuten.[26] Diese beiden Fronten des Konflikts sind ganz unabhängig von der Tatsache unübersehbarer Einflussnahmen von SED und MfS auf Kirchenleitungen und Mitarbeiter zu nennen.

Inwiefern sind – bedingt auch durch die Abwehr des Vorwurfs der Kumpanei – kirchlicherseits die Diskussionen um die problematische Stellung der Kirche(n) insgesamt auf belastete Einzelfälle wie den Magdeburger Konsistorialpräsidenten und Offizier im besonderen Einsatz (OibE) des MfS Detlef Hammer,[27] auf den prominenten Rechtsanwalt Wolfgang Schnur oder auf den Thüringer Oberkirchenrat Martin Kirchner[28] abgewälzt worden, um die (weitere) kirchliche (Selbst-) Demontage im Zusammenhang mit dem Abbruch des Revolutionsmythos[29] zu verhindern?

Ein anderer Horizont wird eröffnet, wenn der Blick auf die innerkirchliche Lage in den späten 1970er und 1980er Jahren gerichtet wird, die stark von nur partiell aus dem kirchlichen Milieu stammenden sogenannten Basisgruppen geprägt gewesen ist, die zwischen politischem Engagement und politi-

---

[25] Für die sechs Sektionen Theologie in den 1980er Jahren habe ich eine ähnliche Bestimmung des differenten Umgangs mit politisch-theologischen Konflikten seitens der Studierendenschaft und seitens des Lehrkörpers dargestellt. Vgl. Friedemann Stengel, Zur Rolle der Theologischen Fakultäten in der DDR 1980–1990, in: Kurt Nowak/Leonore Siegele-Wenschkewitz (Hrsg.), Zehn Jahre danach. Die Verantwortung von Theologie und Kirche in der Gesellschaft (1989–1999), Leipzig 2000, 32–78

[26] Mangelnden »Widerstandswillen der Gemeindeglieder« im Konfliktfeld Jugendweihe konstatierte Werner Krusche noch 1991, vgl. Werner Krusche, Rückblick auf 21 Jahre Weg- und Arbeitsgemeinschaft im Bund der Evangelischen Kirchen. 3. Tagung der VI. Synode des Bundes der Evangelischen Kirchen. 22.–24. Februar 1991 in Berlin, Berlin 1991, 31. Eine zusätzliche Akzentuierung seiner Sicht zu diesem Thema in Krusche, Geige (s. Anm. 14), 186–194.

[27] Vgl. Harald Schultze/Waltraut Zachhuber, Spionage gegen eine Kirchenleitung. Detlef Hammer – Stasi-Offizier im Konsistorium Magdeburg, Magdeburg 1994.

[28] Zu beiden Neubert, Revolution (s. Anm. 11), 365f., 430 passim.

[29] Gegen die These von der protestantischen Revolution hat sich schon 1994 Pollack, Kirche (s. Anm. 10), 455, ausgesprochen. Der Umbruch habe sich nicht »aus dem Geist des Protestantismus« vollzogen, sondern sei ein »kontingentes Ereignis« gewesen. Die Frage nach der Rolle der Kirchen 1989 (und vorher) ist damit allerdings nicht suspendiert.

scher Spiritualität changierten. Diese Gruppen waren Adresse und Ziel für die ausufernden MfS-Aktivitäten jener Jahre.[30] Sind diese Gruppen durch die politische Öffnung 1989 komplett aus den Kirchen ausgewandert, weil die gesellschaftlichen Aktionsräume geöffnet und legalisiert worden waren? Was ist aus den Impulsen ihrer oppositionellen politischen Spiritualität geworden, die gerade konservativere Theologen und kirchliche Amtsträger allerdings schon damals anzweifelten und zu delegitimieren versuchten?[31] Die Verbindung der Signifikanten politisch-oppositionell-kirchlich war in den 1980er Jahren durchaus selbstverständlich auch für viele, die sich selbst nicht als religiös bezeichneten. Die Selbstverständlichkeit, dass das kritische Potential der östlichen Bevölkerung selbstredend auch eine kirchliche Bindung besitzt, gehört im dritten Jahrzehnt nach dem Ende der DDR scheinbar der Vergangenheit an.

Haben die teils tumultuarischen Auseinandersetzungen zwischen Kirche und Gruppen um den Fall Stolpe[32] bis hin zu den Debatten im Brandenburger Landtag unter maßgeblicher Beteiligung von Günter Nooke[33] die Gruppen

---

[30]   Vgl. dazu vor allem die Interview-Beiträge führender Vertreter der Offenen Jugendarbeit in LARS EISERT-BAGEMIHL/ULFRIED KLEINERT (Hrsg.), Zwischen sozialer Bewegung und kirchlichem Arbeitsfeld. Annäherungen an die Offene Jugend(-)Arbeit, Leipzig 2002; sowie summarisch NEUBERT, Opposition (s. Anm. 24).

[31]   Vgl. als Beispiel das bekannte Wort des sonst gegenüber den Gruppen weitgehend solidarisch agierenden Thüringer Landesbischofs Werner Leich vom Februar 1988, der einige Wochen später im Gespräch mit Erich Honecker mit äußerster Schärfe das staatliche Vorgehen gegen die kirchliche Opposition und die Ausreiseantragsteller attackierte: »Die Kirche ist für alle da, nicht für alles.« Vgl. dazu MAU, Protestantismus (s. Anm. 21), 183. Zur Delegitimierung religiös-politischen Protests durch »Theologisieren« vgl. STENGEL, Rolle (s. Anm. 25), 65–67. Vgl. dazu auch GROSSE, Einspruch (s. Anm. 18), 648 f.

[32]   Vgl. dazu den 85minütigen Dokumentarfilm (1992) von HORST EDLER, Manfred Stolpe. Gethsemanekirche 1992 (Zeitzeugen TV Film-& Fernsehproduktion GmbH, bei der Progress Film-Verleih GmbH).

[33]   Vgl. GÜNTER NOOKE, Die politische Bedeutung des Falls Stolpe, in: TOBIAS HOLLITZER (Hrsg.), Einblick in das Herrschaftswissen einer Diktatur – Chance oder Fluch? Plädoyers gegen die öffentliche Verdrängung, Opladen 1996, 120–131; Beschluß der Kirchenleitung der Evangelischen Kirche in Berlin-Brandenburg zum Vorermittlungsverfahren Dr. Manfred Stolpe vom 31. März 1995, in: VOLLNHALS, Kirchenpolitik (s. Anm. 15), 207–210; LANDTAG BRANDENBURG (Hrsg.), Debatte zum Bericht des Parlamentarischen Untersuchungsausschuß 1/3 des Landtages.»Aufklärung der früheren Kontakte des Ministerpräsidenten Dr. Manfred Stolpe zu Organisationen des Staatsapparates der DDR, der SED sowie zum Staatssicherheitsdienst und der in diesem Zusammenhang erhobenen Vorwürfe«. Wortprotokoll der Plenarsitzung vom 16. Juni 1994; SPD-LANDTAGSFRAKTION BRANDENBURG

und ihre Impulse aus den Kirchen vertrieben und den Stachel aus dem Fleisch der volkskirchlichen Gemeinden gezogen?[34] Diese Frage kann ganz unabhängig von der Beobachtung gestellt werden, dass die erneute Austrittswelle der in der Regel politisch konformen Bevölkerung kurz nach 1990 kaum auf die MfS-Enthüllungen und Kumpanei-Vorwürfe, sondern wohl vor allem auf finanzielle Gründe im Zusammenhang mit der Einführung der D-Mark zurückgegangen ist.

In diesem Zusammenhang ist aber daran zu erinnern, dass bis auf die Berlin-Brandenburger Kirche die Synoden aller Landeskirchen bis 1993 die Regelüberprüfung der zu dieser Zeit hauptamtlichen Mitarbeiter, in manchen Fällen auch der Gemeindekirchenräte und Synodalen beschlossen haben.[35] Mehr als 160 disziplinarisch relevante Fälle sind bis Ende 1996 von den einzelnen Landeskirchen untersucht worden.[36] Man kann also nicht davon sprechen, dass die Kirchen untätig gewesen seien. Allerdings sind in diesem Zeitraum nur 11 unbefristete und 13 befristete Amtsenthebungen gegenüber weitaus häufiger verhängten Geldstrafen, Verweisen sowie Warte- und Ruhestandsversetzungen ausgesprochen worden.[37] Nach 1990 aus dem Dienst aus-

---

(Hrsg.), Der Bericht. Der Stolpe-Untersuchungsausschuß; Ergebnisse, Analysen, Argumente, Potsdam 1994.

[34] Vgl. etwa die Austrittsankündigung des prominenten Bürgerrechtlers und Mitbegründers des Neuen Forums Reinhard Schult und den Kommentar von Walter Schilling zur Enthüllung der MfS-Mitarbeit des Berliner Pfarrers Gottfried Gartenschläger im November 1991 und angesichts des Beschlusses der Berlin-Brandenburgischen Synode, keine Regelüberprüfung der kirchlichen Mitarbeiter durchzuführen: Film von PETER WENSIERSKI, Gottfried Gartenschläger. Online verfügbar unter: http://www.youtube.com/watch?v=DMeWh 5l4jaU (Stand: 5. 4. 2013).

[35] Vgl. LUDWIG GROSSE u. a. (Hrsg.), Überprüfungen auf Stasikontakte in den östlichen Gliedkirchen der EKD. Dokumentation und Kommentar. Im Auftrag des Kirchenamtes der Evangelischen Kirche in Deutschland = Die Zeichen der Zeit 51 (1997), Beiheft 1, hier: 26. HARALD SCHULTZE, Stasi-Überwachung der Evangelischen Kirche der Kirchenprovinz Sachsen. Zwischenbemerkungen aus der Sicht der Forschung. Beilage zum Amtsblatt 1/96 der Ev. Kirche der Kirchenprovinz Sachsen. Der XII. Synode der Kirchenprovinz auf ihrer 4. Tagung am 17. 11. 1995 in Halle (36 S.). Für Thüringen WALTER WEISPFENNIG, Aufarbeitung von Stasi-Verstrickungen. Der Umgang mit MfS-Belastungen kirchlicher Mitarbeiter in der Evangelisch-Lutherischen Kirche in Thüringen. Ein Bericht im Auftrag des Landeskirchenrates der Evangelisch-Lutherischen Kirche in Thüringen (EPD Dokumentation Nr. 40, 27. 9. 2006). Für Berlin-Brandenburg ULRICH SCHRÖTER, Die »Bearbeitung« der Landeskirche Berlin-Brandenburg durch das MfS, in: VOLLNHALS, Kirchenpolitik (s. Anm. 15), 201–210.

[36] Ebd., 18 f.

geschiedene kirchliche Mitarbeiter, darunter auch hochstehende Kirchenleitungsmitglieder wurden nicht überprüft, unauffindbare Akten haben manche Verfahren erschwert. Manche Fälle kommen nach jahrzehntelangem Abstreiten jeder Form von Zusammenarbeit mit dem MfS erst heute durch die Möglichkeiten der Rekonstruktion von zerrissenen Akten ans Licht.[38] Dennoch: eine Verengung des DDR-Problems auf das Ministerium für Staatssicherheit, die gerade im ersten Jahrzehnt nach der politischen Einheit vorgeherrscht hat, kann aus heutiger Perspektive leichter vermieden werden.

Aber dieses Problemfeld ist in der Öffentlichkeit der 1990er Jahre mit großer Aufmerksamkeit beobachtet und diskutiert worden und dürfte wohl zu den Faktoren zu zählen sein, die Distanzierungen bestimmter kirchlicher Milieus von ihren Kirchen beschleunigt haben. Es führte beispielsweise zu Protesten, als die Magdeburger Kirchenleitung einen früheren Studentenpfarrer als Beauftragten für die Vorbereitung des Leipziger Kirchentags 1997 auf dem Gebiet der Kirchenprovinz Sachsen benannte. Der Pfarrer war 1993 durch Spruch der Disziplinarkammer der Kirchenprovinz Sachsen erst ganz aus dem kirchlichen Dienst entlassen und nach einer Revision vom Disziplinarhof der EKU 1994 für zwei Jahre in den Wartestand versetzt worden.[39] Seine seitdem auch immer wieder öffentlich gemachte »Selbstrechtfertigung«

---

[37] Statistik in GROSSE u. a. (s. Anm. 35), 18 f.

[38] Vgl. etwa den Fall des schwer belasteten schwedischen Pfarrers und früheren Professors für Systematische Theologie in Halle (1993–1995) Aleksander Radler, dessen IM-Akte nach jahrzehntelangem Leugnen der 1993 erstmals bekannt gewordenen Vorwürfe erst 2012 nach Rekonstruktion von Aktenbruchstücken bekannt geworden ist, vorläufig http://www.swp.de/ulm/nachrichten/politik/Elite-Agent-auf-der-Kanzel;art4306,1588920 (Stand: 5.4.2013); ähnlich die jahrelang abgestrittene IM-Tätigkeit des Berliner Altrektors, Mitglied der PDS-Bundestagsfraktion und Professors für Praktische Theologie Heinrich Fink (Akte 2005 rekonstruiert), vgl. dazu Der Spiegel vom 9. 5. 2005, http://www.spiegel. de/spiegel/print/d-40325357.html sowie http://einestages.spiegel.de/static/topicalbumbackground/2077/vergangenheit_in_fetzen.html (Stand: 5. 4. 2013).

[39] KONSISTORIUM DER EVANGELISCHEN KIRCHE DER KIRCHENPROVINZ SACHSEN, Beschreibung der Reaktionen der Evangelischen Kirche der Kirchenprovinz Sachsen auf die Zusammenarbeit von Pfarrer Dr. […] mit dem ehem. Staatssicherheitsdienst, in: LANDESBEAUFTRAGTE FÜR DIE UNTERLAGEN DES STAATSSICHERHEITSDIENSTES DER EHEMALIGEN DDR SACHSEN-ANHALT (Hrsg.), IM »Raucher«. Die Zusammenarbeit eines Studentenpfarrers mit dem Ministerium für Staatssicherheit, Magdeburg 1997 (Sachbeiträge 5), 128–130. Dieser Fall wird im Folgenden exemplarisch angeführt, weil er anders als die Diskussionen um Manfred Stolpe die Region der jetzigen EKM betrifft. Diese Exemplarität macht die Nennung des Klarnamens an dieser Stelle unnötig.

und Verteidigung seines »Verhaltens während der kommunistischen Diktatur«, die mit der Bagatellisierung und theologischen Rechtfertigung seiner MfS-Tätigkeit trotz der 1997 abgebüßten schweren Disziplinarstrafe verbunden war,[40] veranlasste die Landesbeauftragte für die Unterlagen des Staatssicherheitsdienstes der ehemaligen DDR in Sachsen-Anhalt, eine umfangreiche Dokumentation der Akte zu publizieren, um »möglichst vielen die Möglichkeit zu geben, ihre Sichtweise darzustellen«.[41] Als der Pfarrer nach dem Ende seiner Disziplinarstrafe zum Kirchentagsbeauftragten ernannt wurde, sagten frühere Kirchentagsrepräsentanten, Wissenschaftler, aber eben auch ursprünglich sehr wohl mit der Kirche verbundene Bürgerrechtler ihre offizielle Teilnahme ab. Das Verständnis für die nunmehr hervorgehobene repräsentative Position eines disziplinarisch derart schwer belangten Pfarrers hatte in diesen Kreisen seine Grenzen überschritten; »Sünden vergeben – ja, aber nicht noch belohnen«, so ein 1952 mit der Organisation des Leipziger Kirchentags Beauftragter in seiner bündigen Absage an Bischof Demke.[42] Untersuchungen darüber, inwieweit solche öffentlich kombattant diskutierten Fälle eines problematisch empfundenen Umgangs der Kirchen mit ihren Belastungen die Distanzierung des ehemaligen Milieus der Gruppen – und anderer – forciert haben, sind nicht bekannt und sicher auch keine monokausale Begründungsdimension. Dennoch fällt die geringe Zahl höherer Disziplinarstrafen auf, und es wäre zu fragen, in welchem Verhältnis der »Täter«-Schutz zu der ›Wiedergutmachung‹ und Rehabilitierung von ›Opfern‹ steht, die vor 1990 zwischen die Mühlen von Kirche(n) und Staat geraten waren und kirchliche (und gemeindliche) Entsolidarisierung erfahren haben, nicht nur im Falle kirchlicher Hauptamtlicher, deren Ordinationsrechte nach einer nicht genehmigten Übersiedelung in die Bundesrepublik erst nach zwei Jahren

---

[40] Leserbrief von HANS JOCHEN GENTHE zur Predigthilfe des ehemaligen Studentenpfarrers für den 21. Sonntag nach Trinitatis (Jer 29,1.4-7.10-14), die dieser für die Rechtfertigung seiner »Tätigkeit« für das MfS benutzt habe, sowie dessen Antwort, die ihrerseits Genthe »Gerüchte, Vorurteile und Vorverurteilungen« und Unterstellungen unterstellt, in: Die Zeichen der Zeit 49 (1995), Heft 2, 70–71. Die Predigtmeditation in: Ebd., 48 (1994), Heft 4, P 72–74.

[41] Vorwort zu IM »Raucher« (s. Anm. 39), 5. Der frühere Pfarrer habe das Angebot, seine Sichtweise darzustellen, »nicht angenommen«.

[42] Vgl. Schreiben an Demke, 18. 3. 97, in: IM »Raucher« (s. Anm. 39), 136. Weitere Pressemeldungen und Schreiben ebd., 131–136; Artikel »Sehr deutlich links«. Enttäuscht sagen Bürgerrechtler und ein Wissenschaftler ihre Teilnahme in Leipzig ab, in: Focus Magazin vom 9. 6. 1997, http://www.focus.de/politik/deutschland/kirchentag-sehr-deutlich-links_aid_164166.html (Stand: 18. 4. 2013).

wieder zuerkannt werden sollten,[43] die in der Praxis aber auch mit härteren Sanktionen für ihre Übersiedelung bestraft wurden.[44] Das wäre übrigens hinsichtlich der Tatsache zu thematisieren, dass die Pfarrerschaft im Blick auf Reisemöglichkeiten in das westliche Ausland gegenüber der Bevölkerung und den Kirchgemeinden privilegiert war.

Offenbar lassen sich ›Versöhnungsprozesse‹ kaum in breitem Stil realisieren. Frank-Michael Lütze hat ein von überzogenen Erwartungen an einen gesamtgesellschaftlichen Rekonziliationsprozess freies, entlastendes Modell vorgeschlagen, bei dem das gemeinsame Ertragen unter der Anerkennung von Schuld und besonders auch die »Sichtbarmachung der Opferperspektive« anstelle eines vorschnellen Vergebungsziels und einer eher normativen Versöhnungsforderung ins Auge gefasst wird.[45] Allerdings verlangt auch dieses Modell das Eingeständnis von Schuld – und das wird von ›Tätern‹ in nur sehr seltenen Fällen erbracht.[46] Dieses Thema dürfte aktuell bleiben, besonders solange lebensgeschichtlich Betroffene vorhanden sind.

---

[43] Das beschlossen 1977 die Räte der EKU-Ost und EKU-West. Vgl. RUDOLF SCHULZE, EBERHARD SCHMIDT und GERHARD ZACHHUBER, Gehen oder bleiben. Flucht und Übersiedlung von Pfarrern im geteilten Deutschland und die Gesamtverantwortung der Kirchenleitungen. Berichte und Dokumentation, Leipzig 2002, 67 f.

[44] Der Berlin-Brandenburger Pfarrer Dietmar Linke beispielsweise erhielt nach seiner Ausreise und dem Entzug der Ordinationsrechte 1983 erst 1987 eine Pfarrstelle in Berlin-West, vgl. EHRHART NEUBERT, Art. Linke, Dietmar, in: HELMUT MÜLLER-ENBERGS et al. (Hrsg.), Wer war wer in der DDR? Ein biographisches Lexikon, Berlin 2001², 529. Erst nach seinem erneuten Amtsantritt erschien Linkes Autobiographie, ohne Erwähnung seines faktischen Berufsverbots: Niemand kann zwei Herren dienen. Als Pfarrer in der DDR. Hamburg 1988. Es wären weitere Fälle zu ergänzen, so etwa der des Pfarrers von Themar, Hans Günther, der auf Initiative der Thüringer Kirche sogar in den Niederlanden keine Anstellung bekam, obwohl er mit einer Niederländerin verheiratet war. Vgl. Leserbrief von LOTHAR KÖNIG und GOTTHARD LEMKE (Jena) »Unrecht durch die Kirchen«, in: Glaube und Heimat 2013, Nr. 49 vom 6. 12. 2009, 9; sowie Leserbrief »Mehr miteinander sprechen« von in: ebd., Nr. 51/52 vom 20. 12. 2009, 9. Dieses Thema harrt noch einer umfassenden Aufarbeitung, auch als Pendant zum Forschungsprojekt der Evangelischen Arbeitsgemeinschaft für kirchliche Zeitgeschichte über den Transfer kirchlicher Mitarbeiter und Pfarrer aus dem Westen in den Osten Deutschlands 1945–1961, vgl. http://www.ekd.de/zeitgeschichte/aufgaben_projekte/forschungsprojekte/8637.html (Stand: 18. 4. 2013).

[45] Vgl. LÜTZE, Versöhnung (s. Anm. 5), hier: 330 f.; vgl. demgegenüber den älteren Ansatz von MICHAEL BEINTKER, Die Schuldfrage im Erfahrungsfeld des gesellschaftlichen Umbruchs im östlichen Deutschland. Annäherungen, in: Kirchliche Zeitgeschichte 4 (1991), 445–461.

[46] So das bemerkenswerte Schuldeingeständnis und Bedauern des früheren Majors der

3 KONFESSIONSLOSIGKEIT UND ATHEISMUS

Die ideologisch-atheistische Indoktrination in den Staatssozialismen des
20. Jahrhunderts hat nicht monokausal zu Entkirchlichung und Konfessionslosigkeit oder gar pauschaler ›Entreligionisierung‹ geführt. Aus zwei Blick-
winkeln wird dieser Zusammenhang in Frage gestellt: durch das Beispiel
Polens und anderer postsozialistischer Länder wie Ungarn oder der Slowakei,
aber auch Russland mit einer hohen Religiosität, und angesichts der niedrigen
Religiosität in ehemals staatskirchlichen protestantischen westlichen Ländern
wie Schweden, aber auch Westdeutschland, Frankreich und England.[47] Auch
wenn man hierbei neben anderen Faktoren vor allem das Verhältnis zwischen
Kirche und Staat mit berücksichtigen muss, scheint eine Verbindung zwi-
schen damaliger Ideologie und jetziger Konfessionslosigkeit in den östlichen
Bundesländern kaum von der Hand zu weisen zu sein. Bereits 1985 hat Olof
Klohr, einer der führenden Ideologen der SED und zeitweiliger Inhaber des
Lehrstuhls für wissenschaftlichen Atheismus an der Universität Jena, ange-
sichts der damaligen Kirchenzugehörigkeit in Großstädten wie Halle, Leipzig,
Magdeburg und Erfurt von nur 11 % und Ostberlin von nur 7 % prognostiziert,
dass der Anteil der Kirchenmitglieder DDR-weit nach 1990 auf unter 20 %
und nach 2000 auf unter 10 % sinken werde.[48] Klohr ging allerdings auf der
Grundlage der marxistisch-leninistischen Religionstheorie[49] davon aus, dass

---

Kreisdienststelle des MfS Saalfeld Bernd Roth bei einer Podiumsdiskussion in Gera am
21. 2. 2013 zum Jahrestag der Aktion »Gegenschlag«, der Zerschlagung der Jenaer Opposition um den Friedenskreis durch das MfS 1983, vgl. http://www.bstu.bund.de/DE/In-
DerRegion/Gera/Notizen/20130221_gera_debatte.html (Stand: 5. 4. 2013). Dass es kaum
Fälle offenen Einstehens für die frühere Verantwortung im Kontext der DDR gab und gibt,
ist von mehreren Teilnehmern des Workshops in Halle moniert worden.

[47] Kriterium: Gottgläubigkeit. Zu statistischen Erhebungen vgl. den Beitrag von GERT
PICKEL in diesem Band, ältere Angaben aber bereits bei EBERHARD TIEFENSEE, Homo areligiosus. Überlegungen zur Entkonfessionalisierung in der ehemaligen DDR, in: SEIDEL,
Jahre (s. Anm. 17), 197–215; FRANZ HÖLLINGER, Religion im Rückwärtsgang. Intellektua-
lismus und Wohlstand zerstören die Kirchenbindung, in: Zeitzeichen 4 (2003), Heft 7,
25–27.

[48] Zitiert nach BESIER, Höhenflug (s. Anm. 12), 134.

[49] Vgl. dazu MARTIN GEORG GOERNER, Die Kirche als Problem der SED. Strukturen kom-
munistischer Herrschaftsausübung gegenüber der evangelischen Kirche 1945–1958, Berlin 1997, 16–28, 35 f., 363 f.; sowie auch OLOF KLOHR, Atheismus und Religion in der DDR,
in: GÜNTHER HEYDEMANN/LOTHAR KETTENACKER (Hrsg.), Kirchen in der Diktatur. Drittes
Reich und SED-Staat, Göttingen 1993, 282–293.

mit der immer besseren Befriedigung der menschlichen Bedürfnisse sich auch die Religion als Instanz zur Kontingenzbewältigung mit der Zeit erübrigen werde, eine angesichts der starken religiösen Bindung auch des wohlhabenden nordamerikanischen Mittelstandes jedenfalls monokausal kaum zutreffende Erklärung. Unabhängig davon, was man von dieser Theorie hält, dürften es nach 1990 noch zusätzliche Faktoren gewesen sein, die der Prognose Klohrs Recht gegeben und dazu geführt haben, dass der Durchschnittsostdeutsche egal welcher politischen Richtung nicht kirchlich oder religiös gebunden ist – und zwar gegenüber dem majoritär nach wie vor kirchensteuerzahlenden Durchschnittswestdeutschen.

Es wäre auch den Identitätskonstruktionen der angegliederten ehemaligen DDR-Bürger nach 1990 im Gegenüber zu der vielfach als Gegenidentität konstruierten westdeutschen (religiösen) Identität nachzugehen, für die der Magdeburger römisch-katholische Bischof Gerhard Feige Heiligabend 2012 die Zustandsbeschreibung gefunden hat, Gott sei bei den Westdeutschen aus dem Herzen, bei den Ostdeutschen auch aus dem Kopf verschwunden.[50]

Angesichts der diskurstheoretischen Einsicht, dass Identitätskonstruktionen a) stets situativ und kontingent geschehen und in Machtdiskurse eingebettet sind, dass sie b) differenzielle Akte sind, bei denen die Differenz zwischen diesen Identitäten als wechselseitiger Ausgleich eines »Mangels« erscheint, dass c) bei den wechselseitigen Konstruktionen von Repräsentanten und Repräsentierten die eigene repräsentierte Identität immer zur Repräsentation der Identität des anderen beitragen muss und deshalb zu folgern wäre, dass d) aufgrund der konstitutiven Einschreibung der Identität des Repräsentierten in die des Repräsentanten ein »reines Repräsentationsverhältnis«, also die Identität von »Wesen« und seiner Repräsentation gegenüber einer anderen Repräsentation gar nicht möglich ist und e) das repräsentierte Wesen niemals selbst, sondern nur als Repräsentant erscheint[51] – hätte das zunächst diese Konsequenz: Den ›reinen‹ für sich selbst stehenden und vor allem ›mit sich selbst‹ identischen Ostdeutschen gäbe es gar nicht; er wäre stets ein Abgrenzungsprodukt, machtpolitisch im Kontext von Identifikationsprozessen generiert, bei denen in der Beitrittsnarrative nach 1990 die Differenzattribute

---

[50] Vgl. Interview der Mitteldeutschen Zeitung mit Landesbischöfin Junkermann und Bischof Feige, MZ vom 24.12.2012, online abrufbar: http://www.mz-web.de/archiv/Lernen-mit-den-Menschen-zu-leben/HC-12-24-2012-7130738.71-47618264HA.htm (Stand: 5.4.2013).

[51] Vgl. dazu ERNESTO LACLAU, Macht und Repräsentation, in: DERS., Emanzipation und Differenz, Wien 2010, 125–149, hier: 128, 134f.

»nichtwestdeutsch« und »nichtkirchlich«/»nichtreligiös« miteinander verbunden worden wären. Aus dieser Perspektive hätte sich die lockere Verbindung der Differenzattribute zu einer wachsenden Verschmelzung verfestigt, je mehr die Fremd- und Eigenkonstruktion des Ostdeutschen als einer im westdeutschen Horizont minoritären und nur regional majoritären Ausnahmeerscheinung[52] festgeschrieben wird. Wird in diese Überlegungen eine der Grundfiguren der Identitätstheorie Homi K. Bhabhas, die Verbindung von Mimikry und Widerstand bei der Konstruktion nicht essenzieller, sondern positioneller fluider Identitäten einbezogen, die nur als Repräsentationen erscheinen, dann ergäbe sich folgende markante Konsequenz: im identifikatorischen Prozedere bliebe dem Ostdeutschen, der eine eigene ostdeutsche Identität erzielen oder – vermeintlich – erhalten wollte, gar keine andere Möglichkeit, sich von den Repräsentationsattributen des »anderen«, hier des religiösen/kirchlichen Westdeutschen abzugrenzen. Und diese Abgrenzung von der im öffentlichen Diskurs als für die westdeutsche Identität selbstverständlichen Konfessionalität wäre ein Akt des Widerstandes gegenüber einer vermeintlichen oder in großen Kreisen der Bevölkerung gerade in den 1990er Jahren als Verlust von Arbeit, Status und Sicherheit empfundenen[53] Bedrohung des Eigenen. Fatalerweise entstammte dieser Abgrenzungsakt zugleich dem Verlangen nach Identität.[54]

Bei diesen Identifikationspositionierungen ist die abgewiesene Repräsentation – hier des westdeutschen Religiösen/Kirchlichen als »Abjekt« also unhintergehbar für die Konstruktion des fluiden Subjekts nötig, allerdings liegt das abgewiesene »Abjekt« als »konstitutive[s] Außen« im Subjekt selbst.[55]

---

[52]   Vgl. hier den Beitrag von DANIEL CYRANKA in diesem Band.

[53]   Vgl. dazu jetzt den eindrücklichen und fraglos aus einer ganz bestimmten Perspektive prekärer ostdeutscher – und nichtkirchlicher! – Erfahrungen nach 1989 abgegebenen Bericht von SABINE RENNEFANZ, Eisenkinder. Die stille Wut der Wendegeneration, München 2013.

[54]   Vgl. insgesamt HOMI K. BHABHA, Die Verortung der Kultur. Tübingen 2000, hier: DERS., Die Frage der Identität. Frantz Fanon und das postkoloniale Privileg, in: ebd., 59–96, hier: 65 f., 73 f., sowie DERS., Von Mimikry und Menschen. Die Ambivalenz des kolonialen Diskurses, in: ebd., 125–136 und besonders: Zeichen als Wunder. Fragen der Ambivalenz und Autorität unter einem Baum bei Delhi im Mai 1817, in: ebd., 151–180. Einen Überblick über Bhabhas Theorie bietet jetzt KAREN STRUVE, Zur Aktualität von Homi K. Bhabha. Einleitung in sein Werk, Wiesbaden 2013.

[55]   »The abject« im Sinne von JUDITH BUTLER, Einleitung, in: DIES., Körper von Gewicht.

Der religiöse/kirchliche Ostdeutsche wäre nun vom Los einer noch stärker differenzierten Gebrochenheit getroffen: Mit seinem ›säkularen‹ ostdeutschen Nachbarn teilte er das Nichtwestdeutschsein und die lebensgeschichtliche Bewohnung des Beitrittsgebiets, mit seinem religiösen/kirchlichen westdeutschen Nachbarn verbände ihn die Religiosität. Ohne diese Relationen könnte seine Sonderidentität als ostdeutscher Religiöser/Kirchlicher überhaupt nicht fixiert werden. Aber beide Überschneidungsidentifikationen wären in sich gebrochen. Denn was ihn mit dem einen verbände, trennte ihn von dem anderen. Der religiöse/kirchliche Ostdeutsche wäre kein ›richtiger‹ Ostdeutscher und kein ›richtiger‹ Westdeutscher, und er wäre von dem gesamtdeutschen Ausnahmefall des Ostdeutschen[56] der Ausnahmefall.

Was bedeutete diese gebrochene,[57] im Sinne Bhabhas hybride[58] Identität, die für viele Ostdeutsche älterer Jahrgänge – und mittelbar deren Nachkommen – durch den Wegfall der von der Krippe an identitätsstiftenden kirchenfeindlichen Macht des SED-Staates verschärft worden ist, für die Religiosität? Und inwieweit wären diese Repräsentations- und Identifikationsprozesse kritisch zu durchleuchten und durch die Kritik vielleicht in neue Bahnen zu lenken, wenn man sich vor Augen hält, dass in der westdeutschen Perspektive die (in der Regel durchweg kirchen- und religionslose)[59] Linkspartei oftmals als ostdeutscher Normalfall angesehen wird, während umgekehrt beispielsweise deren Protagonisten Angriffe auf ihren wichtigsten Repräsentanten, den (religionslosen) Gregor Gysi, als Generalangriff, ja gar als »Kampagne

---

Die diskursiven Grenzen des menschlichen Geschlechts, Frankfurt a. M. 1997, 21–49, hier: 23.

[56] Vgl. den Beitrag von DANIEL CYRANKA in diesem Band.

[57] Gebrochen ist hier keinesfalls normativ oder qualifizierend zu verstehen. Im Sinne Laclaus, bei dem Jacques Lacans psychoanalytische Grundfigur vom Spiegelstadium diskurstheoretisch und gesellschaftstheoretisch eingesetzt wird, kann es eine ungebrochene, mit sich selbst identische Identität niemals geben, sofern Identität nur als Differenz möglich ist. Vgl. JACQUES LACAN, Das Spiegelstadium als Bildner der Ichfunktion wie sie uns in der psychoanalytischen Erfahrung erscheint, in: DERS., Schriften, Weinheim ⁴1996 [1949], 61–70. Bereits für Wittgenstein gibt es im Übrigen »kein schöneres Beispiel eines nutzlosen Satzes« als die Behauptung eines mit sich selbst identischen Dings. Vgl. LUDWIG WITTGENSTEIN, Philosophische Untersuchungen, in: DERS., Schriften. Bd. 1, Frankfurt a. M. 1969, 289–484, hier: 385 (Nr. 216).

[58] Dazu STRUVE, Aktualität (s. Anm. 54), 97–128.

[59] Von Ausnahmen abgesehen, siehe etwa den Thüringischen Vorsitzenden Bodo Ramelow oder das Mitglied des Landtags Katharina König, Tochter des Jenaer Stadtjugendpfarrers Lothar König.

gegen Ostdeutsche insgesamt« betrachten?[60] In diesem Fall gäbe es eine ›grenz-‹überschreitende Anerkennung der Bedeutung der (konstruierten) Identität des Anderen für die Konstruktion der Identität des Eigenen, bei der der kirchliche/religiöse Ostdeutsche nichts anderes mehr sein kann als ein überflüssiges Vehikel vergangener Zeiten und ein Störfaktor. Die Agenda des Kalten Krieges würde so fortgeschrieben.

Als beispielsweise der SPD-Kandidat für das Amt des Bundeskanzlers, Peer Steinbrück, im Sommer 2013 der ostdeutsch-stämmigen Kanzlerin Angela Merkel unterstellte, aufgrund ihrer Sozialisation bis 1989 und der – unausgesprochenermaßen – damit einhergehenden Horizontverengtheit keine überzeugte Europäerin sein zu können, empörte sich neben manch anderen mit der Süddeutschen Zeitung eine der prominentesten altbundesdeutschen Tageszeitungen. Jens Bisky (geb. 1966), leitender Redakteur des Feuilletons der SZ, Sohn des langjährigen Vorsitzenden und Funktionärs von SED, PDS und Linkspartei Lothar Bisky, als SED-Mitglied und freiwillig gedienter Offizier der Nationalen Volksarmee bis 1989 ein geradezu repräsentativer Verteter der jüngeren partei- und staatstragenden Akademikerschaft der DDR, protestierte gegen diese kollektive »Herabsetzung« der Ostdeutschen. Zwar habe auch die CDU die einfallsarme »Diffamierung« beklagt, sich damit aber nur gegen Steinbrück gewehrt. Denn, so Bisky lapidar und ohne weitere Erklärung gleichsam wie eine liturgische Formel: »Die Linkspartei verteidigt die Ostdeutschen gegen Herabsetzung.«[61] Hier wird nicht nur deutlich, dass die (in der Regel religions- und konfessionslose) Linkspartei als wirkliche, wahre und einzige Vertreterin des gerechten Kampfes für die gescholtene DDR-Bürgerschaft ingesamt mit der ostdeutschen Identität als solcher vernäht wird. Obwohl die evangelisch-stämmige Angela Merkel einen solchen Repräsentationsanspruch von der Sache her aushebeln müsste, wird sie der linksparteilichen Ostdeutschheit subsumiert, während ihre evangelische Identität

---

[60] So deren Vorsitzende Katja Kipping, vgl. Focus Online vom 12.2.2013. Vgl. aber auch den Widerspruch von PHILIPP LENGSFELD (Sohn von Vera Lengsfeld): Linkspartei: Katja Kipping beleidigt die Ostdeutschen, http://www.deutschland.net/content/katja-kipping-beleidigt-die-ostdeutschen-achgut-welt-tagesspiegel (Stand: 18.3.2013).

[61] JENS BISKY: Kanzlerkandidatur. Steinbrücks halbes Europa. In: Süddeutsche Zeitung vom 7.8.2013 (Nr. 181), 4. In der Tat fährt der Artikel abrupt mit einem ganz anderen Thema fort (Steinbrücks »halbiertes, nostalgisches Europa-Bild«), geradezu so, als würde das gesamte Osteuropa von den alten Herrschaftseliten repräsentiert, für die er als Autor selbst steht und *gegen* die sich die revolutionären Bewegungen in der DDR, in der ČSSR, Polen etc. gerichtet haben.

als Störfaktor[62] - an dieser Stelle - ausgeblasen wird. Altbundesdeutsche Medienmacht und altostdeutsche SED-Identität verschmelzen auf diese Weise; der Normalfall der Identität des (in der Regel angepassten oder staatstragenden und kirchenlosen) Ostdeutschen wird von einem Vertreter der Funktionärselite im Konsens und im Vollzug altbundesdeutscher Medienmacht hergestellt; die (möglicherweise auch kirchliche) Devianz von dieser DDR-Identität wird eingeebnet, so als wäre genau der von dem ehemaligen NVA-Offizier Bisky verkörperte DDR-Bürger die gegenüberliegende Wunschidentität eines (linksliberalen!) westdeutschen Mediums. Die Marginalisierung der Abweichung von der realsozialistischen Verordnungsidentität der DDR wird damit unterstrichen und (erneut) vollzogen.

Eine kritische Sicht auf das Verhältnis von Religion, Macht und Identifikation wäre freilich auch auf die ostdeutschen Binnenverhältnisse reduzierbar, die zur Identitätskonstruktion des nichtkirchlichen Nichtwestlers basal und generationenübergreifend dient. In der majoritär konfessionslosen Gesellschaft der ehemaligen DDR ist ganz unabhängig von der nach wie vor starken Verankerung der SED-Nachfolgepartei die politische Seite der Herrschaftsideologie der SED zwar weitestgehend abgelegt worden. An einer entscheidenden Stelle wurde jedoch ihr Erbe in einer dreistufig beschreibbaren Weise bewahrt: in Kirchenfeindlichkeit, Kirchenabgewandtheit oder Desinteresse und - m. E. eher vereinzelt oder singulär - militantem Atheismus. Dass sich in östlichen Bundesländern flächendeckend 80–90% der Bevölkerung von den Kirchen abgewandt haben, hat aber keine alternative Religionisierung nach sich gezogen. Esoterische oder sogenannte »fernöstliche« Religionspraxen etwa spielen eine völlig untergeordnete Rolle im Osten.[63] Und wer wie Wilhelm Gräb in der ehemaligen DDR eine über marginale Phänomene hinausgehende Konfession der Konfessionslosen[64] erblicken will, mit der man ins Gespräch kommen könne und solle, behauptet ohne empirischen Beleg und gegen vorhandene

---

[62] Erstaunlicherweise wird der bis 1989 in der NVA dienende Bisky in seinem Artikel nicht müde, gerade die Europasehnsucht der DDR-Bürger [gegen die die NVA ja die Grenzen ›sicherte‹ - FS] als typisch ostdeutschen Beitrag zu betonen.

[63] Vgl. dazu exemplarisch den Sammelband von HELMUT OBST/DANIEL CYRANKA, »…mitten in der Stadt«. Halle zwischen Säkularisierung und religiöser Vielfalt, Halle 2001.

[64] In einem Vortrag: Wer sind die Konfessionslosen - und was könnte ihr Interesse an Religion wecken? Religionserschließung im konfessionslosen Kontext, am 12. 4. 2012 in Halle, zur Eröffnungstagung der Forschungsstelle Religiöse Kommunikations- und Lernprozesse, gedruckt in: MICHAEL DOMSGEN/FRANK-MICHAEL LÜTZE (Hrsg.), Religionserschließung im säkularen Kontext. Fragen, Impulse, Perspektiven, Leipzig 2013, 11–22.

Untersuchungen[65] eine vermeintliche und auch noch quasi-institutionalisierte Gruppenidentität oder eine konfessionslose Nicht-Kirche der unkirchlichen Ostdeutschen, die hingegen eher als »diffuse Abgrenzungsgemeinschaft«[66] zu betrachten ist. Theoretische Ansätze sollten wenigstens die erhebbaren und erhobenen Befunde einbeziehen und nicht eine Situation voraussetzen, die theoretisch nach bestimmten theologischen Vorstellungen so sein müsste, wenn nämlich Religiosität oder wenigstens Quasi-Religiosität als eine anthropologische Konstante betrachtet wird, die wegen ihrer Universalität auch auf die Bürger der ehemaligen DDR zutreffen muss.

Damit wird aber auch zugleich übersehen, wie tiefgehend die Verbindung zwischen sozialistischer Ideologie, Macht und marxistisch-leninistischer Wissenschaft über Generationen pädagogisch gewirkt hat, und zwar in einer ganz banalen, nach der Lesart Michel Foucaults aber kräftigsten aller möglichen Herrschaftsformen innerhalb der diskurssteuernden Achse Macht-Wissen-Ethik: der Wissenschaft.[67] Kaum etwas hat auf dem religionspolitischen Feld mehr gewirkt als die Feuerbach-Marxsche Religionsthese: dass nämlich Gott selbst nach dem Bilde des Menschen vom Menschen geschaffen worden sei, dass er nichts anderes als die vorwissenschaftliche und ganz unvernünftige Extrapolierung der inneren unbefriedigten Defizite des Menschen in einen Raum außerhalb der Produktionsverhältnisse sei, derjenigen Produk-

---

[65] Die Selbstorganisierung konfessionsloser Ostdeutscher in Weltanschauungs- und Atheistenvereinigungen auf dem Gebiet der ehemaligen DDR umfasst wenige tausend, wenn nicht heute sogar noch weniger Mitglieder. Vgl. die ältere Untersuchung von Andreas Fincke, Freidenker – Freigeister – Freireligiöse. Kirchenkritische Organisationen in Deutschland seit 1989, Berlin 2002 (EZW-Texte; 162), sowie die Beiträge in Andreas Fincke (Hrsg.), Woran glaubt, wer nicht glaubt? Lebens- und Weltbilder von Freidenkern, Konfessionslosen und Atheisten in Selbstaussagen, Berlin 2004 (EZW-Texte; 176). Bevor solche weitreichenden systematischen Thesen wie die W. Gräbs (Anm. 64) aufgestellt werden, wäre es für die weitere analytische Arbeit vonnöten, diese Texte wenigstens zur Kenntnis zu nehmen.

[66] So Helmut Obst, Konfessionslos! Eine neue Konfession?, In: Cyranka/Obst, Stadt (s. Anm. 63), 199–212, hier: 212.

[67] Vgl. Michel Foucault, Was ist Aufklärung? In: Eva Erdmann u. a. (Hrsg.), Ethos der Moderne. Foucaults Kritik der Aufklärung, Frankfurt a. M./New York 1990, 35–54, hier: 52; Andrea Hemminger, Kritik und Geschichte. Foucault – ein Erbe Kants?, Berlin/Wien 2004, 164; Jürgen Link, Warum Diskurse nicht von personalen Subjekten »ausgehandelt« werden. Von der Diskurs- zur Interdiskurstheorie, in: Reiner Keller u. a. (Hrsg.), Die diskursive Konstruktion von Wirklichkeit. Zum Verhältnis von Wissenssoziologie und Diskursforschung, Konstanz 2005, 77–99.

tionsverhältnisse nämlich, die den Menschen von sich selbst entfremdet und dadurch zur Erfindung Gottes und des Jenseits erst gebracht hätten. Religion an sich sei nichts anderes als, mit Engels gesprochen, die »phantastisch-verkehrte Widerspiegelung« von »Zusammenhängen der objektiven Welt«.[68] Es ist bemerkenswert, dass diese These in ihrer unübersehbaren Relevanz für den Osten in manchen aktuellen und westlich dominierten religionsgeschichtlichen Diskussionen nicht einmal mehr erwähnt wird,[69] gerade so, als würde der ostdeutsche Sonderfall nichts anderes als ignoriert werden können und als würde der SED-Staat mit seiner Weltanschauungsideologie nicht einmal unter historischen Gesichtspunkten noch legitim abgehandelt werden können.

Der zweite Teil der These, dass sich die Grundlagen der Religion bei revolutionärer Veränderung der Produktionsverhältnisse in der entwickelten sozialistischen Gesellschaft nach und nach und dann im Kommunismus gänzlich erledigt hätten, ist wohl im allerüberwiegenden Teil der Ost-Gesellschaft verschwunden, aber der erste Teil der Argumentation scheint geblieben zu sein: dass der Atheismus eine, vielleicht gar *die* wissenschaftliche Anschauung der Welt sei, dass Religion und Kirche insgesamt abergläubische, ausschließlich in Erziehung, Kultur und Ökonomie begründete Phänomene seien.

Gerade die Konnotation der beiden Signifikanten Aufklärung und Atheismus ist für die DDR-Kultur typisch. Selbst bei den weniger reflektierten Religionsgleichgültigen scheint diese Verschlagwortung tief verankert zu sein. Kant galt zuweilen als Begründer des wissenschaftlichen Atheismus.[70] Wenn Glaube und

---

[68] Eindrücklich dafür sind Schul- und andere Lehrbücher aus der DDR, so z.B. ERICH HAHN/ALFRED KOSING, Marxistisch-leninistische Philosophie geschrieben für die Jugend, hg vom Zentralrat der FDJ. Berlin (Ost) 1982, 164 (Zitat); ausführlicher: AUTORENKOLLEKTIV, Einführung in den dialektischen und historischen Materialismus, Berlin (Ost) ³1972, 444–447. Vgl. den knappen Überblick und die kritische Auseinandersetzung von RICHARD SCHRÖDER, Abschaffung der Religion? Wissenschaftlicher Fanatismus und die Folgen, Freiburg/Basel/Wien 2008, 182–186.

[69] Vgl. z.B. NORBERT SCHOLL, Religiös ohne Gott. Warum wir heute anders glauben, Darmstadt 2011². Hier werden im Abriss der Geschichte phänomenologischer Erhebungen lediglich genannt: F. Schleiermacher, R. Otto, C. G. Jung, S. Freud, M. Eliade, E. Fromm, H. Lübbe, Th. Luckmann, J. Habermas, E. O. Wilson, P. Tillich. Die östliche Perspektive fehlt auch im darstellenden Teil völlig.

[70] Der Ostberliner Aufbau-Verlag gab 1954, in der Phase einer sich verschärfenden und durchdachten Kirchenpolitik der SED, als ersten Band einer Philosophischen Bibliothek Kants *Träume eines Geistersehers* heraus. Im Vorwort wird behauptet, mit dieser Schrift

Kirche unter ›unaufgeklärt‹ oder ›unwissenschaftlich‹ rubriziert werden, dann kann darüber auch nicht mehr wie über ›relevante‹ Fragen diskutiert werden.

Die pseudowissenschaftliche Tabuisierung des Religiösen insgesamt verbindet sich in jüngster Vergangenheit mit neu-atheistischen Ansätzen aus westeuropäischen und US-amerikanischen Kontexten in Gestalt etwa von Richard Dawkins[71] oder Sam Harris,[72] die nicht sozialistisch konnotiert, sondern in einer Doppelbewegung den islamischen und christlichen Fundamentalismus geißeln und dabei selbst in die Nähe von Kombattanten im ›Kampf der Kulturen‹ geraten. Richard Schröder hat den Versuch unternommen, in einer populären Doppelfront den alten marxistisch-leninistischen Partei-Atheismus und den angloamerikanischen Neu-Atheismus zu attackieren. Es ist für die

---

habe die Aufklärung sich nicht nur der »offene[n] Dunkelmännerei« entledigt, sie habe sich auch daran gemacht, mit ihren theologischen Resten »ins Gericht zu gehen«. FRIEDRICH BASSENGE, Einleitung zu IMMANUEL KANT, Träume eines Geistersehers, erläutert durch Träume der Metaphysik, Berlin (Ost) 1954, 9. Mit anderen Worten: Theologie, Glaube und Kirche standen auf der Abschussliste einer im Kern einheitlichen Aufklärung, die nun von der SED in der Auseinandersetzung mit den Kirchen lediglich fortgeführt wird. Sie werden insgesamt unter den Begriff Aberglaube subsumiert. Das für manche DDR-Philosophen repräsentative Bild Kants als eigentlicher Begründer des wissenschaftlichen Atheismus ist gerade für die Moralphilosophie natürlich nicht haltbar. Selbst wenn man es streng auf die epistemologischen Möglichkeiten der (theoretischen) Gotteserkenntnis bezieht, wäre es durch Agnostizismus zu ersetzen.

[71] Vgl. RICHARD DAWKINS, Gotteswahn, Berlin [11]2011 ([1]2007; engl.: The God Delusion, Boston 2006).

[72] Vgl. etwa SAM HARRIS, Das Ende des Glaubens. Religion, Terror und das Licht der Vernunft, Winterthur 2007 (engl. The End of Faith. Religion, Terror and the Future [!] of Reason. London 2005); sowie DERS., Glück ohne Gott. Für unser Wohlergehen brauchen wir Menschen keine Religion: Der amerikanische Philosoph Sam Harris plädiert für eine weltliche Moral, in: Die Zeit 2013, Nr. 2 vom 3.1.2013, 48. Bemerkenswerterweise ist als Illustration zu Harris' Beitrag ein Bild von Wolfgang Mattheuer (1970, »Liebespaar«), dem Mitbegründer der sogenannten Leipziger Schule und Protagonisten des »Sozialistischen Realismus« in der DDR, abgedruckt. Das DDR-Thema taucht bei Harris sonst nicht auf. Es ist in diesem Zusammenhang daran zu erinnern, dass der Kern von »Aufklärung« im 18. gesamteuropäischen Jahrhundert auch von aktuellen westlichen Historikern und Philosophen in einer atheistischen oder monistisch-spinozistischen Bewegung erblickt wird, die aber zumeist und im Gegensatz zu Dawkins oder Harris über die Fachgrenzen hinaus im öffentlichen Diskurs eher wenig rezipiert werden. Vgl. repräsentativ etwa JONATHAN ISRAEL, Radical Enlightenment. Philosophy and the Making of Modernity 1650–1750, Oxford et al. 2003; WINFRIED SCHRÖDER, Ursprünge des Atheismus. Untersuchungen zur Metaphysik- und Religionskritik des 17. und 18. Jahrhunderts, Stuttgart [2]2011.

Situation seiner im Kontext der DDR entwickelten Theologie bezeichnend, dass er an vielen Stellen darauf verzichtet hat, der Benachteiligungs- und Verfolgungssituation der Kirchen des Ostens zu entrinnen. Auf diese Weise wird aus der DDR-Erfahrung apologetisches Kapital gegenüber den neuen Fronten geschlagen.[73] Denn diesen antikirchlichen oder neuatheistischen Fronten ist eine suprahistorische Parallelität zu den weltanschaulichen real-sozialistischen Unrechtsstaaten nur dann unterstellbar, wenn Religionskritik pauschal aus ihren politischen Bezügen und den Machtapparaten entkon-textualisiert und als Wesenseinheit behauptet wird, ob sie nun im freien de-mokratischen Diskurs als eine Position unter anderen vorgetragen oder in diktatorischen Systemen totalitär in der Bevölkerung verbreitet wird. Apolo-getische Theologie muss sich dann zwangsläufig einer im Ursprung unge-schichtlichen essenziellen Antichrist-Figur entgegenstellen, der überall mit gleichen Argumenten und Zielen geantwortet werden muss. Die Chancen ei-nes in demokratischen Rahmenbezügen führbaren offenen Gesprächs würden durch einen solchen Abwehrkampf, bei dem historische Kontexte schlichtweg vertauscht werden, womöglich vertan. Die DDR-Situation würde, indem sie nach mehr als zwanzig Jahren nicht nur memorial, sondern auch mit aus ihr erhobenen und gleichsamen immerwährenden theologischen Geltungsan-sprüchen iteriert wird, zwischen die neuen Fronten geschoben.

Unabhängig von der Frage, inwieweit der Entkonfessionalisierungsschub durch den SED-Staat bewirkt oder tatsächlich katalytisch vorangetrieben wor-den ist und inwieweit die Identitätskonstruktion des nichtreligiösen Ost-deutschen gegenüber dem religiösen oder für religiös gehaltenen Westdeut-schen den Effekt dieses Katalysators noch forciert hat, wäre als Frage aus diesem Zusammenhang zu erheben: Sind die epistemologischen Grenzen des wissenschaftlichen Geltungsbereichs und die Verbindung von Wissen-schaft und Macht gegenüber religiösen Wirklichkeitserklärungen und Praxen transparent oder überhaupt erkennbar? Wie könnte es gelingen, durch die Offenlegung dieser Grenzen rationale Vorbehalte bei den Menschen des Ostens zu beseitigen, die schon das religiöse Fragen gleichsam a priori als ›vorwissenschaftlich‹ verunmöglichen? Die Infragestellung dieser alten staats-ideologischen und neuen kulturkämpferisch behaupteten Barrieren wäre nicht als missionarische Vorarbeit zu begreifen, sondern als diskursive Öffnung, bei der rationale Vorbehalte gegenüber religiösen Denkmöglichkei-ten und Praxen fallengelassen würden. Eine solche Aufgabe entspräche einem

---

73 Vgl. SCHRÖDER, Abschaffung (s. Anm. 68), 10–23 passim.

Mündigwerden gegenüber den einstmals vom SED-Staat fixierten ideologischen Barrieren.

4 *Homo areligiosus* und kontextuelle Theologie

Von der Beobachtung ausgehend, dass sich langanhaltende Wirkungen atheistischer Propaganda in der ostdeutschen Bevölkerung mit heutigen, gegenüber Staats- und Kulturchristentümern emanzipatorischen Neu-Atheismen vermengen, wäre die Frage zu stellen, ob und inwieweit sich theologische Arbeit konzeptionell an diesem Kontext orientiert, der für Ostdeutschland auch dann typisch bleiben dürfte, wenn die westlichen Kirchentümer dem Trend weiteren Schwundes unterliegen sollten. Was bedeutet das Wissen um den nicht nur kirchen-, sondern auch religionslosen Menschen für die Theologie? Offenbar besitzt der Durchschnittsostmensch eine dreifache Barriere oder einen dreifachen Komplex gegenüber dem Kirchlichen: a) eine hybride ideologisch-wissenschaftliche Barriere, die rational und übergenerationell antrainiert worden ist und im wesentlichen die anderen beiden Barrieren dirigiert, b) eine pekuniäre Barriere, die für die allermeisten während und in den Jahren kurz nach der DDR mit ihrem Kirchenaustritt (aus der katholischen *und* evangelischen Kirche)[74] aufgerichtet worden ist, und c) eine existenzielle Barriere, die religiöse Fragen aus dem Alltagshorizont heraushält und zu ›Unfragen‹ macht.

Davon abgesehen, dass die Kirchenzugehörigkeit und die in Umfragen erhebbare Gottgläubigkeit nach 1990 noch einmal stark gesunken ist, unterscheidet sich die Situation der (nicht mehr ganz, aber immer noch) neu-bundesdeutschen Gesellschaft qualitativ nicht von der DDR. Natürlich ist zu berücksichtigen, dass es keine Staatsideologie und damit auch keine feindliche »Obrigkeit« mehr gibt, die das Verhältnis zwischen Kirche und Gesellschaft auf verschiedenen Ebenen so zu beeinflussen versucht, dass beide auseinanderdividiert werden.

---

[74] Nach 1990 sind nach einem Bericht von Michael Domsgen Kirchenaustrittserklärungen in dieser Weise schriftlich verfasst worden: »Hiermit trete ich aus der katholischen und evangelischen Kirche aus.« Vgl. Kirche in Ostdeutschland. DDR-Erbe: Das schwere Kreuz mit der Gottlosigkeit, in: Focus Online, http://www.focus.de/politik/deutschland/ mitten-im-osten/kirche-in-ostdeutschland-ddr-erbe-das-schwere-kreuz-mit-der-gottlosig- keit_aid_836379.html (Stand: 25. 4. 2013).

Aber weitestgehend ist, und zwar trotz über wenige Wochen hinweg gefüllter Kirchengebäude im Herbst 1989, Kirche in der Ostgesellschaft wie ein fremder Faktor geblieben, was nicht heißt, dass dieser Faktor außerhalb der Gesellschaft in einem diskursfreien Raum bestünde und keinen Einfluss auf ihre Prozesse habe. Trotz der minoritären Gestalt der Kirche (und der Religion) ist es unumgänglich, dass – auch nichtkirchliche – Gesellschaft und Kirche gegenseitig Einflüsse aufeinander ausüben, unabhängig von der privilegierten Position der beiden früheren »Groß«-Kirchen.

Wenn die Frage nach der Kontextualität der theologischen Konzepte gestellt wird, mit der auf den *homo areligiosus* zugegangen wird – hilft der Blick auf in der DDR entwickelte Theologien weiter, die, abgesehen von den genannten Differenzen, eine im Grundansatz ganz ähnliche, nämlich kirchenferne Gesellschaft vor Augen hatten? Diese Erinnerung möchte keine rückwärtsgewandte, gleichsam ›ostalgische‹ Repristinierung von Kontexten sein, die in der Geschichte selbst zur Geschichte geworden sind. Es ginge vielmehr um theologische Konzepte, die die Andersartigkeit, die Nichtreligiosität oder wenigstens die geringe religiöse Ansprechbarkeit des Menschen der Umgebungsgesellschaft klar vor Augen hatten und diesen Blick unbedingt als Ausgangsbasis des kirchlichen Handelns ansahen. Nicht die Hoffnung auf eine von selbst laufende Reorganisation der gegenüber anderen Religionsgemeinschaften privilegierten Volkskirche, die in den Jahren nach dem Anschluss an das Gebiet des Grundgesetzes gehegt worden sind, waren hier leitend, sondern die Akzeptanz einer Situation, die als solche gerade nicht hingenommen, sondern als Handlungsort und -auftrag begriffen worden ist.

In den von der Königsherrschaft Christi[75] her entworfenen theologisch-strategischen Positionen Johannes Hamels seit den späten 1950er Jahren ist

---

[75] Anders als vorschnelle Interpretationen oder besser gesagt: Umdeutungen der sog. Zwei-Reiche-Lehre als Zwei-Regimenten-Lehre (so etwa durch WILFRIED HÄRLE), die implizit auf eine tendenzielle Gleichsetzung mit der Lehre von der Königsherrschaft Christi hinauszulaufen scheinen, sind gerade vor dem Hintergrund der DDR-Erfahrung bereits 1980 nachdrücklich solche Identifizierungen zurückgewiesen worden. Die Regimenten-Lehre treffe, so die Ergebnisse eines theologischen Gesprächs von 1980, keinesfalls den »viel umfassendere[n] Charakter« der Zwei-Reiche-Lehre. Ferner wurde auf die angemessene Ergänzung der zwei Reiche durch das dritte, die beiden anderen Reiche durchdringende »Reich des Teufels« bei Luther hingewiesen. Auch vor einer Übertragung der Unterscheidung zwischen Gesetz und Evangelium auf die beiden Reiche wurde gewarnt. Die Autoren legten ihr Augenmerk demgegenüber auf eine fruchtbare Komplementierung und dabei dennoch Unterscheidung beider Konzepte. Vgl. JOACHIM ROGGE/HELMUT ZEDDIES (Hrsg.), Kirchengemeinschaft und politische Ethik. Ergebnis eines theologischen Gespräches zum

dies klar formuliert: die bewusste Annahme, aber nicht unkritische Anpassung an die gesellschaftliche Situation, die Absage an die innere Emigration, die Warnung, sich auf den Staat – in der Situation von 1957: auch nicht als Gegner – zu fixieren oder politischer Parteigänger zu sein.[76] Gerade die *Zehn Artikel über Freiheit und Dienst der Kirche* von 1963 warnen vor ideologischer Anpassung.[77] Sie bejahen das Engagement für die Erhaltung des Lebens und wenden sich zugleich gegen die geforderte Bindung an den Atheismus und gegen die »Ideologisierung der Wissenschaft«. Dafür stellen sie die christliche Verkündigung und den Mitmenschen mit seinem Recht auf Glaubens- und Gewissensfreiheit ins Zentrum der Aufmerksamkeit. Signifikant ist ihre Sicht von Kirche und deren Rechtsansprüchen. Wenn Kirche für ihr Recht eintrete, dann im Interesse der »Freiheit der Verkündigung und des Dienstes«. Aus der alleinigen Verpflichtung auf den »Auftrag des Herrn« sei sie in »keiner geschichtlichen Lage« entlassen. Es laufe auf »Unglauben« hinaus, wenn Kirche »überlieferte Vorrechte lediglich um ihrer selbst willen« behaupte oder ihrer Ordnung das zutraue, »was allein Wirkung des Heiligen Geistes sein kann«. Diese Fokussierung auf den Verkündigungsauftrag, nicht die Sorge um die eigene Institution bestimmt den Duktus der *Zehn Artikel*: wenn Jesus Christus, nicht die »Weltrevolution« und nicht der »neue Mensch in der neuen Gesellschaft« es sei, der mit seinem Sieg die »Hoffnung der Kirche« ausmache, dann brauche es keine »falsche Aktivität«, es sei aber auch möglich, die »Leiden dieser Zeit geduldig« zu ertragen. Diese kulturkritische Perspektive wäre, auch im Blick auf aktuelle soziale und anthropologische Perfektibilitätsvorstellungen, wenigstens darauf zu prüfen, inwieweit sich kirchliches Handeln und theologische Programme an solchen sozialpolitischen Projekten oder am zeitgenössischen Mitmenschen und dem an Christus gebundenen Auftrag orientieren.

Verhältnis von Zwei-Reiche-Lehre und Lehre von der Königsherrschaft Christi, Berlin (Ost) 1980, 14, 20, 22, 50; WILFRIED HÄRLE, Luthers Zwei-Regimenten-Lehre als Lehre vom Handeln Gottes. In: Marburger Jahrbuch. Theologie I (Marburger Theologische Studien; 22), Marburg 1987, 12–32.

[76] So die Zusammenfassung von MAU, Protestantismus (s. Anm. 21), 70. Zugleich widerspricht Mau POLLACKS (Kirche, s. Anm. 10, 164) Vermutung, Hamels Position sei nichts anderes als »theologisch verbrämte[r] Opportunismus«. JOHANNES HAMEL, Christ in der DDR, Berlin (West) 1957 (1960⁶).

[77] Sie sind in der DDR nicht gedruckt worden, sondern enthalten in: Kirchliches Jahrbuch für die Evangelische Kirche in Deutschland 90 (1963), 181–185, zusammengefasst bei MAU, Protestantismus (s. Anm. 21), 83.

Die wegen Beteiligung von sozialismusaffinen Autoren, vor allem des Ostberliner Systematikers Hanfried Müller, innerkirchlich schon zeitgenössisch sehr kritisch betrachteten *Sieben Theologischen Sätze* des Weißenseer Arbeitskreises, die damals ausgerechnet gegen die *Zehn Artikel* entworfen worden waren, enthalten gleichwohl bedenkenswerte Anregungen, die auf einem ganz ähnlichen theologischen Fundament entwickelt worden sind.[78] Nicht um die Kirche, sondern um den »selbstlosen« Dienst an der Welt und an dem Mitmenschen gehe es. Kirche werde »Gottes Wort« nicht zu schützen versuchen, sondern »einfältig ihren Auftrag erfüllen und leben«.[79] Wo ihre rechtlichen Möglichkeiten beschnitten würden, werde sie »furchtlos« neue Wege suchen. Nicht ihre Ordnung begründe den Auftrag der Kirche, sondern der Auftrag die Ordnung, ja die Kirche werde sich »Eingriffen von außen in ihre Ordnung nicht entgegenstellen« und auch die »Rechtsgestalten ihrer Ordnung ändern«, wenn ihr Auftrag durch sie behindert werde. Auf diese Weise werde sie davor »bewahrt, in Situationen zu geraten, in denen sie bestochen oder erpreßt werden könnte«. Ohne Errichtung einer »christlichen Front« sei der »nichtchristlichen Gesellschaft [...] hilfsbereit und besonnen«, nicht »ängstlich oder gehässig« zu begegnen. Wie die *Zehn Artikel* betonten die *Sieben Sätze* das »Kreuz Jesu Christi« als Zentrum kirchlicher Hoffnung und Ausgangsort kirchlichen Dienstes, aber auch in »Erwartung einer heilen Welt«. Was 1963 gegen jedweden politisch-oppositionellen Einfluss der Kirchen gerichtet und deshalb von der SED-Spitze auch gewünscht war, wäre heute daraufhin zu befragen, inwieweit Kirche selbst oder das Ziel der Verkündigung für ihr Handeln leitend sind. Kirche, so betonen die *Artikel* und die *Sätze* gleichermaßen, hat zu dienen und nicht zu herrschen und gesellschaftliche Positionen gerade nicht zu ihrem Handlungszentrum zu machen.

Schließlich wäre das prominent von Heino Falcke stark gemachte, von Dietrich Bonhoeffer abgeleitete Konzept »Kirche für andere«[80] bedenkenswert,

---

[78] Kirchliches Jahrbuch 90 (1963), 194–198; kommentierte Zusammenfassung bei MAU, Protestantismus (s. Anm. 21), 83 f.

[79] Satz 1 fordert in der für Hanfried Müller typischen Manier zugleich, die Kirche müsse sich selbst verleugnen, wenn sie die Welt lieben wolle. Schließlich habe Gott sich in Jesus Christus »selbst verleugnet und die Welt geliebt«. Diese gleichzeitige Selbstverleugnung und Liebe zur Welt gebe Gott der Kirche »in allen Gesellschaftsordnungen«. Kirchliches Jahrbuch (s. Anm. 77), 195.

[80] Vgl. HEINO FALCKE, Christus befreit – darum Kirche für andere. Hauptvortrag bei der 4. Tagung der I. Synode des Bundes der Evangelischen Kirchen in der DDR in Dresden

auch wenn damals in erster Linie der Einsatz für entrechtete Randgruppen unter der Diktatur der Partei der Arbeiterklasse gemeint war. Haupttenor war die Befreiung zum Dienst und die – immer kritische – Solidarität mit der Gesellschaft.

Wenn ich diese Punkte hier erwähne, dann weil es sich um theologische Konzepte handelt, die nicht das Überleben der Kirche, sondern in einer zunehmend kirchenabgewandten bis -feindlichen Gesellschaft die christliche Verkündigung und den christlichen Handlungsauftrag als Zeugnis und Dienst in den Mittelpunkt stellen. 1971 sprach der Magdeburger Bischof Werner Krusche ausdrücklich davon, Kirche dürfe in den Konflikten der Welt niemals selbst Partei werden, sie müsse aber Partei ergreifen. Und er fasste den ekklesiologischen Tenor der genannten Ansätze mit der Warnung zusammen, dass eine Kirche, indem sie »überleben will, [...] überlebt« sei.[81] »Indem« Königsherrschaft Christi, so eine theologische Studie von 1980, als »Herrschaft des Gekreuzigten verstanden« werde, sei es »den Kirchen verwehrt, für sich selbst Macht zu beanspruchen«. Sie werden im Gegenteil nicht zu herrschen, sondern zu dienen bestrebt sein und sich derer annehmen, »die der Macht oder Willkür anderer wehrlos ausgesetzt sind«.[82]

Welche textuelle und intentionale Reihung liegt in heutigen kirchlichen Konzepten vor? Welche Rolle spielt das Wort von Zeugnis und Dienst in einer konfessionslosen Gesellschaft, wo der Dienst als Diakonie[83] unhintergehbarem und weiter wachsendem Professionalisierungsdruck und Ökonomisierung ausgesetzt ist und das Zeugnis sich nicht auf ein religiöses Elementarvokabular in der Gesellschaft stützen kann, sondern vor den drei genannten Barrieren steht? Kann es fruchtbar gemacht werden, dass die Haltung kritischer Solidarität damals davon ausging, dass eine Synthese von Kultur, Recht, Staat, Religion/Kirche eben nicht vorlag? Wird heute nicht erneut und nach wie vor – theologisch und kirchlich – eine solche Synthese entgegen allen aktuellen Trends quasi-freikirchlicher Institutionalität ange-

---

vom 30. Juni bis 4. Juli 1972, in: Demke u. a., Anpassung (s. Anm. 20), 14–33, vgl. dazu auch Mau, Protestantismus (s. Anm. 21), 110f.

[81] Werner Krusche, Diener Gottes, Diener des Menschen. Referat auf der Vollversammlung der KEK 26. 4.–3. 5. 1971 in Nyborg, in: Kirchliches Jahrbuch für die Evangelische Kirche in Deutschland 98 (1971), 355–364.

[82] Rogge/Zeddies (s. Anm. 75), 18 sowie 27.

[83] Weiterführend und unter besonderer Berücksichtigung des ostdeutschen Kontextes Peter Georg Albrecht, Professionalisierung durch Milieuaktivierung und Sozialraumorientierung? Caritas-Sozialarbeit in der Entwicklung, Wiesbaden 2008, besonders 11–21.

strebt und der Fall des Ostens als Abweichung der erwünschten Regel betrachtet?

Entscheidend wird dabei nicht nur bleiben, inwieweit die Selbstsorge geschweige Restitution von Kirche ihr Handeln bestimmt. Ebenso entscheidend wird die theologisch-anthropologische Grundentscheidung sein, ob die Areligiosität des überwiegenden Teils der ostdeutschen Bevölkerung anerkannt oder als Ausnahme von der Regel des *per se* für religiös gehaltenen Menschen angenommen wird, dem das »Gefühl schlechthinniger Abhängigkeit«[84] im Sinne Schleiermachers eignet. Wird das exemplarische Selbstzeugnis des durchaus kirchenfreundlichen Leipziger Autors Erich Loest, nicht Atheist, sondern *Un*theist,[85] offenbar im Sinne der religiösen Unmusikalität Max Webers, zu sein, anerkannt oder als eine falsche Selbsteinschätzung qualifiziert, weil sie theologischen Prämissen entgegensteht? Wittgensteins Einsicht, dass eine erkennbare außersprachliche Wirklichkeit auf der Ebene der Erfahrung, eines Erlebnisses oder eines Gefühls, das Sprache konstituieren würde, nicht sprechbar ist,[86] und die davon ableitbare Kritik an der axiomatisch in die Prolegomena kulturprotestantischer Dogmatiken gesetzte anthropologische Begründung von Religion im Sinne Schleiermachers scheint durch den *homo areligiosus* gleichsam empirisch bestätigt worden zu sein – durch einen nicht religiösen Menschen nämlich, der sich nicht oder nur dann als defizitär empfindet, wenn ihm dieses Defizit als Mangel, nämlich als Abwesenheit von Fülle aufgedrängt wird. Wird dieser (Ost-) Mensch aber weiterhin als *homo religiosus* betrachtet, der sozusagen sein Wesen verfehlt, muss er für substantiell defizitär gehalten werden. Man müsste versuchen, auf der Basis dieses weder empirisch, noch metaphysisch klar belegbaren oder evidenten Defizits eine nachträgliche Religionisierung zu betreiben. Dies wäre nichts anderes als die Entsprechung des genannten Versuchs einer Restitution der Volkskirche nach 1990. Die institutionelle und anthropologische Grundlegung beider Versuche würde die Faktizität des sich selbst (in der Regel) nicht defizitär empfindenden Menschen in einer kirchenfremden Gesellschaft in Ab-

---

[84] Diese Figur ist durch die früher nachweisbare Behauptung einer »Empfindung unserer gänzlichen Abhängigkeit von Gott« durch Johann Joachim Spalding zu ergänzen, vgl. ALBRECHT BEUTEL, Frömmigkeit als »Empfindung unserer gänzlichen Abhängigkeit von Gott«. Die Fixierung einer religionstheoretischen Leitformel in Spaldings Gedächtnispredigt auf Friedrich II. von Preußen, in: ZThK 106 (2009), 177–200.

[85] Zitiert bei TIEFENSEE, Homo areligiosus (s. Anm. 47), 208 f. Loests Sohn hat Theologie studiert.

[86] Vgl. WITTGENSTEIN, Untersuchungen (s. Anm. 57), 390–395 (Nr. 244–263).

rede stellen oder schlicht ignorieren. Demgegenüber würde, sofern sich Kirche in staatlich privilegierter gesellschaftlicher Position befindet, eine hegemoniale Identifikation herbeizuführen versucht, indem danach gedrängt würde, die ehedem gespaltene Repräsentation des nichtreligiös/nichtwestlichen Ostdeutschen zu dekonstruieren, um sie hernach durch das axiomatisch von Schleiermacher abgeleitete Bild des *homo religiosus* zu ersetzen. Das mag im Einzelfall gelingen, wenn ein Defizit empfunden oder erfolgreich in den Partner, der dann Missionsobjekt im klassischen Sinne wäre, implementiert wird. Aus der Perspektive der von Daniel Cyranka[87] beschriebenen einseitigen Missionierung als Transmission eines Inhalts auf ein Objekt liefe die Zuschreibung eines Defizits auf die Schaffung eines Mangels oder einer Leere hinaus, die dann mit einem zu setzenden Inhalt gefüllt würde. Eine solche Füllung wäre nichts anderes als ein hegemonialer Akt.[88] Er liefe überdies auf die theologische Nichtanerkennung der Situation hinaus, die wie beschrieben mehrfach gebrochen ist und vom Spiel der Achsen Macht-Wissen-Ethik figuriert wird.

In dem von Eberhard Tiefensee schon vor Jahren als Gespräch monierten ›heißen Pluralismus‹ in der Ökumene hätte Mission im klassischen Sinne von Transmission keinen Platz. Vielmehr ginge es darum, in diesem Gespräch im Rahmen einer ›Ökumene der dritten Art‹ die Positionen wechselseitig zunächst anzuerkennen und so zur Disposition zu stellen, dass eine kommunikative Offenheit angesteuert wird, deren Ausgang den Gesprächspartnern während des Gesprächs unbekannt bleibt.[89] In einer solchen Kommunikation bestünde nicht die oben zitierte Sorge um die Existenz von Positionen und Institutionen, das Wort des Evangeliums würde von diesen Sorgen freigestellt. In einem solchen Gespräch wäre auch nicht mit dem Widerstand – oder der Gleichgültigkeit – eines substanziell defizitär angesehenen Menschen zu rechnen, der empört auf den Verdacht reagierte, er könne sich den Sinn des Lebens nicht erschließen, sei moralisch instabil und besitze »keine verlässliche Orientierung für ein erfülltes Leben«.[90] In einem Gespräch auf dem Niveau

---

[87]   Siehe seinen Beitrag in diesem Band.

[88]   Vgl. ERNESTO LACLAU, Was haben leere Signifikanten mit Politik zu tun? In: Mesotes 4 (1994), 157–165, hier: 164.

[89]   TIEFENSEE, Homo areligiosus (s. Anm. 47), 213–215 [Hervorhebung bei Tiefensee].

[90]   Leserbrief von Dr. DIETMAR WEIDER »Zu ›Haseloff hält Kanzelrede‹, in: Mitteldeutsche Zeitung vom 18. April 2013. Hier zitiert Weidner die drei genannten Thesen des der römisch-katholischen Kirche angehörenden Ministerpräsidenten (und gedienten Bausoldaten) Sachsen-Anhalts, Reiner Haseloff (CDU), und kommentiert: »Genau in dieser Urteils-

der »Ökumene der dritten Art« würde ein »dritter« Raum geöffnet, in dem sich die Kommunikanten nicht mit der Voraussetzung unveränderlicher Identitäten begegnen. Mit dem von Tiefensee angeregten Konzept würde überraschenderweise der poststrukturalistisch-diskurstheoretischen Einsicht Rechnung getragen, dass Identitäten nicht *per se* festgelegt, sondern recht eigentlich dynamische, »fluide« Positionierungen sind. Darüber hinaus würde dem Imperativ evangelischer Freiheit entsprochen: Das in der Historizität unerbittlicher Notwendigkeiten und Zwangsläufigkeiten verharrende Subjekt ist gerufen, sich nicht durch erneute historische Kontexte begrenzen und normieren zu lassen, sondern sich in einen stets geöffneten Raum angstfreier Kommunikation zu begeben – wissend um die Historizität der eigenen historischen Prägungen,[91] aus der der Glaube an den aus der Historizität Auferstandenen befreit.

5 KIRCHE UND STAAT

Bereits 1992 hat Trutz Rendtorff die Frage-These aufgestellt, ob man die DDR-Kirche nicht als »unter sozialistischen Bedingungen neu aufgelegtes Staatskirchentum« verstehen könne, in der es um ein »inniges Zusammenarbeiten im Interesse des DDR-Gemeinwohls, bei dem unter der formal geltenden Trennung von Kirche und Staat gerade diese Zusammenarbeit auf dem informellen Weg in vielleicht hohem Maße notwendig war«.[92] Man wird diese These aus verschiedenen Gründen erheblich modifizieren müssen, nicht nur wegen der phasenweise angestrebten Liquidierung der Kirche(n) in der DDR, sondern auch wegen der heterogenen Zusammensetzung der einzelnen Landeskirchen, Kirchenleitungen und Gemeinden. Aber trotz der unter Punkt drei genannten *Zehn Artikel* und *Sieben Sätze* ist für das Verhältnis Staat – Kirche

---

überheblichkeit, die letztlich allen Religionen zu eigen ist, sind seit ihrer Entstehung die schlimmsten Feindschaften entstanden und ausgetragen worden. Ich achte jeden Christen, solange er nicht versucht, mich in die Ecke zu stellen.«

[91]　Nach Bhabha führen Hybridität und Mimikry zum »Verblassen der Identität und ihrem fingierten Einschreiben« in die Position des anderen. Die »Logik des Supplements« endet aber nicht in »Geschichtslosigkeit«. HOMI K. BHABHA, Fanon (s. Anm. 54), 83, 85.

[92]　Vgl. TRUTZ RENDTORFF (Hrsg.), Protestantische Revolution? Kirche und Theologie in der DDR. Ekklesiologische Voraussetzungen, politischer Kontext, theologische und historische Kriterien; Vorträge und Diskussionen eines Kolloquiums in München, 26.–28. 3. 1992, Göttingen 1993, 242.

natürlich erkennbar, dass Kirche in der DDR mit dem Recht »ihrer« Christen stets ihr eigenes Recht eingeklagt und sich stets in einer Lage bewegt hat, in der sie entrechtet oder minderberechtet war. Das hat damals ihre Attraktivität in kirchenfernen oder kirchenperipheren, ebenfalls aber minderberechteten Gruppierungen erhöht. Als nach dem Ende der DDR Rechtssicherheit hergestellt wurde, ging nicht nur diese Solidarität der Minderberechteten zu Ende, es wurden nun auch die staatskirchenrechtlichen Fundamente des Westens übernommen. Durch den Anschluss an die EKD verbanden sie sich mit der Erfahrung jahrzehntelanger Minderberechtung. An die Stelle der eigenen Erfahrung rückten die nun wiedererlangten, als naturgegeben angesehenen und privilegierten Rechte. Die Konsequenzen der Einheit Deutschlands für die kirchliche Vereinigung wurden nach 1989 durchaus theologisch als Effekt göttlichen Wirkens in der Geschichte überhöht[93] – als Pendant zu der theologisch affizierten Rede von der »Protestantischen Revolution«.

Inwieweit wirkte und wirkt die DDR-Geschichte als Grundlegung einer Wiedergutmachungsnarrative nach der Benachteiligungserfahrung? Verharrt die schon damals wie auch jetzt minoritäre Kirche des Ostens im einstmals missachteten Privileg der Bevorzugung durch den Staat? Und erschöpft sich in diesem nach wie vor – und noch – erfüllten Bedürfnis nach rechtlicher und privilegierter Verankerung auch die Präsenz von Kirche? In welchem Verhältnis steht der Zeugnis-Auftrag zum privilegierten Rechtsstatus? Es steht außer Frage, dass die Übertragung der in der majoritär kirchlichen Gesellschaft des Westens herrschenden Staat-Kirche-Regelungen auf die kirchlich-minoritäre Ost-Gesellschaft als anachronistisch und teils als feindliche Übernahme empfunden worden ist. Schon im Vorfeld der von führenden Kirchenvertretern unterstützten und desaströs gescheiterten Berliner Volksabstimmung »Pro Reli« warnte der Professor für Öffentliches Recht und Rechtsphilosophie Bernhard Schlink die Kirche(n) nachdrücklich davor, ihren missionarischen Auftrag mit rechtlichen Mitteln durchzusetzen.[94] Die Beob-

---

[93] Noch 1994 betrachtete der langjährige Präses der Synode der Kirchenprovinz Sachsen, (1990) Vizepräsident der ersten freigewählten Volkskammer der DDR und (ab 1994) SPD-Ministerpräsident von Sachsen Anhalt die kirchliche – nicht die politische – Situation so: »Diese neugewonnene Gemeinsamkeit ist ein Geschenk Gottes.« Reinhard Höppner, Es gilt das gesprochene Wort. Grußwort an die 5. Tagung der VIII. EKD-Synode im November 1994, in: Die Zeichen der Zeit. 49 (1995), Heft 2, 56 f., Zitat: 56.

[94] Vgl. Bernhard Schlink, Die Kirchen haben schon verloren, in: Frankfurter Allgemeine Zeitung vom 15. 1. 2009, abrufbar unter http://www.faz.net/aktuell/politik/inland/f-a-z-gastbeitrag-die-kirchen-haben-schon-verloren-1754303.html (Stand: 18. 4. 2013).

achtung, dass die Konfessionslosigkeit heute in den Ländern am höchsten ist, wo die Kirchen dem Staat am nächsten waren, ob nun als politischer Gegner unterdrückt, vereinnahmt und korrumpiert (Tschechien) oder als Staatskirche (Schweden) privilegiert – gibt Schlink vollauf recht. Kann man eine distanzierte oder gleichgültige Bevölkerung mit Rechtsargumenten gewinnen? Was würde geschehen, wenn die Privilegien oder auch der innerdeutsche Finanzausgleich wegfallen würde? In Sachsen-Anhalt wird seit März/April 2013 von der Landesregierung, der mehrere Christen und zwei Theologen angehören, von den einzelnen Ministerien offen gefordert, die staatlichen Zahlungen an die Kirchen auf den Prüfstand zu stellen.[95] Bevor kirchlicherseits unerwünschte politische Entscheidungen getroffen werden und ohne damit Präjudikationen hervorrufen zu wollen – müssten nicht solche Szenarien gerade auch auf denkbare positive Effekte diskutiert und nicht länger ignoriert werden? Es ginge dabei nicht nur um eine womöglich nachgeholte pragmatische Reaktion. Gerade im Kontext zu dem oben problematisierten Verhältnis zwischen Selbstsorge und Verkündigungsdienst wären neue, vielleicht unerwartet fruchtbare Denkrichtungen beschreitbar.

6 Kirche als Institution(en): Apparat und Basis

Dass die Kirchen seit dem 19. Jahrhundert an einer Zentralisierung von Institutionen und an überregionalen und überkonfessionellen Zusammenschlüssen gearbeitet haben, ist natürlich eine Tradition, die nicht auf die DDR reduziert werden kann. In der DDR lag das Interesse an starken überregionalen Kirchenbünden, der Vereinigten Evangelisch-Lutherischen Kirche in der DDR (VELKDDR), dem Bund der Evangelischen Kirchen in der DDR (BEK) und dem Spezialfall der Evangelischen Kirche der Union-Ost (EKU-Ost), sicherlich auch daran, als Kirche gegenüber dem SED-Staat möglichst mit einer Stimme zu sprechen, um kräftig gehört zu werden. Nicht zuletzt deshalb war der BEK nicht im Sinne der SED und genau aus diesem Grund verhinderte der maß-

---

[95] Vgl. KAI GAUSELMANN, Praller Klingelbeutel in Sachsen-Anhalt, in: Mitteldeutsche Zeitung vom 1. 4. 2013; einen Monat zuvor hatte die Linkspartei im Magdeburger Landtag einen entsprechenden Antrag auf Überprüfung und Überarbeitung der staatskirchlichen Vereinbarungen aus den 1990er Jahren angekündigt, vgl. HENDRIK KRANERT-RYDZY, Linke will Kirchen ans Geld, in: Mitteldeutsche Zeitung vom 9. 3. 2013, sowie RALF BÖHME, Zahlungen als Ausgleich für Enteignungen, in: ebd., vom 6. 4. 2013; Sachsen Anhalt: Zuschüsse überprüfen, in: Glaube und Heimat vom 7. 4. 2013, 2.

geblich vom Staat geförderte Thüringer Sonderweg lange Zeit eine einheitliche Stimme.[96] Mit dem Ende der DDR ist der BEK in die EKD so eingegangen, dass aufgrund eines Gutachtens des Tübinger Kirchenrechtlers Martin Heckel die Mitgliedschaft der Landeskirchen auf dem Gebiet der ehemaligen DDR in der EKD lediglich reaktiviert und – genauso wie im Falle der beiden deutschen Staaten – auf ein Zusammenwachsen beider Institutionen verzichtet worden ist.[97] Die wiedervereinigte EKU vergrößerte sich zur UEK, die VELKD ist zusammengewachsen. Trotz schon damals vorhandener Stimmen, die vor einem allzu schnellen Beitritt warnten und den mangelnden Reformwillen der West-EKD als Grund ansahen,[98] wird diese Zentralisierung und Konzentration kirchlichen Handelns auf institutionelle Unifizierungen bis in unsere Tage als Erfolgsgeschichte[99] angesehen.

Bereits in der DDR drifteten die Bestrebungen nach überregionaler und landeskirchlicher Institutionalität und die Interessen an der Kirchenbasis auseinander. Die zuweilen konspirativ erscheinenden Geheimverhandlungen zwischen Kirchenfunktionären und Staatsfunktionären wurden nicht erst nach 1990 misstrauisch betrachtet, und zwar von Gemeinden und vor allem von den kirchlich-alternativen Gruppen. Unabhängig von der DDR-Geschichte, die den Hang zu Zentralität und Institutionalität weiter gefördert hat, wäre nach dem Verhältnis zwischen den Ämtern und der Basis zu fragen. Aus welchem Grund überhaupt soll es gut und richtig sein, ein Hauptaugenmerk kirchlicher Tätigkeit auf die Vergrößerung, damit zwangsläufig einhergehend: Hierarchisierung und Veramtung, von Kirche zu legen, wo doch auf der anderen Seite die Basis ständig schrumpft?

Die problematischen Erfahrungen mit »Kirche von unten« im Hiatus zu »Kirche oben« wären nicht nur im Blick auf Finanzverteilungen in bloße Leitungs- und Verwaltungseinheiten zu betrachten, sondern eben angesichts des »eigentlichen« kirchlichen Lebens »unten« gegenüber einer öffentlichen

---

[96] Vgl. dazu Christian Dietrich, Die Gründung des Bundes der Evangelischen Kirchen in der DDR 1968/69, in: Seidel, Jahre (s. Anm. 17), 23–34; sowie Mau, Protestantismus (s. Anm. 21), 92–108; Besier, Vision (s. Anm. 12), 21–60.

[97] Vgl. Martin Heckel, Die Vereinigung der evangelischen Kirche in Deutschland. Tübingen 1990; Überblick bei Mau, Protestantismus (s. Anm. 21), 214–218.

[98] So von der langjährigen Präses des BEK, Rosemarie Cynkiewicz. Vgl. J. F. Gerhard Goeters/Joachim Rogge (Hrsg.), Die Geschichte der Evangelischen Kirche der Union. Ein Handbuch. Bd. 3: Trennung von Staat und Kirche. Kirchlich-politische Krisen. Erneuerung kirchlicher Gemeinschaft (1918–1992), Leipzig 1999, 744.

[99] Vgl. oben Anm. 93.

Repräsentation, die in einer unverhältnismäßigen Beziehung zueinander stehen. Wenn die Kirche (Landeskirche, Kirchenbund) sich um ihre Selbstbehauptung sorgt – sorgt sie sich um ihre Leitungen oder um ihre Gemeinden? Wie sieht es mit Leitungslegitimationen aus, wenn die Olof-Klohr-Prophezeiung eingetreten sein wird, dass Kirche unter 10 % der Bevölkerung gefallen sein wird? Ist die Frage nach dem Verhältnis zwischen der Konservierung – und womöglich weiteren Zementierung – aus volkskirchlichen Verhältnissen stammender Kirchenstrukturen und einer vielerorts und bald (fast) überall minoritären Ortsgemeindebasis wirklich schon hinreichend gestellt und untersucht worden? Landeskirchen und Kirchenbünde wachsen »oben« zusammen – aber: cui bono?

7 AUSSICHT

Mit diesen in fünf Punkten zusammengefassten Fragehinsichten ist versucht worden, den Horizont auf Probleme zu eröffnen, die mit der Geschichte von Kirchen und Christen in der ehemaligen DDR und deren Ende zusammenhängen. Es geht nicht um die Präsentierung von fertigen Antworten, von Forschungsergebnissen oder geschlossenen Konzepten. Die heute in kirchlicher und akademischer theologischer Verantwortung stehenden Akteure und natürlich auch die Gemeinden gehören entweder selbst der Generation der Mitlebenden an oder sind von dieser Generation und deren Erfahrungen geprägt. Die Probleme, vor und in denen Kirche auf dem Gebiet, das wegen dieser Prägungen nach wie vor mit dem Attribut »der ehemaligen DDR« beschreibbar ist, können kaum übersehen werden. Eine von Forderungen sowohl nach Tribunalen wie auch nach eiligen Schlussstrichen freie Debatte über die strukturellen, institutionellen, lebensbiographischen Verwobenheiten und Zusammenhänge wäre ein Chance, die kritische Reflexion über die heutige Existenz von Kirche und Christen in der Konfessionslosigkeit – neu – zu befruchten.

Anhang

Workshop: Aufgearbeitete Vergangenheit?[100]
Kirche in der DDR als Problem der Kirche heute

Thesen und Fragen

1   Kirche und SED-Staat

1.1   Hat die Debatte um die Rolle der Kirche(n) in der DDR zur Entkonfessionalisierung beigetragen?

1.2   Angesichts der Enthüllungsattacken seit den 1990er Jahren: In welchem Verhältnis stand die »Demut« des Einräumens gegenüber dem apologetischen »Dennoch« der Verteidigung kirchlicher corporate identity?

1.3   Hat sich die DDR-Debatte auf die Auswanderung der Gruppen wie auch ihrer politischen Spiritualität ausgewirkt?

1.4   Sind die Kirchen zu nachsichtig mit belasteten Fällen umgegangen?

1.5   Gab es eine »Verknappung« auf den MfS-Sektor?

1.6   War/ist das Verhältnis zwischen »Täter«-Schutz und »Opfer«-Rehabilitierung innerkirchlich angemessen?

1.7   Gab es ungenutzte Möglichkeiten für die Öffnung und Versöhnung der Kirchen/Gemeinden gegenüber ehemaligen Systemträgern oder Parteigängern?

2   Konfessionslosigkeit und Atheismus

2.1   Die Konfessionslosigkeit in der ehemaligen DDR ist nur partiell auf die atheistische Ideologie der SED zurückzuführen.

2.2   Nach 1990 verbanden sich Nichtwestlichkeit und Nichtkonfessionalität im differenziellen Identifikationsprozess der Neubundesbürger – als Selbst- und Fremdzuschreibung.

2.3   Der Entkonfessionalisierung folgte keine alternative »Religionisierung«. Es gibt keine Konfession der Konfessionslosen.

2.4.1 Neubundesbürger setzen in der Regel wie in der SED-Propaganda Aufklärung, Wissenschaft und Atheismus in eins.

2.4.2 Umgekehrt werden Unaufgeklärtheit, Unwissenschaftlichkeit und Religion/Kirche in eins gesetzt.

2.5   Sind die Grenzen »wissenschaftlicher« Kritik gegenüber religiösen Wirklichkeitserklärungen transparent und vermittelbar?

---

[100]   Stattgefunden an der Theologischen Fakultät Halle am 17.1.2013. Theologische Tage »Herausforderung Konfessionslosigkeit. Theologie in säkularem Kontext«.

3   Homo areligiosus und kontextuelle Theologie

3.1 Der homo areligiosus besitzt eine rationale, eine pekuniäre und eine »existen-
     zielle« Barriere gegenüber Kirche und Religion. Lassen sich diese Barrieren
     auflösen?

3.2 Der nichtkonfessionelle und nichtreligiöse Mensch des »Ostens« muss theolo-
     gisch konsequent ebenso anerkannt werden wie die quasi-freikirchliche Situa-
     tion der Kirche(n). Eine Restitution von Volkskirche ist nicht zu erwarten.

3.3 Theologische Entwürfe aus der DDR (Hamel, Zehn Artikel, Sieben Sätze, Kirche
     für andere) sind konsequent von einer konfessionslosen Gesellschaft ausge-
     gangen und haben gefordert:
     – Annahme, nicht Anpassung an die Situation
     – Absage an innere Emigration
     – Warnung vor der Politik- und Staatsfixierung
     – Hauptgewicht kirchlichen Handelns: Verkündigung, Mitmensch, nicht Kirche
     – Verkündigungswort nicht schützen, sondern freigeben
     – Verkündigung nicht von Rechtsrahmen abhängig machen
     – Verkündigung ist Dienst als kritische Solidarität

3.4 Inwieweit ist die Synthese Kultur/Staat/Religion/Kirche trotz der konfessions-
     losen Situation noch handlungsleitend?

3.5 Inwieweit verharren Kirche/Gemeinden in der abgeschotteten Situation, die
     von der SED erzwungen wurde?

4   Kirche und Staat

4.1 Ist das Rechtsverhältnis der Kirchen zum (neu-)bundesdeutschen Staat als an-
     haltende Inanspruchnahme einer Privilegierung beschreibbar, die vom SED-
     Staat permanent verletzt worden war? Dient DDR-Geschichte als Legendierung
     und Legitimation der wiedergutgemachten Privilegierung?

4.2 Wie verhält sich die Minoritätssituation der Kirchen zu ihrer Privilegierung?

4.3 Wird die Präsenz der Kirche(n) und ihres Auftrags durch die staatliche Privile-
     gierung negativ beeinflusst?

5   Kirche als Institution(en)

5.1 Schon in der DDR klafften Zentralität, Institutionalität, überregionale Zusam-
     menschlüsse und Gemeindebasis auseinander.

5.2 Weitere Zentralisierung, Veramtung und Unifizierung der institutionalisierten
     Kirchen ist (nicht nur) gegenüber der geschrumpften Gemeindebasis nicht plau-
     sibel.

5.3 Ist eine um institutionelle Selbstbehauptung ringende Kirche noch an der »Ba-
     sis«?

5.4 Landeskirchen, Kirchenbünde, Sprengel wachsen »oben« zusammen – cui bono?

IMPULSE ZUR ORIENTIERUNG –
SYSTEMATISCHE PERSPEKTIVEN

»WO ZWEI ODER DREI VERSAMMELT SIND …«

Ekklesiologische Perspektiven

Dirk Evers

In diesem Beitrag zum Thema soll die Stimme der dogmatischen Theologie zu Gehör kommen. Dogmatik? *Rette sich, wer kann!* Das dürfte die erwartbare Reaktion auf ein solches Vorhaben sein, und zwar nicht nur von außerhalb, sondern mitunter auch von innerhalb der theologischen Disziplinen. Gilt doch »Dogmatismus« als der Inbegriff dessen, was Kirche und institutionalisierte Religion in der Neuzeit zutiefst fragwürdig hat werden lassen. Und ist nicht der Verweis auf so etwas wie dogmatisches Reden und Argumentieren von vornherein dazu geeignet, den damit begründeten Thesen heftig zu misstrauen? Dogmatisches Denken scheint eher zu der Problemlage »Konfessionslosigkeit« beigetragen zu haben, als dass es als Mittel zu seiner Bewältigung in Betracht käme.

Wenn dennoch der Versuch unternommen wird, an dieser Stelle aus der Perspektive evangelischer Dogmatik zum Thema »Konfessionslosigkeit als theologische Herausforderung« etwas beizutragen, dann ist dies gerade nicht so zu verstehen, als ob damit in Form eines Diktats eben diese Herausforderung bestimmt und ihr in ebenso diktatorischer Weise begegnet werden soll. Dogmatische Theologie stellt vielmehr zunächst und vor allem Fragen. Sie ist in erster Linie fragende Theologie. Sie versucht allerdings, in einer bestimmten Situation die *richtigen* Fragen zu stellen, und ist überzeugt, damit bereits einen ersten entscheidenden Schritt hin zur Orientierung in der zur Verhandlung stehenden Situation gemacht zu haben. Die richtigen Fragen stellen aber kann nur der, der in einer Sache Erfahrung hat. Die Erfahrung, auf die sich die dogmatische Theologie bezieht, ist primär die Erinnerung an die Überlieferungen des christlichen Glaubens. Sie erinnert an die in den biblischen Schriften als den Ur-kunden des christlichen Glaubens bewahrten Ursprünge, an die in den Bekenntnissen der Kirche je und je erfolgten Aktualisierungen und Zeitansagen und an die in der Geschichte theologischen

Denkens unternommenen Versuche einer immer wieder neu vollzogenen, verantwortliches Verstehen suchenden Aneignung der Gehalte des christlichen Glaubens, um in der gegenwärtigen Situation die richtigen Fragen stellen zu können.

Unter Dogmatik ist deshalb an dieser Stelle weder die Wissenschaft vom »Dogma« oder den »Dogmen« gemeint, noch das dogmatische Verfahren im Sinne eines »Dogmatismus«, der nach Kant meint, Vernunft »*ohne vorangehende Kritik ihres eigenen Vermögens*«[1] zur Geltung bringen zu können. Dogmatik ist vielmehr verstanden als die Reflexionsgestalt des christlichen Glaubens, die gerade unter beständigem Verweis auf die eigene Kritikbedürftigkeit die *Sachgemäßheit* des christlichen Glaubens in Bezug auf seine ihm selbst entzogene Begründung und seine *Zeitgemäßheit* im Horizont des gegenwärtigen Wahrheits- und Wirklichkeitsverständnisses kritisch und mit Blick auf die hoffentlich richtig gestellten Fragen reflektiert. Sie tut dies und kann dies nur tun im Sinne einer sich immer wieder neu stellenden Aufgabe und also im Wechselspiel von Konzentration und Entfaltung, von Erneuerung und Bewahrung und deshalb so, dass das bleibend Wichtige und das jetzt Dringliche jeweils ihre Eigenrechte behalten[2]. In eben diesem Sinne wollen die folgenden Ausführungen verstanden sein. Sie wollen erinnern an die in Bibel, Bekenntnis und Reflexion gewonnenen Erfahrungen, um von daher angesichts gegenwärtig sich aufdrängender Herausforderungen die richtigen Fragen zu stellen und zumindest die Richtung anzudeuten, in der wir Antworten darauf zu suchen haben.

Ich habe den Beitrag mit »ekklesiologische Perspektiven« überschrieben. Ekklesiologische Perspektiven sind menschliche Perspektive, keine Rekonstruktionen der Weltgeschichte in der Perspektive des allwissenden Erzählers. Insofern sie aber eben in dogmatischer Hinsicht gewonnen werden, sind sie auch keine bloßen Meinungsbekundungen, sondern der Versuch, sich in einer dynamischen Wirklichkeit dadurch zu orientieren, dass der Dynamik des die Gemeinde sammelnden und belebenden Geistes Gottes nachgedacht wird. Das soll in drei Schritten geschehen. Zunächst erfolgt eine Erinnerung an zentrale Einsichten eines evangelischen Kirchenverständnisses. Dann werden fünf Punkte geltend gemacht, die die Situation wachsender Konfessionslosig-

---

[1]   Immanuel Kant, Kritik der reinen Vernunft (2. Aufl.) 1787. Gesammelte Schriften Abt. 1: Werke. Bd. 3, Berlin 1911, B XXXV.

[2]   Zu dieser letzten Unterscheidung vgl. Dietrich Ritschl, Zur Logik der Theologie. Kurze Darstellung der Zusammenhänge theologischer Grundgedanken, München ²1988, 120 ff.

keit als Herausforderung kirchlichen Handelns zu verstehen suchen. Den Schluss bilden einige Überlegungen zum Leben der Kirche.

1 Was die Kirche sei ... Eine Besinnung auf das evangelische Kirchenverständnis

1.1 Die Kirche als »Geschöpf des Wortes« (creatura verbi)

Soll im Sinne des Titels dieses Bands Konfessionslosigkeit als theologische Herausforderung verstanden und dieser Herausforderung Stand gehalten werden, so steht – gerade aus der Perspektive all derer, die in der Kirche mitarbeiten und Verantwortung tragen – die Frage nach der *Erhaltung* von Kirche und Kirchlichkeit angesichts geschwundener und weiter schwindender Mitgliederzahlen im Raum. Eine Herausforderung scheint die Konfessionslosigkeit primär deshalb zu sein, weil sie die Existenz der Kirche, zumindest der konfessionell verfassten Sozialgestalt von Kirche, wie wir sie kennen, in Frage stellt, und das nicht nur, weil ihr die ökonomischen Grundlagen entzogen werden, sondern auch weil ihr volkskirchliches Selbstverständnis als flächendeckend vorhandener religiöser Dienstleister und als gesellschaftlich sichtbarer Repräsentant von Religion sich aufzulösen scheint. Die theologische Reflexion des Phänomens der Konfessionslosigkeit dürfte sogleich eingeordnet und verstanden werden im Rahmen handlungsleitender Interessen, in diesem Fall im Rahmen der Frage nach dem Wie eines die Kirche gestaltenden, leitenden und damit als Institution erhaltenden Handelns.

Doch, oder besser gerade angesichts der sich bei unserem Thema in den Vordergrund drängenden praktischen Interessen wird der Dogmatiker in evangelischer Perspektive im Grunde zunächst einmal gar nicht anders können, als daran zu erinnern, dass wir es doch nicht sind, die da könnten die Kirche erhalten. Es ist zunächst einmal daran zu erinnern, dass die Kirche theologisch zu bestimmen ist als *creatura verbi*, als ein »Geschöpf des Evangeliums«[3], als ein eben nicht von Menschen, sondern von Gottes Wort und durch seinen Geist hervorgebrachtes Geschöpf. Kirche wird dadurch geschaffen und erhalten, dass das lebendige Wort Gottes, von dem die Bibel zeugt, auf das sie verweist und von dessen Gegenwart und Wirksamkeit sie redet, gegenwärtig wirksam *wird*, dass neutestamentlich verstanden Jesus Christus

---

[3]   Martin Luther, Resolutiones Lutherianae super propositionibus suis Lipsiae disputatis. 1519, WA 2, 430,6f.: »Ecclesia enim creatura est Euangelii«.

selbst in die Mitte tritt und in, mit und unter der Gestalt menschlicher Worte und Handlungen Menschen für seine Gemeinde gewinnt. Deshalb ist zunächst Luthers Wort in Erinnerung zu rufen, dass wir Kirche weder schaffen, noch erhalten können:

> »Wir sind es doch nicht, die da könnten die Kirche erhalten, unsere Vorfahren sind es auch nicht gewesen, unsere Nachkommen werden es auch nicht sein. Sondern der ist es gewesen, ist es noch, wird es sein, der da spricht: ›Ich bin bei Euch bis an der Welt Ende‹. Wie Hebräer 13. geschrieben steht: ›Jesus Christus, gestern, heute und in Ewigkeit.‹ […] Ja, so heißt der Mann, und so heißt kein anderer Mann, und soll auch keiner so heißen.
>
> Denn du und ich sind vor tausend Jahren nichts gewesen, da dennoch die Kirche ohne uns ist erhalten worden […] Ebenso werden wir auch nichts dazu tun, das die Kirche erhalten werde, wenn wir tot sind«.[4]

Wir halten deshalb als erstes fest, dass alles Fragen nach der Erhaltung und Gestaltung von Kirche sich an der Grundeinsicht zu orientieren hat, dass das, was wir zu gestalten und zu erhalten suchen, *vor* all unserem Handeln das Werk Gottes selbst, das Werk des Heiligen Geistes ist. Alles Kirche recht gestalten wollende und auf ihre Erhaltung aus seiende Handeln des Menschen steht unter diesem Vorbehalt, dass das, was Kirche *wesentlich* begründet und erhält, nicht als Resultat, nicht als Zielvorgabe, nicht als Gestaltungsaufgabe, sondern immer nur als Herkunftsangabe, als vorgängiges und uns entzogenes, aber uns einbeziehendes Geschehen in Betracht kommt. Was die Kirche zur Kirche macht und was sie als Kirche allein erhalten kann, ist kein Produkt menschlichen herstellenden Handelns.

Die Frage nach Konfessionslosigkeit als Herausforderung sollte deshalb nicht sofort und zunächst in den Horizont kirchlichen Handelns eingeordnet werden. Wenn wir Konfessionslosigkeit wirklich als *theologische* Herausforderung begreifen wollen, dann sollten wir jedenfalls nicht reflexartig sofort fragen: »Ja, und was können wir dagegen tun?« Es sind vielmehr umgekehrt die Perspektiven dessen, wie reflektiertes menschliches Handeln Kirche gestaltet, einzuzeichnen in den Zusammenhang dessen, wie aus dem Evangelium als einem Geschehen, das Menschen mit Gott verbindet und sie für die

---

[4] MARTIN LUTHER, Die angebliche »Vorrede D. M. Luthers, vor seinem Abschied gestellet« zum zweiten Band der Wittenberger Gesamtausgabe seiner deutschen Schriften. 1548, WA 54, 470–477, 470. Ich zitiere die deutschen Luther-Zitate nach der Weimarer Ausgabe (=WA), gebe sie im Haupttext aber in einer an die heutige Rechtschreibung und an heutiges Sprachempfinden angeglichenen Form wieder.

Gemeinde Jesu Christi gewinnt, die Kirche hervorgeht und als das, was sie als Geschöpf des Evangeliums wesentlich ist, erhalten wird.

Das heißt aber, dass wir uns bei dieser Frage verabschieden müssen von einer Denkform, die heutiges politisches Handeln vor allem in seiner medialen Inszenierung dominiert und sich als das Gesetz sozialen und politischen Handelns überhaupt zu imponieren scheint, die Denkform, dass wir im Prinzip alles steuern und jede aus dem Ruder laufende Dynamik bändigen können, wenn wir sie nur entsprechend analysiert, verstanden und dann operationalisiert haben. Ob es die Finanzkrise ist, die man durch die geeigneten Instrumente beherrschbar zu machen sucht, oder die Frage nach der Gestaltung von Bildung, Lehre und Forschung (wie wir es täglich an der Universität erfahren), immer scheint die Antwort auf Herausforderungen darin zu liegen, die entsprechenden Parameter zu identifizieren, zu isolieren und dann durch geeignete Rahmenbedingungen so zu manipulieren, dass entsprechende Zielwerte erreicht werden. Doch weil im Allgemeinen die Systeme, auf die Einfluss genommen werden soll, sich in ihrer Komplexität dem einsinnigen Zusammenhang von Angebot und Nachfrage, von Störung und Intervention, von Abweichung und ihr entsprechender Gegensteuerung widersetzen, weil Korrelationen nicht unbedingt Bedingungsverhältnisse darstellen und Rückkoppelungen und Unbestimmtheiten den Steuerungsphantasien nur allzu oft entgegenlaufen, deshalb wird Krisenmanagement zum Dauerphänomen. Folge ist eine Kurzatmigkeit, die wenig Spielraum lässt für die Frage nach den Grenzen und Möglichkeiten der Analyse und Einflussnahme überhaupt, nach der Bewertung unterschiedlicher Dringlichkeiten, nach illusionären Anteilen und den möglichen Wechselwirkungen von unterschiedlichen Herausforderungen und auf sie reagierenden Maßnahmen. Wir werden uns deshalb schon allein von daher gerade in Bezug auf die Kirche immer wieder kritisch fragen müssen, ob unsere Steuerungsphantasien am Platze sind und wo wir uns zu viel, dem Wirken des Heiligen Geistes aber zu wenig zutrauen. Dabei dürfte der geltend gemachte theologische Vorbehalt zu weltlicher Klugheit in keinem Gegensatz, sondern durchaus in Entsprechung stehen.

Das impliziert zugleich ein weiteres Moment evangelischen Kirchenverständnisses. Zwar ist die Kirche *als* Kirche an das uns entzogene Wirken des Heiligen Geistes gebunden. Doch der Umkehrschluss, dass sich damit der Heilige Geist exklusiv an die verfasste Realgestalt von Kirche binden würde, wie es (mit Abstufungen) die römisch-katholische Theologie versteht[5], ist da-

---

[5] Vgl. Schleiermachers in eine ähnliche Richtung zielende Unterscheidung, der Protes-

mit keineswegs zu begründen. Die Sammlung, Bildung und Erhaltung der Kirche als Gemeinschaft der Glaubenden folgt dem durchaus variantenreichen Wirken des Heiligen Geistes, sie geht ihm aber nicht voran. Das bedeutet, dass das Wirken des Heiligen Geistes keinesfalls auf die Sozialgestalt von Kirche beschränkt werden kann und darf. Die Kirche ist die gemeinschaftliche Gestalt des Glaubens, sie lebt von ihm und durch ihn, sie will ihn wecken und will ihm als lebendiges Mittel und Werkzeug Ausdruck verleihen. Sie ist aber eben seine Folge und nicht seine notwendige Bedingung.

1.2 DIE KIRCHE ALS GEMEINSCHAFT DER HEILIGEN

Damit haben wir dann auch die inhaltliche Bestimmung dessen vor Augen, was die Kirche sei, zu der wir uns im Apostolischen Glaubensbekenntnis bekennen. Noch einmal Luther: »[…] denn es weiß gottlob ein Kind von 7 Jahren, was die Kirche sei, nämlich die heiligen Gläubigen und die ›Schäflein, die ihres Hirten Stimme hören‹«[6]. Die Kirche ist die *congregatio sanctorum*, die Gemeinschaft der Heiligen[7]. Statt von *congregatio* kann Luther auch von *communio* reden und statt von den Heiligen auch von den Glaubenden oder noch schlichter von den Christen. Im Großen Katechismus erläutert er, dass sowohl Kirche als auch *communio* im Grunde als Versammlung, als »versammlete[r] Haufen«[8] zu verstehen sind, also als ein Zusammenkommen derjenigen, die der Heilige Geist durch Weckung des Glaubens miteinander verbindet: »Der Herr aber versammelt die Gläubigen zueinander, auf dass Kirche werde.«[9] Damit repräsentiert Kirche im Sinne der christlichen Sammlung der Glaubenden auch »eine heilige Christenheit«[10], und in der Schrift *Von den Konziliis*

---

tantismus mache »das Verhältniß des Einzelnen zur Kirche abhängig […] von seinem Verhältniß zu Christo«, während der Katholizismus dieses Verhältnis gerade umkehre und »das Verhältniß des Einzelnen zu Christus abhängig [mache] von seinem Verhältniß zur Kirche« (FRIEDRICH SCHLEIERMACHER, Der christliche Glaube. Nach den Grundsätzen der evangelischen Kirche im Zusammenhange dargestellt. Zweite Auflage (1830/31): Teilband 1 (KGA I/13-1), hg. v. ROLF SCHÄFER, Berlin/New York (2008, 164 [§ 24, Leitsatz]).

[6]   Schmalkaldische Artikel XII, BSLK (=Bekenntnisschriften der evangelisch-lutherischen Kirche) 459.

[7]   Auch wenn Luther sich seit 1519 bewusst ist, dass es sich bei dem Ausdruck »communio sanctorum« vermutlich um einen späteren Zusatz zum Apostolikum handelt, hält er ihn sachlich für angemessen. Vgl. BSLK 656, Anm. 1.

[8]   Großer Katechismus zum 3. Artikel, BSLK 656.

[9]   MARTIN LUTHER, De potestate leges ferendi in ecclesia. 1530 (Entwurf), WA 30/2, 688: »Dominus autem congregat credentes in unum, ut fiat ecclesia.«

und Kirchen (1539) möchte Luther das (weil griechischer Herkunft) »un-
deutsch[e]« und »blinde« (= nichtssagende) Wort »Kirche«[11] geradezu ersetzt
wissen durch die Wendung: »Christlich heilig Volk«[12].

Glaubende bzw. Heilige aber sind Christenmenschen nicht aufgrund
dessen, dass sie je als Einzelne mit einer besonderen Qualität ausgestattet
wären, sondern dadurch, dass sie mit Christus und deshalb über alle Grenzen und Unterschiede hinweg auch miteinander verbunden sind. Ihre Sammlung, um mich einmal eines ganz anderen Sprachspiels zu bedienen, ist nicht
als mengentheoretische Klassenbildung aufgrund bestimmter Merkmale zu
verstehen, sondern als ein Vorgang, der eine Instanz voraussetzt, die außerhalb diese Sammlung steht und sie allererst konstituiert, und ich füge
gleich hinzu, diese auch immer und beständig neu aktualisiert. Die Christenheit wird zum christlichen Volk, zur Gemeinschaft der Heiligen, zum
versammelten Haufen der Glaubenden allein durch diese fundamentale
Relation zu Christus, mit der diese Gemeinschaft gerade nicht als natürliches
»Sortal« (wie die Logiker sagen), sondern als Beziehungsgeschehen zu
beschreiben ist. Wenn zwei oder drei sich zur Kirche versammeln, dann
deshalb, weil Christus ihre Mitte bildet, nicht aber, weil sie gleicher Überzeugung, Meinung, Herkunft, Bildung, Konfession oder was auch immer
sind.

2 Kirche als Geschehen

Relational, in sich differenziert und als prozesshaftes Geschehen ist diese
von außerhalb ihrer selbst konstituierte Versammlung also zu verstehen, so
dass sie mit dem neutestamentlichen Bild eines lebendigen Organismus als
Leib Christi beschrieben werden kann. Luther fasst die Formel des Apostoli-
kums im Großen Katechismus dahingehend zusammen, dass »da sei ein hei-
liges Häuflein und Gemeine auf Erden eiteler [=reiner] Heiligen unter einem
Haupt, Christo, durch den Heiligen Geist zusammenberufen, in einem Glauben, [...] mit mancherlei Gaben, doch einträchtig in der Liebe, ohne Rotten
und Spaltung«. Jeder Christenmensch ist »durch den heiligen Geist dahin ge-

---

10   Martin Luther, Großer Katechismus zum 3. Artikel, BSLK 656.

11   Von griech. κυριακή = dem Herrn gehörig, seit dem 4. Jh. als Bezeichnung christlicher
Kirchengebäude nachgewiesen. Zu ergänzen wäre deshalb οἰκία (=Haus).

12   Martin Luther, Von den Konziliis und Kirchen. 1539, WA 50, 624 f.

bracht« und dieser Gemeinschaft, wie Luther in Aufnahme des paulinischen Bildes formuliert, »eingeleibet«.[13]

Dass die Kirche Geschöpf des Evangeliums ist, ist für Luther im Grunde nur eine Kurzformel für eben das prozesshafte Geschehen, das die Kirche als Leib Christi hervorbringt und im Zusammenhang der Wirklichkeit erhält. Von dieser irdischen Lebensgemeinschaft gilt, dass in ihr

> »Christus lebt, wirkt und regiert durch die Erlösung, durch Gnade und Vergebung der Sünden. Und der Heilige Geist durch Lebendig- und Heiligmachen [*vivificationem & sanctificationem*], durch tägliches Ausfegen der Sünden und Erneuerung des Lebens, dass wir nicht in Sünden bleiben, sondern ein neues Leben führen können und sollen in allerlei guten Werken«[14].

Damit wir als Christenmenschen im Leben auf Erden existieren können, ereignet sich im Grunde nach Luther *täglich* das, was wir Kirche nennen. Und so gebraucht Luther das Adverb »täglich« auch immer wieder in eben diesem Zusammenhang. Kirche ist keine Sonntagsveranstaltung. Als prozesshaftes Geschehen ist sie identisch mit der Lebensbewegung, in die der Heilige Geist versetzt, der nicht nur den Einzelnen durch das Evangelium »beruft, sammelt, erleuchtet, heiligt und bei Jesus Christus erhält«, sondern »die ganze Christenheit auf Erden«[15].

3 Sichtbare und verborgene Kirche

Damit ist eine fundamentale Unterscheidung im Blick, die in der traditionellen Dogmatik mit einer auf den Schweizer Reformator Zwingli zurückgehenden Formel zumeist als die zwischen »unsichtbarer und sichtbarer Kirche« (*ecclesia invisibilis* und *ecclesia visibilis*) geltend gemacht wird[16]. Das ist insofern missverständlich, als natürlich weder die Glaubenden noch ihre Gemeinschaft

---

[13] Alle Zitate dieses Absatzes: Martin Luther, Großer Katechismus zum 3. Artikel, BSLK 657.

[14] Martin Luther, Von den Konziliis und Kirchen. 1539, WA 50, 625.

[15] Martin Luther, Kleiner Katechismus zum 3. Artikel, BSLK 512.

[16] Huldrych Zwingli, Expositio christianae fidei (1531), in: ders., Auswahl seiner Schriften, hg. v. Edwin Künzli, Zürich/Stuttgart 1962, 304f. Vgl. hierzu auch Albrecht Ritschl, Ueber die Begriffe: sichtbare und unsichtbare Kirche (1859), in: ders., Gesammelte Aufsätze, Freiburg/Leipzig 1893, 68f.

im strengen Sinn des Wortes unsichtbar sind. Luther redet deshalb auch eher von innerlicher, verborgener, vom Geist gewirkter Kirche einerseits und äußerlicher, von Menschen gemachter oder veranstalteter Kirche andererseits. Die eigentliche Bestimmung der Kirche, die »natürlich, gründlich, wesentlich und wahrhaftig ist« – das ist »ein geistliche, innerliche Christenheit«[17]. Von ihr ist zu unterscheiden »die andere, die gemacht und äußerlich ist«, die die »leibliche, äußerliche Christenheit«[18] darstellt – eine Unterscheidung, die Luther ausdrücklich nicht als Trennung, als »Scheiden«[19] verstanden wissen will, sondern als theologisch-kategoriale Differenz. Wir müssen also, um zu begreifen, was die Kirche ist, eine Unterscheidung vollziehen zwischen dem, was als inneres Wesen unserem Zugriff verborgen ist, und dem, was äußerlich durch unser Handeln Gestalt gewinnt, eine Unterscheidung, die aber nicht auf *Trennung*, sondern auf *Übereinstimmung*, auf *Identität* hin orientiert ist.

Ist aber die Kirche »Gemeinde oder Sammlung […] aller der, die in rechtem Glauben, Hoffnung und Liebe leben«[20], dann ist sie deshalb nicht sichtbar, weil rechter Glaube, Hoffnung und Liebe keine empirisch ausweisbaren Größen sind. Sie ist als »eine Versammlung der Herzen in einem Glauben«[21] selbst Gegenstand des Glaubens. Wer hingegen sagt, »dass eine äußerliche Versammlung oder Einigkeit mache eine Christenheit«[22], der setzt an die Stelle der göttlichen Wahrheit seine eigenen Kategorien, seine »Lügen«, wie Luther sagt. Unsichtbar oder verborgen heißt die Kirche also deshalb, weil sie die Gemeinschaft der Glaubenden ist, deren Glaube sich auf das richtet, was man nicht sehen kann und deren Glaube als ein Akt des Herzens als solcher ebenfalls unsichtbar ist. Die Kirche im theologischen Sinne des Wortes kann nicht gesehen, sondern nur geglaubt werden. Und der Glaube ist nicht nur selbst unsichtbar, er geht auch auf das, was man gerade nicht sieht, weil Gott selbst es wirkt. Luther hat denn auch betont, dass der der Kirche geltende Glaube »ebenso wohl ein Artikel des Glaubens« ist »wie die andern. Darum kann sie [die eine heilige christliche Kirche] keine Vernunft, wenn sie gleich alle Brillen aufsetzt, erkennen«[23].

---

[17] MARTIN LUTHER, Von dem Papstthum zu Rom wider den hochberühmten Romanisten zu Leipzig. 1520, WA 6, 296f.

[18] A. a. O., 297.

[19] Ebd.

[20] A. a. O., 293.

[21] Ebd.

[22] A. a. O., 294.

[23] MARTIN LUTHER, Vorrede auf die Offenbarung S. Johannis, WA.DB 7, 418,36–38.

Ein Missverständnis ist dabei von vornherein auszuschließen, das sich im Verständnis der Unterscheidung zwischen sichtbarer und unsichtbarer Kirche immer wieder einstellt: Es handelt sich nicht um ein Verhältnis von Teil und Ganzem, so als ob die verborgene Kirche ein Teil der sichtbaren wäre, nämlich derjenige Teil, der tatsächlich und wirklich an Jesus Christus glaubt und der dann von den Nichtglaubenden in der Kirche, von den Zweiflern und Heuchlern zu unterscheiden wäre[24]. Luther sieht die Verbindung von Verborgenheit und Sichtbarkeit als sehr viel enger an, wenn er zur Veranschaulichung des Verhältnisses von sichtbarer und unsichtbarer Kirche das Verhältnis von Leib und Seele als Analogie gebraucht. Die unsichtbare oder eben besser verborgene Kirche ist dann als Seele das innere Lebensprinzip der Kirche, das in der sichtbaren Kirche durch das Handeln von Menschen seine äußere, leibhafte Gestalt im Leben auf Erden gewinnt. Und ebenso wie das Leben von Menschen zwar von innen her, von dem, was wir als das Seelische bezeichnen, wesentlich verstanden wird, aber doch immer als das innere Leben eines leibhaften Wesens verstanden werden muss, so wird auch die Kirche von ihrem inneren Leben her verstanden, zu dem jedoch immer und sofort ihre sichtbare Ausgestaltung in Raum und Zeit dazugehört. Die äußeren Ausdrucksformen sind der Träger der inneren Bewegtheit, und so ist das eine vom anderen kategorial, aber wiederum nicht mengentheoretisch zu unterscheiden.

Nach dieser Verhältnisbestimmung ist also die verborgene Kirche so etwas wie die Seele oder das innere Lebensprinzip, die sichtbare Kirche dagegen die äußere, leibhafte Gestalt, wobei eines nicht ohne das andere sein kann.

---

[24] Bereits Augustinus unterscheidet auf theologisch zweifelhafte Weise zwischen den wahren Heiligen und den Sündern in der Kirche und prägt dafür den Ausdruck *corpus permixtum*: die Kirche in dieser Welt ist immer eine aus eben diesen beiden Gruppen ›zusammengesetzte Körperschaft‹. Die lutherischen Bekenntnisschriften nehmen dies auf. So wird in CA VIII festgehalten, dass »in diesem Leben viel falscher Christen und Heuchler, also offentlicher Sünder unter den Frommen bleiben« (BSLK 62). Dann aber kann es so erscheinen, als ob die sichtbare Kirche in dieser Weltzeit leider aufgrund mangelnder Kriterien und Verfahren sich nicht in der Lage sieht, diesen offensichtlich unvermeidbaren ›Erdenrest‹ auszuschließen. Sie muss ihn ertragen. Damit erscheint die sichtbare Kirche gegenüber einer Idealgestalt von Kirche als deren defizitäre Form unter den geschichtlichen Bedingungen von Raum und Zeit. Was dann die sichtbare von der verborgenen Kirche unterscheidet, ist die numerische Ergänzung um die Heuchler und öffentlichen Sünder, an deren Wegfall sie im Grunde nur interessiert sein kann. Damit stellt sich die problematische Tendenz ein, die verborgene gegen die sichtbare Kirche auszuspielen. Vgl. dazu WILFRIED HÄRLE, Art. Kirche VII. Dogmatisch, in: TRE Bd. 18, 1989, 277–317, 287f.

Die Kirche ist in eben diesem Sinn verborgen, dass man zwar auf der einen Seite die göttliche Gnade und das göttliche Leben in ihr nicht empirisch identifizieren und damit auch nicht nostrifizieren und manipulieren kann, und doch andererseits daran festhalten kann und muss, dass sie sich immer in konkreter Gestalt realisiert, so dass man eben dies glauben und sagen kann: *hier und jetzt* ist die verborgene Kirche anwesend. Karl Barth hat das Verhältnis deshalb so bestimmt:

> »Die wirkliche Kirche [...] wird sichtbar, indem sie als solche in der Kraft des Heiligen Geistes [...] aus ihrer Verborgenheit in der kirchlichen Einrichtung, Überlieferung und Gewohnheit, aber auch in aller kirchlichen Neuerung und Veränderung *hervor*bricht und *heraus*leuchtet«.[25]

Dies im Rahmen unserer Möglichkeiten Wirklichkeit werden zu lassen, der Gnade Gottes Raum zu geben und in Glaube, Hoffnung und Liebe sichtbaren Ausdruck zu verleihen, das ist dann unser mehr oder weniger gut gelingendes Werk, ist Sache unserer Tat, unserer Entscheidung, unserer Verantwortung. Denn dazu gibt der Geist Gottes seiner Gemeinde gerade die Freiheit, den Mut, die Zuversicht und den Auftrag, sichtbar werden zu lassen, was als unsichtbares Geschehen ihr inneres Leben bedeutet.

Damit sind wir am Ende des ersten Teils. Vier Punkte haben wir in dogmatischer, erinnernder Perspektive geltend gemacht:

- Wir sind es nicht, die Kirche *als* Kirche veranstalten und erhalten können. Ohne das von Gottes Geist selbst inspirierte innere Leben der Kirche ist sie tot. Ihm können wir immer nur Raum und Ausdruck geben, es selbst produzieren können wir nicht. Das hat für unser Thema eine doppelte Konsequenz: a) Es entlastet von Aktionismus und falschen Steuerungsphantasien; b) es macht deutlich, dass zwar die Kirche an den Heiligen Geist, der Heilige Geist aber nicht an die Kirche gebunden ist.
- Die Kirche ist als Gemeinschaft der Heiligen keine Gemeinschaft der Gleichgesinnten, sondern der über alle Unterschiede hinweg mit Christus verbundenen gerechtfertigten Sünder.
- Die Kirche ist ein täglich sich erneuerndes Geschehen und wird hervorgebracht durch das Glauben schaffende, versöhnende und Menschen zu einem Leben aus Gottes Gnade hinreißende Wirken des Heiligen Geistes.

---

[25] Karl Barth, Die kirchliche Dogmatik Bd. IV/2, Zürich 1955, 700.

– Die Kirche wird von uns im Leben auf Erden gestaltet als sichtbarer Ausdruck ihres inneren Lebens. Es gilt, dem versöhnenden Wirken der Gnade Gottes Raum zu geben und handelnd Ausdruck zu verleihen.

Wie kann die so beschriebene Gestaltungsaufgabe vor dem Hintergrund wachsender Konfessionslosigkeit konkretisiert werden? Ohne Anspruch auf Vollständigkeit zu erheben, sollen dazu fünf zentrale Punkte hervorgehoben werden.

4 Zur Situation wachsender Konfessionslosigkeit in Deutschland

Punkt 1: Konfessionslosigkeit dürfte für unsere Gesellschaft keine vorübergehende, sondern eine dauerhafte und sich verfestigende Erscheinung sein. Darauf müssen die verfassten Kirchen sich einstellen.

Der Kirchensoziologe Gert Pickel hat seine Analyse kurz und knapp so zusammengefasst: »Es gibt viele Konfessionslose aus unterschiedlichen Gründen und es werden immer mehr.«[26] Die erste Beobachtung: Es handelt sich bei denen, die sich nicht zu einer Kirche oder Religionsgemeinschaft rechnen, nicht um eine homogene Gruppe, sondern um Menschen, die hinsichtlich ihrer Motive und Auffassungen durchaus genauso ausdifferenziert sind wie die Mitglieder der verschiedenen Kirchen.[27] Es wäre also durchaus unsinnig, diese Gruppe rein über das äußere Merkmal der Nicht-Zugehörigkeit zu einer Kirche zu bestimmen. Besonders deutlich erscheint die Unterscheidung zwischen religiös Indifferenten, für die eine Religionslosigkeit aus Gewohnheit sich als Normalzustand eingestellt hat, und ihrerseits durchaus konfessorischen Atheisten, die sich bewusst in Abgrenzung von und Gegnerschaft zu Religion verstehen. Die zweite Beobachtung: Kirchlich gelebte und praktizierte Frömmigkeit ist in den christlich geprägten Kulturen in Europa im Allgemeinen unübersehbar zurückgegangen und wird weiter zurückgehen. In einigen und besonders in einigen vom realen geschichtlichen Sozialismus geprägten Gegenden sind im Grunde nur noch Überreste vorhanden. Auch wenn man andere reli-

---

[26] GERT PICKEL, Atheistischer Osten und gläubiger Westen? Pfade der Konfessionslosigkeit im innerdeutschen Vergleich, in: GERT PICKEL/KORNELIA SAMMET (Hrsg.), Religion und Religiosität im vereinigten Deutschland. Zwanzig Jahre nach dem Umbruch, Wiesbaden 2011, 39–72, 66.

[27] Vgl. dazu auch den ersten Beitrag von Michael Domsgen in diesem Band.

giöse Formen wie private Religiosität, individuelle Sinnsysteme mit christlichen Anteilen, manche zivilreligiöse Symbolik und religionsähnliche Inszenierungen populärer Kultur in Rechnung stellt, bleibt doch insgesamt für die meisten Staaten West-, Mittel- und Nord-Europas dieser Trend ungebrochen. In Ostdeutschland hat sich darüber hinaus bereits eine bis in die zweite und dritte Generationen hinweg sich erhaltene, wie Pickel das nennt, »*Folgekonfessionslosigkeit*«[28] eingestellt, die zum Normalfall geworden ist.

Für die Kirchen in Deutschland dürfte dies bedeuten, dass sie sich in Staat und Gesellschaft neu verorten, mittelfristig neu organisieren und wohl auch finanzieren müssen. Das Verhältnis zwischen den Kirchen und der Gesellschaft wird spannungsreicher, aber vielleicht auch spannender in einem positiven Sinne werden. Dazu müssen sie sich nicht unbedingt, wie dies von basisgemeindlich organisierten Gemeinschaften gefordert wurde, als »Kontrastgesellschaft« verstehen. Doch es ist auch vermehrt damit zu rechnen, dass christliche Überzeugungen und »ein christliches Ethos in konkreten Fragen sehr wohl gegen den Mainstream einer sich [dennoch] christlich grundiert verstehenden Gesellschaft wenden kann«[29]. Zugleich ist dies aber auch eine Chance, neue Selbständigkeit und Unabhängigkeit zu gewinnen, die dann die zivilgesellschaftliche Öffentlichkeit als unabhängige Stimme mit größerer Offenheit wahrzunehmen und wirklich zu hören vermag. Eine größere und weitergehende strukturelle Entflechtung von Staat und Kirche sehe ich in diesem Zusammenhang als unverzichtbar und als Chance an.

Darüber hinaus gilt es festzuhalten, dass uns die »Konfessionslosen« nicht *als* Konfessionslose gegenüber stehen, sondern als Menschen mit durchaus unterschiedlichen Geschichten, Prägungen und eigenen Überzeugungen. Auf »Konfessionslosigkeit« als wesentliche Eigenschaft sind sie jedenfalls nicht zu reduzieren. Und ihre Konfessionslosigkeit wird von Fall zu Fall Verschiedenes bedeuten. Und so sei auch vor der »wehleidigen Eitel- oder eitlen Wehleidigkeit« gewarnt,

> »die Kirche habe es in unserem Jahrhundert (als wären das neunzehnte oder das sechzehnte oder das Mittelalter in dieser Hinsicht goldene Zeiten gewesen) mit einer Gott in ganz besonders radikaler und raffinierter Weise entfremdeten, nämlich säkularisierten, autonom, mündig, profan gewordenen Welt zu tun«[30].

---

[28] Pickel, Atheistischer Osten (s. Anm. 26), 68.

[29] Ulrich H. J. Körtner, Wiederkehr der Religion? Das Christentum zwischen neuer Spiritualität und Gottvergessenheit, Gütersloh 2006, 90.

[30] Karl Barth, Die kirchliche Dogmatik Bd. IV/4, Zürich 1967, 207.

Was sich jeweils in der Abwendung von Kirche ausdrücken mag, kann so verschieden sein wie die Motive, Kirchenmitglied sein, bleiben oder werden zu wollen. Will die Kirche, will eine Gemeinde auf die Menschen zugehen, die sich von ihr abgewendet haben oder denen sie gleichgültig oder unbekannt ist, so wird sie dies nur tun können, indem sie sie unaufgeregt und ohne Alarmismus als die anspricht, die sie nach dem Evangelium sind: als je und je in ihrer besonderen Lage geliebte Kinder Gottes, die nicht mehr und nicht weniger auf die Gnade Gottes angewiesen sind als sie selbst.

Punkt 2: Konfessionslosigkeit ist nicht einfach eine Transformation des Religiösen oder des Christentums, sondern führt vielfach zu religiöser Indifferenz.
Konfessionslosigkeit und schwindende religiöse Überzeugungen und Lebensformen gehen Hand in Hand. Die These, dass das, was man als die europäische Säkularisierung beschrieben hat, zwar auf eine Entkirchlichung hinauslaufe, diese aber zugleich konterkariert werde durch eine Bewegung hin zu individualisierter, privatisierter Religiosität, hat sich so jedenfalls nicht erhärtet. In diesem Zusammenhang war auch in den Kirchen der Vorwurf laut geworden, kirchliche Angebote würden am Bedarf vorbei entwickelt werden und könnten die spirituellen Trends deshalb nicht für sich nutzen. Man wollte sogar vom Megatrend Religion sprechen, den nur die trägen, religionsunfähigen kirchlichen Institutionen verschlafen würden. Dagegen spricht die Empirie, die keine besonderen spirituellen Interessen bei vielen der Kirche fernstehenden Menschen zu identifizieren vermag. Auch die These eines allgemeinen Christentums als freigesetzte religiöse Produktivkraft außerhalb der Kirche scheint empirisch schlecht belegbar und für Ostdeutschland im Besonderen von eingeschränkter analytischer Kraft zu sein.[31] Dabei geht die mit der zunehmenden Konfessionslosigkeit verbundene Auflösungsentwicklung einher mit erheblichen und in weiten Teilen Deutschlands mit Händen zu greifenden »Nebenwirkungen für die Tradierung des religiösen Gedächtnisses, die religiöse Sozialisation und öffentliche Kommunikation«[32]. Die zentrale Herausforderung an diesem Punkt dürfte darin bestehen, wie Kirche mit diesem Traditionsabbruch umzugehen lernt, wenn doch gerade, wie soziologische Untersuchungen bestätigen, die religiöse Sozialisation von ent-

---

[31] Zu entsprechenden Theorien der Transformation des Religiösen vgl. den Beitrag von Jörg Dierken in diesem Band sowie JÖRG DIERKEN, Fortschritte in der Geschichte der Religion? Aneignung einer Denkfigur der Aufklärung, Leipzig 2012, 33ff.
[32] A. a. O., 231.

scheidender Bedeutung ist für den Bezug zur Religion im Allgemeinen und zur Kirche im Besonderen.[33]

Es fragt sich allerdings, ob die Konzentration auf die Weitergabe religiöser Traditionen im Kindes- und Jugendalter, so wichtig sie ist, ausreichend ist. Was eingangs über die Kirche als Sammlung geltend gemacht wurde, impliziert ja auch dieses, dass der christliche Glauben nichts ist, mit dem Menschen auf die Welt kommen, sondern etwas, für das Menschen gewonnen werden, das sie sich eigenständig aneignen und mit dem sie immer wieder neu anfangen müssen.[34] Traditionschristentum als Ideal oder Normalfall ist dann letztlich keine theologisch valide Kategorie, gerade auch in der Perspektive protestantischer Freiheit. Erst als Erwachsener getauft zu werden, ist jedenfalls nicht notwendigerweise eine defizitäre Form von christlicher Existenz, vielleicht sogar diejenige, die den neutestamentlichen Traditionen näher liegt. Müssten wir uns nicht mehr darüber austauschen und reichhaltigere Modelle und Beschreibungen dafür finden, welche Stadien es auf Lebenswegen gibt und welche Pfade es von ihnen hin zum Glauben geben kann, auch und vielleicht gerade für in ihrer Sozialisation durch und durch weltlich imprägnierte Menschen? Was bedeutet es andererseits für durch und durch kirchlich sozialisierte Menschen immer wieder neu mit dem Glauben anzufangen und, wie Luther das beschrieb, täglich in die Taufe zurückzukehren? Was gewinnen wir in Kirche und Gemeinden, wenn wir auf Außenstehende offen zugehen? Können wir vermitteln, dass sie nicht von vornherein die defizitäre Schwundform christlich-abendländischer Existenz darstellen, sondern eigenständige Formen des Glaubens entwickeln können oder vielleicht schon entwickelt haben? Wie werden wir in der Kirche zu einer nicht-paternalistischen Lerngemeinschaft auch der Erwachsenen? Könnten wir vielleicht die Idee des Katechumenats oder des Lehrhauses neu beleben, ohne dass dies Volkshochschulkurs-Formen annimmt? Das dürfte allerdings auch heißen, manche Abschiede zu nehmen von der hartnäckigen Pflege religiöser Binnenmilieus hin zu Begegnungsmöglichkeiten und Foren, auf denen Menschen konstruktiv über ihre Wege des Glaubens und des Unglaubens Erfahrungen sammeln, sich austauschen und sich auf biblische und kirchliche Traditionen in einer frischen, unverbrauchten Weise beziehen können.

---

[33]   Vgl. dazu den zweiten Beitrag von MICHAEL DOMSGEN in diesem Band.

[34]   Zu den theologischen Konsequenzen dieser Einsicht vgl. INGOLF U. DALFERTH, Ist Glauben menschlich?, in: Denkströme. Journal der Sächsischen Akademie der Wissenschaften, Leipzig 2012, 173–192.

Wenn es richtig ist, dass Konfessionslosigkeit ein Indikator dafür ist, dass Religiosität überhaupt sich unter den Bedingungen der Moderne aufzulösen oder zumindest bis zur Unkenntlichkeit zu transformieren vermag, dann müssen wir zudem davon ausgehen, dass Menschen längst nachchristliche und möglicherweise nachreligiöse Antworten auf Lebensfragen gefunden haben. Dann könnte es sein, dass die Frage nach Gott nicht einmal mehr in Form einer offenen Frage präsent ist, von der Frage nach dem biblischen Gott ganz zu schweigen. Das bedeutet, dass schlichte Korrelationsmodelle, die an existenzielle, schlechthin zur *conditio humana* gehörende Interpretationsaufgaben anknüpfen wollen, so nicht mehr greifen. Auch ein Verständnis von Religion und Glauben als Bewältigung von Unsicherheit und Kontingenz wäre nur bedingt angemessen. Dann gilt es vielleicht so vom christlichen Glauben zu reden, dass er nicht nur als Antwort und Deutung, als positiver Sinnlieferant, sondern auch als Irritation und eine andere Art und Weise Fragen zu stellen deutlich wird. Dislozierung (Irritation) und Re-Orientierung, so hat dies Ingolf Dalferth kürzlich beschrieben, wären dann zwei Momente desselben Vorgangs »christlicher Glaubenskommunikation«[35].

Es ginge dann nicht darum, eine verborgene, vergessene oder verdrängte Gottesfrage aus dem Gegenüber heraus zu exegetisieren oder an existentiellen Defiziterfahrungen anzuknüpfen, sondern darum, durch Eintreten in einen gemeinsamen Verstehensprozess die Bedeutung des Wortes Gott in Auseinandersetzung mit christlichen und nachchristlichen Sinnkonstruktionen neu zu erschließen. Der theologische Begriff der *Offenbarung* – nicht als Informationsmitteilung transzendenter Sachverhalte, sondern als ein Erschließungsgeschehen, als sprachlich immer wieder neu einzuholende Öffnung einer nicht andemonstrierbaren Wirklichkeitssicht – wäre hier hermeneutisch in Anschlag zu bringen.[36]

---

[35] INGOLF U. DALFERTH, Radikale Theologie, Leipzig 2010, 230.

[36] Nach wie vor kann auf die Versuche von Ian T. Ramsey (1915–1972, Professor für Religionsphilosophie, Bischof von Durham) verwiesen werden, ein religiöses Verständnis der Wirklichkeit und die theologisch reflektierte Rede davon auf »disclosure-situations« (Entdeckungs- oder Erschließungssituationen) zu beziehen, in denen keine rein quantitative Erkenntniserweiterung stattfindet, sondern inmitten der »the facts and features of the world of ordinary experience […] something over and above those facts and features« erfahren wird (IAN T. RAMSEY, Models for divine activity, London 1973, 60). Bezieht sich dieser ›Mehrwert‹ einer Erfahrungssituation zugleich auf etwas, was alle meine Erfahrung überhaupt betrifft, so spricht Ramsey auch von »cosmic disclosure« (ebd.). Deshalb sind auch die Sprachen von Religion und Theologie, die sich auf solche Offenbarungsvorgänge

Punkt 3: Es ist eine nicht selbstverständliche, konstruktive kulturelle ›Errungenschaft‹ westlicher Gesellschaften, die überhaupt durch eine gesteigerte Optionalisierung gekennzeichnet sind, dass sie verschiedene religiöse, religiös indifferente und anti-religiöse Optionen möglich und lebbar gemacht haben.

Charles Taylor hat nach meiner Auffassung überzeugend dafür plädiert, dass der Mensch weder von Natur aus schlechthin religiös ist, sodass die Moderne nur eine Transformation des Religiösen darstellt, noch dass Religionslosigkeit oder das Schrumpfen von Religion bis auf einen unbelehrbaren Rest das natürliche Resultat der Moderne darstellt, das nach der Auflösung traditioneller Weltbilder und Sozialstrukturen durch Wissenschaft, Aufklärung, die politische Trennung von Staat und Kirche sowie durch den modernen Wohlfahrtsstaat zu erwarten wäre. Religiöse Indifferenz oder die säkulare Option, wie Taylor sie nennt, ist vielmehr eine eigenständige kulturelle Leistung, die nicht nur, aber besonders eine spezifisch europäische Errungenschaft zu sein scheint. Die europäische Moderne ist nach Taylor »das Ergebnis neuer Erfindungen, neu entwickelter Formen des Selbstverständnisses und damit zusammenhängender Tätigkeiten«[37], und wir werden sie nur verstehen, wenn wir nachvollziehen, aus welchen Motiven, Trends und Erfindungen sie neue Interessen, Selbstverständlichkeiten, Hoffnungen und Enttäuschungen hervorgebracht hat und welche Möglichkeiten zur Gestaltung menschlichen Lebens sich daraus ergeben haben. Dass z. B. Menschen sich als autonome Subjekte begreifen, die selbstbestimmt über ihr Leben und ihre Überzeugungen entscheiden und als Bürger unter Bürgern existieren wollen, wird nur verständlich, wenn dies im Zusammenhang der kulturellen Veränderungen gesehen wird, die dies möglich gemacht haben.[38] Und wie die innere seelische Welt und die äußere Welt der materiellen Körperlichkeit auseinandertreten

---

beziehen, gerade keine empirisch beschreibenden Sprachen. Sie nehmen vielmehr Modelle der Alltagssprache in Anspruch und versuchen diese mit Hilfe von Qualifikatoren so zu modifizieren, dass ein neues Verständnis der Wirklichkeit sich einstellen kann. Das setzt einerseits notwendig einen empirischen Bezug aller theologischen Aussagen voraus (Ramsey spricht auch vom ›empirical fit‹ theologischer Aussagen: »Somewhere or other they [i. e. Christian assertions] must encourage us to appeal to ›what is the case‹«, a. a. O., 58), hält aber andererseits daran fest, dass die Sicht des Glaubens als solche nicht erzwungen oder demonstriert werden kann. Glaubenskommunikation ist darauf angewiesen, dass ›der Groschen fällt‹, ›ein Licht aufgeht‹ (vgl. dazu auch IAN T. RAMSEY, Modelle und Qualifikatoren, in: MANFRED KAEMPFERT (Hrsg.), Probleme der religiösen Sprache, Darmstadt 1983, 152-183).

[37] CHARLES TAYLOR, Ein säkulares Zeitalter, Frankfurt a. M. 2009, 48.

[38] Vgl. a. a. O., 957.

konnten, wird nur verständlich, wenn wir nachvollziehen, wie die Naturwissenschaften hier ganz neue Möglichkeiten geschaffen haben und diese sich auf das Selbstverständnis des Menschen als eines in seiner Innenwelt »abgepufferten«[39] Selbst ausgewirkt haben, mit denen enorme Freiheitsgewinne, aber auch nicht unerhebliche Verluste und Risiken einhergehen.

Ein wichtiges Resultat liegt in dem von Taylor so genannten NOVA und Super-NOVA Effekt, durch den verschiedene Formen von Glauben und Religion zu Optionen unter anderen geworden sind, wie die Moderne überhaupt durch eine zunehmende Optionalisierung von Verhaltensweisen und Weltanschauungen geprägt ist.[40] Optionssteigerung und Pluralismus führen u. a. zur »wechselseitige[n] Fragilisierung aller gegebenen Auffassungen«[41] und in der Folge zu dem Phänomen, dass Menschen heutzutage leichter die Optionen variieren, wechseln und ausprobieren und dass sie eher locker den von ihrem Elternhaus, ihrer Kultur oder Gruppe vorgegebenen Pfaden folgen. Das schließt auch ein Ausprobieren oder mehrere Wechsel innerhalb einer Biographie ein. Wenn auch manche fundamentalistische Positionen suchen, um dieser Fragilisierung zu entgehen, so ist doch die Situation vieler Zeitgenossen sowohl innerhalb als auch außerhalb der religiösen Option dabei nach Taylors Analyse von einem »gegenläufigen Druck« (*cross pressure*) gekennzeichnet[42], weil man sich immer bewusst ist, dass es Alternativen gibt, und man um die Einwände gegen die eigene Position nur zu gut weiß. Das führt zu den vielfältigen Ausgestaltungen von Mittelpositionen, die Extrempositionen nach allen Seiten ablehnen, und sich zugleich selbst viele Möglichkeiten offenhalten.

Auch das ist im Übrigen weder eine gute noch eine schlechte Nachricht für die Situation der Kirche und ihrer Botschaft in unserer Gesellschaft, sondern einfach eine Beschreibung des Lebensgefühls vieler Zeitgenossen, einschließlich derer, die sich zur Kirche rechnen und die heute nur zu gut um die Problematik etwa der Gottesfrage angesichts der Erkenntnisse der Naturwissenschaften wissen oder um die Theodizeefrage oder den Projektionsverdacht gegenüber Religion, so dass auch ihre Zugehörigkeit zu Kirche und Glauben durchaus fragil sein und bleiben kann. Dann aber stellt sich als

---

[39] A. a. O., 72 u. ö.

[40] Vgl. die Aufnahme dieser These bei Hans Joas, Glaube als Option. Zukunftsmöglichkeiten des Christentums, Freiburg im Breisgau 2012.

[41] Taylor, Ein säkulares Zeitalter (s. Anm. 38), 515 u. ö.

[42] Vgl. a. a. O., 990 ff.

wichtige Herausforderung, mit diesem Ineinander von Optionalisierung und Fragilisierung umzugehen, aber auch mit der damit verbundenen Fokussierung auf das die eigene Begründungslast tragen müssende Individuum. Theologisch gesprochen: mit dem Ineinander von Gewissheit und Anfechtung, von falscher Sicherheit und echtem Vertrauen. Die Vorstellung eines religiösen oder weltanschaulichen Marktes aber, auf dem die Kirchen als bedarfsorientierte Anbieter und die Zeitgenossen als souveräne Verbraucher fungieren, dürfte an der Realität vorbeigehen. Ist hier wirklich das selbst-bestimmte, individuell gewählten Überzeugungen folgende, autonom jede Zumutung abweisende Subjekt der Bezugspunkt? Ist dieses nicht ohnehin eine Fiktion? Wie steht es um das nicht unbedingt frei entscheidende, sondern das mitgerissene, verwirrte, verängstigte, seine Freiräume bedrängt verteidigende und um sie verhandelnde Individuum, das möglicherweise zu erkennen, anzusprechen und zu verstehen wäre? Wie steht es um die Dialektik von Fremd- und Selbstzuschreibungen, dem unentwirrbaren Dickicht von antizipiertem, imaginiertem und tatsächlichem Erwartungsdruck, von Selbstbestimmung durch Abgrenzung, Angst vor Verwechslung und Protest, von Moden und Anti-Moden, von Inszenierung, Täuschung und Tarnung und was nicht alles die moderne Suche nach authentischer Selbstgewinnung ausmacht? Was hier wirklich Freiheitsgewinne bringt, mag in fast jedem Fall etwas anderes sein. Und so dürfte die Auffassung eine Illusion sein, man könnte *die* christliche Botschaft für *den* modernen Menschen bedarfsgerecht so reformulieren, dass sie das wählen müssende Subjekt schlicht als vorzugswürdig überzeugt. Freiheitsgewinne und Lebensgewissheiten, wie sie durch das Evangelium vermittelt werden sollen, können sich wohl nur immer wieder neu *einstellen*, indem sie sich selbst gegen die Unübersichtlichkeit der Optionen zur Geltung bringen. Diese Situation, die die Christenmenschen mit ihren Zeitgenossen teilen, dürfte sich dann am besten erhellen, wenn sich die christliche Botschaft an dem biblischen Ineinander von Anfechtung und Gewissheit, von Verborgenheit und Offenbarsein Gottes[43], von Entzug und Zuwendung, von verhängnisvoller Verstrickung des Menschen und seiner gründlichen Befreiung so orientieren würde, dass die Überwindung dieses Ineinanders als durch Gott selbst vollzogen bezeugt und getrost erwartet wird. Dazu gehört dann auch, dass die Christenheit starre Unterscheidungen von drinnen und draußen, von Christ und Nicht-Christ, von »Freund« und »Feind« immer wieder neu

---

[43] Vgl. etwa Ulrich H. J. Körtner, Der verborgene Gott. Zur Gotteslehre, Neukirchen-Vluyn 2000.

hinterfragt[44], um es am Ende »vertrauensvoll ihrem Gott [zu] überlassen, so oder so dennoch der eine Gott aller Menschen zu sein«[45].

Punkt 4: Konfessionslosigkeit und Religionslosigkeit verstehen und verfestigen sich durch Narrative, mit denen sich die Moderne über sich selbst verständigt. Es ist eine wichtige theologische Herausforderung aufzuzeigen, dass die Geschichte der Moderne auch anders erzählt werden kann, als dieses in manchen Narrativen von Aufklärung auf Kosten von Glauben und Religion der Fall ist – seien diese als Erzählungen eines schlechthinnigen Fortschritts oder als Verfallsgeschichte konstruiert.

Wir machen noch einmal von einem Gedanken Charles Taylors Gebrauch. Er weist darauf hin, dass zum Selbstverständnis der westlichen Moderne die Geschichte dazu gehört, wie es zu ihr gekommen ist. Sich als Resultat einer nacherzählbaren Geschichte zu verstehen, ist nicht nur Beiwerk zur Illustration einer an sich ohne sie auskommenden Überzeugung, sondern Teil der Sache selbst, weil sie elementarer Bestandteil der Selbstverständigung der Moderne über sich selbst ist. Auch und gerade säkulare, religionsskeptische bis dezidiert anti-religiöse Optionen sind in ihrem Selbstverständnis wesentlich davon geprägt, dass sie sich als die Überwindung eines vorherigen Zustands verstehen. Davon wissen sie zu erzählen und vermitteln so ein Gefühl dafür, wie »wir allmählich hierhin gekommen sind und einen früheren Zustand überwunden haben«[46]. Die »Entzauberung der Welt«, von der einst Max Weber sprach[47], macht sich auch darin bemerkbar, dass die einstige Verzauberung immer noch mit beschworen wird, um deutlich zu machen, welche Kämpfe es gekostet hat, sie zu überwinden. Das erklärt die vielen Ursprungslegenden der Wissenschaftsgeschichte, aber auch der politischen Geschichte der Neuzeit. Schon Humanismus und Renaissance erfanden die Epoche des »finsteren Mittelalters« (*aetas obscura*), von der sie sich als Rückwendung zu

---

[44] Es ist sicher eine wesentliche Pointe der synoptischen Erzählungen, dass Jesus permanent solche Grenzziehungen durch seine Botschaft und mehr noch durch sein Handeln konterkariert, ohne sie schlichtweg zu verneinen oder durch neue zu ersetzen. Man denke nur an den barmherzigen Samariter, an den Zöllner Zachäus, an den römischen Hauptmann unter dem Kreuz, den Hauptmann von Kapernaum u. a.

[45] KARL BARTH, Rechtfertigung und Recht. Christengemeinde und Bürgergemeinde [u. a.], Zürich 1998, 30.

[46] TAYLOR, Ein säkulares Zeitalter (s. Anm. 38), 56.

[47] MAX WEBER, Wissenschaft als Beruf, in: JOHANNES WINCKELMANN (Hrsg.), Gesammelte Aufsätze zur Wissenschaftslehre, Tübingen [6]1985, 582–613, 594.

den antiken Quellen absetzen konnten. An der üblichen Darstellung des Falls Galilei z. B. als eines heroischen Wissenschaftlers, der gegen den tumben, wissenschaftsfeindlichen Klerus antreten und um Leib und Leben fürchten musste, ist vieles falsch und verzeichnet[48]. Und die Evolutionstheorie wird zumeist nicht einfach als solide wissenschaftliche Rahmentheorie verstanden, sondern als Geschichte des zur ihr bekehrten und sie gegen die biblizistischen Theologen verteidigenden Charles Darwin erzählt. Religion erscheint in solchen Ursprungsgeschichten der Moderne als der hartnäckige Atavismus, der die Menschen einst in Dummheit und Abhängigkeit hielt und durch die Moderne überwunden wurde. Zugleich beschwören diese Erzählungen die Kämpfe gegen die rückständigen Kräfte, die den Weg der »Aufklärung« durch Wissenschaft und politische Revolution zu verhindern suchten und in mancherlei zeitgenössischer Gestalt immer wieder ihr hässliches Haupt erheben. Ratifiziert werden diese Narrative durch unsere je individuellen Biographien, in denen wir uns in unserer eigenen Bildungsgeschichte mit dem Phänomen der Entzauberung unserer Kinder- und Jugendwelt durch Aufklärung und Wissenschaft auseinandersetzen mussten. Der Vorwurf der Rückständigkeit oder – etwas verständnisvoller – des Nicht-Loslassen-Könnens lieb gewordener Phantasien einer heilen, kindlichen Welt liegt dann nahe. Es dürfte in dieser Situation ein offensichtliches Desiderat sein, in Theologie und Kirche zu den üblichen Narrativen der Moderne alternative, differenziertere und überzeugende Rekonstruktionen auszuarbeiten, um das Ineinander von Anspruch und Wirklichkeit der europäischen Moderne besser zu verstehen, um Theologie und Kirche in ein bedingt positives Verhältnis zu ihr zu setzen und deutlich zu machen, warum die europäische Entwicklung in der Neuzeit nicht einfach ein zu beklagender Umstand, sondern auch ein Teil unserer eigenen Geschichte, unserer eigenen Ansprüche und Enttäuschungen ist.

Punkt 5: Die Kirchentümer in Deutschland und in Westeuropa sind nicht das Christentum.
Vorgänge der Säkularisierung in der Moderne sind »pfadabhängig«, d. h. sie vollziehen sich in verschiedenen Staaten und erst recht verschiedenen Kulturen auf durchaus verschiedene Weise, auch wenn es zu Familienähnlichkeiten und vergleichbaren Trends kommt. Konfessionslosigkeit und schwindende religiöse Überzeugungen prägen in weiten Teilen Deutschlands die

---

[48] Dies gilt, ohne dass damit insinuiert werden soll, dass das Urteil gegen Galilei auch nur im mindesten gerechtfertigt gewesen wäre.

kirchliche Situation, aber dabei handelt es sich nicht um *die* Herausforderung des Christentums. Das Schwergewicht des Christentums hat sich jedenfalls numerisch längst Richtung Süden verschoben. Das *Pew Forum on Religion & Public Life* hat ausgerechnet, dass um 1900 noch über 80 % der Christen in Europa und Nordamerika lebten, während es um 2005 nur noch 40 % waren. Bis 2050 wird dieser Anteil wohl auf unter 30 % fallen.[49] Die Mehrheit der Christen lebt heute in Lateinamerika oder in Afrika, wobei sich in Afrika der Anteil des Christentums an der Bevölkerung von 9 % im Jahre 1900 bis auf 46 % im Jahr 2005 erhöht hat. Brasilien ist inzwischen das Land mit den meisten Katholiken und das Land mit den meisten Pfingstlern. Dass Religion in anderen Teilen der Welt eher zunehmende Bedeutung bekommt, ist inzwischen auch in den säkularisierten Ländern des Westens zu spüren, weil neue Kirchen und andere Religionen durch Migration auch zu ihnen kommen und die europäischen Kirchen und die nichtkirchliche Bevölkerung gleichermaßen herausfordern.

Wir müssen anerkennen, dass das Christentum ein global player ist, der nahezu überall zu finden ist und mit anderen global playern interagiert. Und wir müssen anerkennen, dass einstige Kerngebiete seiner Verbreitung in mancher Hinsicht zu Rand- und Sondergebieten werden, dass wir andererseits aber auch jetzt Herausforderungen gegenüberstehen, die die jungen Kirchen in anderen Erdteilen als Alltag erleben. Mission, Ökumene und interreligiöser Dialog vor dem Hintergrund lokaler Konfessionslosigkeit und globaler religiöser Interaktion sind damit zu Kernaufgaben heutiger Kirche und Theologie geworden, aber auch zu Bewährungs- und Kompetenzfeldern unserer Gemeindeglieder bis in den persönlichen Alltag. Anders als im 18. und 19. Jahrhundert, als äußere (und innere) Mission als Aufgaben formuliert wurden, haben wir es heute viel mehr und direkter mit der Frage zu tun, wie wir nicht nur mit Gleichgültigkeit, Unglauben und Aberglauben, sondern auch mit anderen Konfessionen und Religionen mitten unter uns praktisch und theologisch umgehen wollen. Um es mit einem Vergleich von Werner Ustorf zu formulieren: Die Thematik von Mission, Evangelisation, Ökumene und Religionsbegegnung ist von einer Aufgabe des Außenministeriums zu einer des Innenministeriums geworden.[50] Wir erleben ökumenische Vielfalt, wir erleben

---

[49] http://www.pewforum.org/uploadedfiles/Topics/Issues/Politics_and_Elections/ 051805-global-christianity.pdf [zuletzt aufgerufen am 17.06.2013].
[50] Werner Ustorf, Robinson Crusoe tries again. Missiology and European constructions of »self« and »other« in a global world 1789–2010, Göttingen 2010, 8f.

aber auch die Unausgeglichenheit verschiedener Frömmigkeitsstile und Überzeugungen der christlichen Konfessionen als ernsthafte Herausforderung, schwankend zwischen Wertschätzung, Toleranz und Ablehnung. Und wir erleben die Ratlosigkeit und mitunter Häme, mit der viele religiös unmusikalische Zeitgenossen dieser verwirrenden Vielfalt religiöser Meinungen und Praktiken begegnen.

Damit stellt sich als theologische Herausforderung die Frage nach interkulturellem Lernen, nach der Dialektik von Erneuerung und Bewahrung in der Begegnung mit dem Fremden. Was ist unser Eigenes? Warum hängen wir eigentlich daran? Was ist der gemeinsame Kontext, in dem wir zur Verständigung und zur Verkündigung aufgerufen sind? Was können wir verstehen als Sinn, als Bedeutung und Ziel dieser gemeinsamen Geschichte des Menschseins, an der wir alle, Christen und andere, teilnehmen?[51] Wiederum sind wir auf Verstehensprozesse zurückgeworfen, die an die Anfänge des Christentums erinnern: Wie verhalten wir uns zu Israel und zu den »Heiden«? Was bedeutet Gemeinde in einer unkirchlichen und multireligiösen Umwelt? Wie betreiben wir Evangelisation und Mission in einer verantwortlichen, der Freiheit von Menschen dienlichen und der Freiheit des Heiligen Geistes Raum gebenden Weise? Wie verhalten sich implizites und indirektes Zeugnis zur expliziten und ausdrücklichen Verkündigung?

5 Schluss: Das Leben der Kirche

Wie können wir auf diese Herausforderungen zugehen? Rezepte mit Erfolgsgarantie gibt es nicht. Überhaupt scheint fraglich, was denn hier »Erfolg« überhaupt heißen sollte: Wachsen gegen den Trend oder Gesundschrumpfen? Doch viel wichtiger als die ja eingangs schon relativierte Frage nach der Rekrutierung von Kirchenmitgliedschaft dürfte nach dem bis jetzt Vorgestellten ein Perspektivenwechsel sein, ein Wechsel von der Frage nach der *Erhaltung* von Kirche, die am Ende ohnehin nicht das Ergebnis unseres Handelns sein kann, hin zur Frage nach der *Lebendigkeit* unseres Christ- und Kirche-Seins. Die Metapher des »Lebens« scheint mir hier besonders hilfreich zu sein, weil im Lebensbegriff beides zusammenkommt: das Leben wird uns geschenkt; und doch müssen wir es selbst leben. Es ist nichts, was wir herstellen; und

---

[51] Vgl. als immer noch anregende Stimme Lesslie Newbigin, The Gospel in a pluralist society, Grand Rapids, Mich 1989, bes. 182.

doch ist zugleich das Leben innerhalb der Grenzen und Herausforderungen, die uns in seinem Vollzug zufallen, unsere Gestaltungsaufgabe.

Im Begriff des Lebens sind beide Momente, das Moment des Entzogenseins und der Unverfügbarkeit und das Moment der eigenen Verantwortlichkeit, immer schon miteinander vermittelt. Für das Leben der Kirche, die als Gemeinschaft der Glaubenden den Leib Christi bildet und damit am Leben des dreieinigen Gottes partizipiert, ist das Unverfügbare ihr inneres, unsichtbares Leben, das wir nicht herstellen können, dem wir aber doch Ausdruck und Gestalt verleihen. Die äußere, darstellende Gestalt der Kirche ist hingegen unser Werk, das sich jedoch an dem inneren Leben der Kirche, an dem dreieinigen Gott selbst auszurichten hat. Es ist die Lebendigkeit der Kirche in Raum und Zeit, im Leben auf Erden, in der Gottes Werk und der Menschen Beitrag zusammenkommen.

Eberhard Jüngel[52] hat vor einiger Zeit mit Bezug auf die Frage nach Mission und Evangelisation als Aufgabe der Kirche auf den Satz Goethes hingewiesen, dass »[i]m Atemholen [...] zweierlei Gnaden« sind: »Die Luft einziehen, sich ihrer entladen«. Jeder der atmet, weiß, was gemeint ist. Das Einatmen-Müssen wie das Ausatmen-Können sind Vorgänge, ohne die wir nicht leben könnten. Das gilt auch für das geistliche Leben der Kirche, und es gilt für sie besonders, weil ihr Leben in besonderer Weise auf Vorgänge von Sammlung und Sendung ausgerichtet ist. Sie verdankt sich als unsichtbare Kirche der Gnade Gottes, und sie ist als solche aufgerufen, wie es in der 6. These der Barmer Theologischen Erklärung heißt, »die Botschaft von der freien Gnade Gottes auszurichten an alles Volk«. Einatmend geht die Kirche in sich, ausatmend geht sie aus sich heraus. Und es sind zweierlei Gnaden, die sie dabei erfährt, und den Wechsel beider Bewegungen braucht sie zum Leben.[53]

---

[52] Die folgenden Ausführungen lehnen sich eng an Eberhard Jüngel, Mission und Evangelisation, in: ders., Ganz werden, Tübingen 2003, 115–136 an.

[53] Man könnte analoge Überlegungen auch an Schleiermachers bekannte Bestimmung des Lebens als eines Wechsels von Insichbleiben und Aussichheraustreten anschließen: »Das Leben ist aufzufassen als ein Wechsel von Insichbleiben und Aussichheraustreten des Subjects.« (Schleiermacher, Der christliche Glaube [s. Anm. 5], 25). Auch für Schleiermacher ist dieser Dual nicht als starre Antithetik zu verstehen, sondern eben gerade als spannungsvoller, das Leben als Vorgang, als elementare Bewegung prägender Wechsel von Empfänglichkeit und Selbsttätigkeit, über den dann auch systematische Fragestellungen wie das Wechselverhältnis von Identität und Differenz, von Selbigkeit und Veränderung allererst konstruktiv in den Blick genommen werden können. Es würde sich lohnen, diese Gesichtspunkte auch ekklesiologisch zu entfalten.

Wer nicht einatmet, wer nicht bei sich ist, wer nicht innehalten und in sich gehen kann, verliert sich. Die Bibel redet von Gottes Geist als dem Geist, der Menschen bewegt und die Kirche belebt. Und oft bezieht sich die Bibel auf das Bild des Windes oder des Lufthauches (hebräisch *ruach*, griechich *pneuma*) als Atem, den wir Menschen einatmen, von dem die Kirche erfüllt sein muss, um geistlich leben zu können. Die Kirche muss zu Atem kommen, um sich immer wieder als das zu erneuern, was sie eigentlich ist und was sie eben selbst nicht machen kann. Das tut sie vor allen Dingen im Gebet, in ihren Gottesdiensten, in dem Hören auf die biblischen Texte, in ihrer Versammlung um den Tisch des Herrn, aber überhaupt in alledem, wo sie sich auf Jesus Christus als den Herrn der Kirche besinnt. Da ist sie bei sich, da sammelt sie sich, da erbaut sie sich.

Doch umgekehrt gilt: Wer die Luft anhält, kann ersticken. Wenn die um Wort und Sakrament versammelte und auf Christus hin ausgerichtete Gemeinde den Geist Gottes anhalten, wenn sie ihn für sich behalten, wenn sie »von ihm gar Besitz ergreifen, ihn nostrifizieren wollte[.], so würde[.] sie an dieser göttlichen Gabe regelrecht ersticken«[54]. Die Kirche muss, wenn sie lebendig sein und bleiben will, auch ausatmen. Sie muss nicht nur in sich, sie muss auch aus sich herausgehen können. Sie muss den Geist Gottes freilassen und sich selbst nicht nur halbherzig, nicht nur gezwungenermaßen, sondern um ihrer eigenen Lebendigkeit willen nach außen wenden, um im Alltag der Welt zur Geltung zu bringen und in den Alltag der Welt zu investieren, was sich ihr beim geistigen und geistlichen Atemholen mitgeteilt hat. So wie sie immer wieder in sich geht, muss die Kirche immer wieder aus sich heraus, ja über sich hinausgehen.

Einatmen und Ausatmen als Grundbewegungen des Lebens müssten sich eigentlich von selbst verstehen. Das eine gibt es nicht ohne das andere, und es ist der kraftvolle Wechsel zwischen beidem, der Leben ausmacht. Auch an Gottesdiensten, auch an Besinnlichkeit und Frömmigkeit, auch an Luther, Händel und Bach kann man ersticken, wenn man sie nicht mehr teilen kann, wenn man nicht mehr mitteilen kann, was sich durch die Tradition vermittelt. Das ist schon eine weltliche Weisheit, dass Binnenmilieus bald muffig werden, dass einseitige Spannungen zu Verspannungen führen. Es ist aber auch eine geistliche Wahrheit, dass beide Bewegungen zum Leben des einzelnen Christenmenschen wie zum Leben der Kirche elementar hinzugehören.

---

[54] A. a. O., 116.

Man könnte beide Bewegungen auch mit den christlichen Grundmotiven von Sammlung und Sendung beschreiben. Die Sammlung der Kirche, wie wir sie eingangs geltend gemacht haben, steht für die Versammlung der Glaubenden um den Inhalt des Glaubens, um ihre relative Abwendung und Emanzipation von der Welt und ihre Ausrichtung auf den Empfang dessen, was ihr von jenseits des Manifesten und Faktischen zuwächst. Insofern es dabei um eine konkrete Versammlung in diesem Leben auf Erden geht, ist in dieser zentralen Perspektive zunächst einmal die Ortsgemeinde derjenigen Christenmenschen die zentrale Kategorie, die tatsächlich räumlich und zeitlich zusammenkommen, die dann aber auch zusammengeschlossen sind dadurch, dass sie als Menschen eines Ortes, einer Gegend, eines Landes herausgerufen und zum Leib Christi vereinigt sind.[55] Wo immer zwei oder drei in Jesu Namen versammelt sind, da stellt sich das Leben der Kirche ein. Wo immer aber zwei oder drei im Namen Jesu versammelt sind, da wollen sie nicht lange unter sich bleiben. Die Sache, der Sinn und Zweck dieser Versammlung ist die gemeinsame Teilnahme dieser Menschen am Leben Gottes selbst. Diese Bewegung der Sammlung und des Herausgerufenseins hat mancherlei Aspekte. Zu ihr gehört auch die Mahnung des Apostels: »Stellt Euch nicht dieser Welt gleich!« (Röm 12,2) Es gehört durchaus zum Selbstbewusstsein des christlichen Glaubens, sich in seiner Organisationsform, seinen Themen und internen und öffentlichen Diskursen, in seinen Grundüberzeugungen partiell vom Zeitgeist abzukoppeln. Das Atemholen der christlichen Kirche ist auch ein Stück Unabhängigkeit, weil es sich vom langen Atem Gottes, von seinem Geist getragen weiß.

Die Sendung der Gemeinde ist dann wiederum die Gegenbewegung in die Welt, die unbedingte Zeitgenossenschaft, mit der sich Christenmenschen und mit der sich die Kirche ganz und gar und ohne Vorbehalte der Wirklichkeit dieser Welt stellt, den Mut zur Neuausrichtung nicht als unbedingte, aber als relative Anpassung an die Bedingungen dieses Lebens auf Erden, als Eingehen auf die Themen und Diskurse unserer Gesellschaft, auf den Geist, die Methoden und Ergebnisse der Wissenschaft, um nicht nur gleichzeitig, sondern solidarisch mit den Leidenden und Entrechteten, mit allen Mitmenschen und mit Gottes ganzer Schöpfung zu leben. Im Atem, im Geist Gottes und also im Leben der Kirche sind zweierlei Gnaden: Sammlung und Sendung, Insichgehen und Aussichherausgehen, nicht einfach nur von dieser Welt zu sein und doch ganz in ihr und für sie zu existieren.

---

[55] Vgl. Karl Barth, Christengemeinde und Bürgergemeinde, in: ders., Rechtfertigung und Recht. Christengemeinde und Bürgergemeinde, Zürich ³1984, 49–82, 49.

PROTESTANTISMUS ALS BILDRELIGION

Zum Umgang mit (post-)säkularen Herausforderungen

Malte Dominik Krüger

Den spätmodernen Protestantismus als kritische Bildreligion zu verstehen, ist mit jüngsten Neuorientierungen unserer Kultur und ihrer Selbstthematisierung (»iconic turn«) möglich. Der Protestantismus wird so im (post-)säkularen Zusammenhang plausibel: Das protestantische Materialprinzip (»Rechtfertigungslehre«) und Formalprinzip (»Schriftlehre«) können mithilfe der inneren und äußeren Bildlichkeit plausibilisiert werden. Damit wird der Protestantismus aus einer Außenperspektive zu einer sinnigen Leerstelle und aus einer Innenperspektive zu einer kritischen Einstellung – nicht nur gegenüber eigenen Verabsolutierungen, sondern auch gegenüber einer (post-) säkularen Welt, die das Wechselspiel von Entzug und Präsenz in einer von bildlichen Darstellungsformen und (Selbst-)Inszenierungen beherrschten Wahrnehmung buchstäblich übersehen kann.[1]

1 RELIGION ALS OPTION

Die ostdeutsche Situation des Protestantismus scheint durch eine konfessionslose Umwelt bestimmt zu sein. Mitunter heißt es, der ostdeutsche Protestantismus würde damit – mehr oder weniger – selbst im europäischen Zusammenhang eine Ausnahme darstellen. Dies relativiert sich, wenn man die Debatte über die gegenwärtige Bedeutung von Religion realisiert. Denn gleich-

---

[1] Der folgende Beitrag ist eine Überarbeitung, Ergänzung und Fortschreibung meines Beitrags »Negative Theologie des Bildes. Zur Skizze einer zeitgenössischen Theologie« (Loccumer Protokolle). Grundsätzlich gilt für das Folgende: Wenn eine Aussage oder ein Referat nicht unmittelbar am Ende durch eine Anmerkung nachgewiesen wird, ist die Angabe der im Text folgenden Anmerkung darauf zu beziehen.

gültig, ob man eine Renaissance der Religion für diagnostizierbar hält oder das Phänomen des neuen Atheismus für zeitgemäßer ansieht: In beiden Fällen zeigt sich die Einsicht in die Überflüssigkeit von Religion; in ihrem »Dass« und »Was« ist Religion optional, nämlich ein mögliches und nicht notwendiges Teilsystem in unserem Zusammenleben.[2]

Als Bezugspunkt für die Renaissance der Religion wird häufig der religiöse Fundamentalismus genannt, wie er sich im – übrigens auf bildhafte Wirkung angelegten – Anschlag vom 11. September 2001 zeigte, und wie er in vielfältiger Form fortbesteht. Man kann auch an gewalttätige Vorfälle in Israel oder in Irland denken. Doch die diagnostizierte Wiederkehr der Religion erschöpft sich keinesfalls in Formen eines gewalttätigen und politischen Extremismus. Sie ist auch zivil und auch durchaus weniger politisch. Dies ist etwa dann der Fall, wenn eine »Wellness für die Seele« auf Pilgerwegen auch für Normalbürger so attraktiv wird, dass sich Hape Kerkeling und die »Bild-Zeitung« des Jakobsweges annehmen können, ohne Angst vor Auflagenverlust haben zu müssen: Spiritualität, wie es im Jargon kapitalistischer Börsensprache und des religiös gern gescholtenen Teilsystems der Wirtschaft heißt, boomt. Moderne Sinndefizite scheinen eine Besinnung auf die Kraft religiöser Überzeugungen nahezulegen, die unterschiedlichen Traditionen angehören und individuell durchaus verschieden verbunden werden. Von der östlichen Esoterik über die lateinische Messe bis zur brasilianischen Befreiungstheologie ist vieles im Angebot, um von der mitunter religiös aufgeladenen Forderung nach politischer Korrektheit erst gar nicht zu reden. In der individuellen Mischung kommen oft noch weitere, durchaus pragmatische Aspekte zum Tragen. Wie immer man diese aus verschiedenen Momenten zusammengesetzte Religion des Individuums beurteilt: Offenkundig ist sie verbreitet.

Neben diesen Anzeichen für eine neue Akzeptanz und Erscheinung des Religiösen in der alltäglichen Lebenswelt gibt es auch in den etablierten Wissenschaften entsprechende Entwicklungen. So ist für viele Soziologen der Begriff der Säkularisierung trotz seiner die eigene Fachidentität bestimmen-

---

[2]   Vgl. zur Problemanalyse auch: Michael Domsgen, (Ost-)Deutschland und die Herausforderung der Konfessionslosigkeit. Einleitende Überlegungen zu einem immer wichtiger werdenden Thema, in: ders., Konfessionslos – eine religionspädagogische Herausforderung. Studien am Beispiel Ostdeutschlands, Leipzig 2005, 9–21. Vgl. zur These von der weltlichen Nichtnotwendigkeit Gottes im Anschluss an Friedrich Wilhelm Joseph Schelling und in Verbindung mit Überlegungen Dietrich Bonhoeffers: Eberhard Jüngel, Gott als Geheimnis der Welt. Zur Begründung der Theologie des Gekreuzigten im Streit zwischen Theismus und Atheismus, Tübingen ⁴1982, 16–132.

den Funktion nur bedingt hilfreich. An der Säkularisierungsthese wird nicht allein ihr vermeintlich eindimensionaler Fortschrittsoptimismus und ihre eurozentrische Ausrichtung kritisiert, sondern dass sie empirischen Tatsachen nicht standhält. Trotz der Positionsverluste der Kirchen ist, so etwa Thomas Luckmann, die Religion für das Individuum von steigender Bedeutung; sie hat nach dieser Lesart lediglich ihre Formen geändert und tritt individualisiert auf. Ähnlich denkt auch Trutz Rendtorff. Andere gegenwärtig vieldiskutierte Denker wie Hans Joas meinen, dass es die Säkularisierung im strengen Sinn gar nicht gegeben hat; was sich demnach vollzieht, ist allein eine Selbstkorrektur von Intellektuellen und ihrer These. Wie dies auch immer im Einzelnen zu bewerten ist: Weltweit jedenfalls ist die Religion nicht im Rückzug; Industrialisierung, Bildung und Urbanisierung haben global der Religion nicht geschadet. Vielmehr hat sie so ihre Vitalität und Flexibilität gesteigert: Ein selbstbewusster Islam und pfingstlerisches Christentum sind entschieden auf dem Vormarsch. Das alte Europa mag da nicht vorn dabei sein. Doch selbst hier scheinen religionskritische Entwicklungen in gewisser Hinsicht umkehrbar, heißt es, wenn Religion von Jürgen Habermas im Gespräch mit Joseph Ratzinger als eine ins Nicht-Religiöse übersetzbare Ressource entdeckt wird. Religion soll bestimmte Fehlentwicklungen der Moderne korrigieren. Religion soll in einer auf Funktionalität abstellenden Welt und dem damit in seiner Gegenläufigkeit gesetzten Individualismus den Menschen in seinem berechtigten Eigenwert retten – oder zumindest dafür hilfreich sein. Damit ist zugleich gesagt: Die Renaissance der Religion erwächst aus Fragestellungen der Moderne, nicht der Vormoderne. Man spricht daher von einem postsäkularen Zeitalter, das weder einfach religiös im alten Sinn noch säkular im neuzeitlichen Sinn ist.[3]

Doch die damit einhergehende Offenheit für eine konstruktive Fortschreibung der Religionsgeschichte im Horizont der Spätmoderne – wenn auch vielleicht lediglich im Sinn einer soziologischen Meistererzählung – hat in der Öffentlichkeit einen Gegner. Dies ist der so genannte neue Atheismus. Er

---

[3]   Vgl. zur dargestellten Diskussion mit zahlreichen Belegen und Hinweisen zu weiterführender Literatur: HANS-JOACHIM HÖHN, Der fremde Gott. Glaube in postsäkularer Kultur, Würzburg 2008; THOMAS LUCKMANN, Die unsichtbare Religion, Frankfurt a. M. 1991; JÜRGEN HABERMAS, Zwischen Naturalismus und Religion. Philosophische Aufsätze, Frankfurt a. M. 2009; JOSÉ CASANOVA, Public Religious in the Modern World, Chicago/London 1994; MARTIN RIESEBRODT, Die Rückkehr der Religionen, München ²2001; HANS JOAS, Braucht der Mensch Religion? Über Erfahrungen der Selbsttranszendenz, Freiburg 2005; FRIEDRICH WILHELM GRAF, Wiederkehr der Götter. Religion in der modernen Kultur, München 2004.

ist nicht allein ein aus dem Feuilleton und aus Talkshows bekanntes oder in Bahnhofsbuchhandlungen buchstäblich greifbares Phänomen, das erklärt werden muss. Vielmehr setzt der neue Atheismus auch im Anschluss an die europäische Aufklärung darauf, die Unhaltbarkeit der Religion endgültig vorführen zu können. Im Kern geht es neben literarischen und kulturtheoretischen Abblendungen der Religion – etwa bei Philip Roth, Ulrich Beck oder Peter Sloterdijk – insbesondere um einen szientifischen Atheismus. Er ist ein evolutionstheoretisch, soziologisch und neurowissenschaftlich formatierter Naturalismus. Am bekanntesten ist als Vertreter vielleicht Richard Dawkins. Auch Daniel Denetts Naturalisierungsprogramm ist prominent. Einen entscheidenden Rückhalt hat der szientifische Atheismus in der Einsicht: Die uns bis in kleinste Abläufe formierende Naturwissenschaft benötigt keinen Gottesbegriff oder keinen Religionsbezug, und dies prägt unseren Alltag. Diese Erkenntnis kann dann etwa bei Slavoj Žižek, Giorgio Agamben oder Alain Badiou so ausbuchstabiert werden, dass der Atheismus theologische Gedankenfiguren beerbt. Produktiv werden theologische Gedankenfiguren vom Atheismus gebraucht, ohne dabei das alte Pathos der religionskritischen Verabschiedung der Religion aufbieten zu müssen. Die Religion hat sich so überlebt, dass man nicht mehr nachsetzen muss: Der Gottestod scheint ein Lebensgefühls geworden zu sein, so dass darin selbst die genuin religiöse Dimension verblichen ist.[4]

Theologisch wird damit ein Denken freigelegt, das die theologische Zuständlichkeit (»Religion«) und Gegenständlichkeit (»Gott«) des menschlichen Bewusstseins so bestimmt, wie es viele gegenwärtig in unserem Kulturraum erleben: Gott ist weder (theoretisch als Vorstellung) gegeben noch (praktisch als Einstellung) aufgegeben. Nicht zufällig hat die moderne Theologie weithin davon Abstand genommen, Gott theoretisch in Beweisen vorzuführen oder praktisch in Vollzügen zu unterstellen. Gott als Produkt unseres Denkens beziehungsweise Bestandteil unseres Handelns – das scheint den aus der herkömmlichen Religionskritik bekannten Projektionsverdacht zu stärken, wie dies Falk Wagner besonders herausgearbeitet hat. Gott ist demnach bloß ein Konstrukt, das zumindest tendenziell unangemessen ist und der menschlichen Selbstentfaltung im Weg steht. Doch auch die theologisch angesichts dieser Lage scheinbar attraktive Theorieoption, mit Friedrich Schleiermacher

---

4   Vgl. mit zahlreichen Belegen und Hinweisen zu weiterführender Literatur der genannten Protagonisten: Gregor Maria Hoff, Die neuen Atheismen. Eine notwendige Provokation, Regensburg 2009; Peter Kemper u. a. (Hrsg.), Wozu Gott? Religion zwischen Fundamentalismus und Fortschritt, Leipzig 2009.

die Bedeutung der Gegenständlichkeit zugunsten der Unumgänglichkeit der Zuständlichkeit zu relativieren, überzeugt lediglich bedingt. Zum einen lässt sich die Symbolisierungsfunktion des religiösen Bewusstseins (»Religion«) allein um den Preis abstrakter Einseitigkeit von seiner Symbolisierungsgestalt (»Gott«) trennen; denn die religiöse Einbildungskraft erscheint (auch sich selbst) als solche erst in einem Gottesbild, mithin gehören theologisch die zuständliche und gegenständliche Seite des religiösen Bewusstseins zusammen. Und zum anderen lässt sich Religion als notwendiges Moment menschlicher Selbstdeutung zwingend lediglich dann behaupten, wenn man das Selbstverständnis vieler Zeitgenossen übergeht. So setzt man sich jedoch dem Verdacht einer Vereinnahmung aus, die ohnehin nur diejenigen zu überzeugen scheint, die es schon sind, und ruft den Eindruck hervor: Hier handelt es sich um das altbekannte Muster kirchlicher Bevormundung und Selbstimmunisierung. Dies scheint keine einladende Möglichkeit zu sein.

Man wird sich der Einsicht stellen müssen: Weder um theoretisch denken noch moralisch handeln zu können, bedarf es zwingend des Bewusstseins Gottes. Das heißt im Umkehrschluss nicht, dass Religion und Gott als Möglichkeiten abwegig sein müssen; sie entfallen lediglich als etwas, was man zwingend wirklich hinstellen kann. Doch wenn Religion und Gott insofern überflüssig sind: Wozu bedarf es ihrer eigentlich? Auf dieser Ebene erweist sich meines Erachtens die Renaissance der Religion nicht als freundlicher Halbbruder der gegenwärtigen Theologie, sondern als dialektischer Zwilling des neuen Atheismus. Wenn das Religiöse letztlich allein insoweit plausibel ist, als es in das Nicht-Religiöse übersetzt werden kann, bleibt von der Plausibilität des Religiösen kaum mehr übrig als im neuen Atheismus. Anders gesagt, um an die wirkungsgeschichtliche Dialektik des Hegelianismus zu erinnern: Gerade die nicht-religiöse Rechtfertigung der Religion macht letztere überflüssig. Möchte man das damit einhergehende Problembewusstsein weiterverfolgen, kann man meines Erachtens fragen: Welche Anschlussplausibilitäten lassen sich ausmachen, die rechtfertigungstheoretisch – im formalen und materialen Sinn, nämlich als nachvollziehbarer Begründungsverzicht und protestantisches Binnenprinzip – einleuchten?[5] Nur um es an dieser

---

[5] Vgl. zur Lage der gegenwärtigen Theologie und der genannten Diskussionen mit weiterführenden Hinweisen: JÖRG DIERKEN, Fortschritte in der Geschichte der Religion? Aneignung einer Denkfigur der Aufklärung, Leipzig 2012; INGOLF U. DALFERTH, Radikale Theologie, Leipzig 2010; KLAUS MÜLLER, Der Streit um Gott. Politik, Poetik und Philosophie im Ringen um das wahre Gottesbild, Regensburg 2006; ULRICH BARTH, Gott als Projekt der Vernunft, Tübingen 2005; DIRK EVERS, Zwei Perspektiven und die eine Wirklichkeit.

Stelle ausdrücklich festzuhalten: Ein nachvollziehbarer Begründungsverzicht meint keine binnenkirchliche Selbstgenügsamkeit, sondern deren Umformung unter Bewahrung ihrer berechtigten Eigenständigkeit, und zwar gerade in ihrer Anschlussfähigkeit. Das heißt auch: Die Theologie sollte nicht indirekt das Geschäft eines eindimensionalen Atheismus erledigen, indem sie sich selbst nur auf Formen ausdrücklicher Religion festlegt, anstatt grundsätzlich religiös relevante Aspekte zu thematisieren.

2 Spätmoderne als Bildkultur

Zwar gab es schon in den frühesten Zeiten des Menschen bildliche Darstellungen, die ein Kriterium des Menschen zu sein scheinen und ihn als symbolisierendes Lebewesen zu erkennen geben; bekannt sind in diesem Zusammenhang die Bezeichnungen »homo pictor« von Hans Jonas und »animal symbolicum« von Ernst Cassirer. Doch heute sind fast alle Bereiche des privaten und öffentlichen Lebens von Bildern geprägt. Im Alltag begegnet man in illustrierten Zeitschriften, auf öffentlichen Werbeplakaten und auf den – auch so genannten – Bildschirmen von Personalcomputern unzähligen Bildern (»Bilderflut«). Hauptsächlich infolge der digitalen Revolution und der ihr folgenden Vernetzung sind ständig und weltweit Bilder präsent, die von technisch nachgemachten Abbildern zunehmend zu interaktiven, autonomen und weltweit wandernden Bildern werden. Begriffliche Erklärungen werden zumindest tendenziell durch bildliche Präsentationen ersetzt (»PowerPoint«) und Informationen verstärkt visuell weitergegeben. Dies geschieht auch in Bereichen wie Geisteswissenschaften, die traditionell der begrifflichen Argumentation vertrauen, von der Bilderliebe der Neurowissenschaften mit ihren bildgebenden Verfahren oder dem Allgemeinplatz, neuzeitliche Naturwissenschaft als Sichtbarmachung des andernfalls unsichtbar Kleinen oder Großen zu begreifen, ganz zu schweigen. Doch nicht allein wissenschaftlich, sondern auch gesellschaftlich und politisch rücken bildliche Formen von Darstellung, Präsenz und (Selbst-) Inszenierung immer mehr in den Vordergrund, wie es durchaus auch kritisch heißt. Wer etwas sagen möchte, muss sich ins

---

Anregungen zum Diskurs zwischen Glauben und Wissenschaft, Karlsruhe 2010; Udo Schnelle, Offenbarung und/oder Erkenntnis der Vernunft? Zur exegetischen und hermeneutischen Begründung von Glaubenswelten, in: Christof Landmesser/Andreas Klein (Hrsg.), Offenbarung – verstehen oder erleben? Hermeneutische Theologie in der Diskussion, Neukirchen-Vluyn 2012, 119–137 .

rechte Bild setzen, am besten in das des Fernsehers, in dessen Bildern – etwa in einer »Castingshow« – zu erscheinen für manche buchstäblich zum Lebenswunsch wird: Früher wollte man in den Himmel, heute auf den Bildschirm. Auch in diesem Zusammenhang kann man die Eigenart einer Gesellschaft diskutieren, die – potenziert durch Bilder von und in Massenmedien – das Spektakuläre sucht. So wird die Aufzeichnung von Kamerabildern zur Herausforderung einer auf Sichtbarkeit angelegten Kultur werden. Dies gilt insbesondere, wenn sich diese Kultur vor einer medialen Überwachung in Staat und Wirtschaft ebenso fürchtet wie vor einer bildversessenen und dabei bildungsvergessenen Spaßgesellschaft, die Realität lediglich simuliert. Doch es gibt auch Heilserwartungen im Blick auf technische Bilder. So kann man im Medium des weltweit vernetzten Bildschirmes eine gerechte und freie Welt kommen sehen – Stichwort »arabischer Frühling« –, die manche sogar auf eine elektronische Unsterblichkeit des Mentalen hoffen lässt. Darauf setzt nicht allein philosophisch der sogenannte Posthumanismus. Vielmehr scheinen Computerspiele wie »Second Life« oder digitale Friedhöfe mit dem alttestamentlich anmutenden Versprechen immerwährenden Namensgedächtnisses schon einen Vorgeschmack zu vermitteln.[6]

Vor dem Hintergrund insbesondere dieser Entwicklungen ist zeitdiagnostisch von einer Wende zum Bild die Rede, der man über empirische Anzeichen hinaus eine grundlegende Bedeutung zuschreibt. In Anlehnung an den »linguistic turn« und damit in gewisser Hinsicht auch als dessen Korrektur wird von einer Wende zum Bild gesprochen. Der »linguistic turn« wurde im Jahr 1967 von dem US-amerikanischen Philosophen Richard Rorty als Revolution ausgerufen. Richard Rorty versteht unter dem »linguistic turn« eine Wende in der englischsprachigen Philosophie des 20. Jahrhunderts. Sie besteht in der Ansicht: Über die Welt zu sprechen, bedeutet in Wahrheit, über eine angemessene Sprache zu sprechen. Mit dem »linguistic turn« wird die Sprachphilosophie programmatisch zur Methode: Die Sprachanalyse kann für beliebige Themen gebraucht werden. Für Richard Rorty ist dies eine Revolution, weil damit nicht allein die Sprachphilosophie, sondern auch die Philosophie insgesamt neu ausgerichtet wird. Demzufolge meint die Philosophie nicht mehr, wie von der Antike bis zur Barockzeit die Dinge im Sein (»Ontologie«) oder wie in der Neuzeit bis zur Moderne im Bewusstsein (»Transzen-

---

[6]   Vgl. mit zahlreichen Belegen und weiterführenden Hinweisen: Martin Schulz, Ordnungen der Bilder. Eine Einführung in die Bildwissenschaft, München ²2009; MATTHIAS BRUHN, Das Bild. Theorie – Geschichte – Praxis, Berlin 2009; GUSTAV FRANK/BARBARA LANGE, Einführung in die Bildwissenschaft, Darmstadt 2010.

dentalphilosophie«) erfassen zu können. Vielmehr ist der letzte Anhalt vernünftiger Verständigung in der Sprache zu finden. Man verknüpft diesen »linguistic turn« häufig mit Ludwig Wittgenstein, und verweist auch auf die vorsokratische Bestimmung, wonach der Mensch das Lebewesen mit Sprache ist (*zôon logon echon*). Inzwischen – spätestens seit den 1980er Jahren – ist diese Wende mit ihrer Konzentration auf die Sprache in die Kritik geraten, wenn sie so verstanden wird, dass alle Wirklichkeit nach dem Muster der Sprache strukturiert ist. Denn kann man tatsächlich alle Bedeutungen auf Sprache zurückführen? Ist alles Denken sprachlich – oder gibt es nicht auch Bilder, Gefühle und Klänge in unseren Vorstellungen, die erst nachgängig und nur unvollständig sprachlich fassbar sind? Werden mit sprachphilosophischem Ansatz nicht Dimensionen der Natur und Kultur, der Materialität und Lebenswelt zugunsten der traditionell einseitigen Aufwertung des logischen Vermögens abgewertet? Ist Sprache zwar unumgänglich, aber eben auch nicht allumfassend? In dieser Fluchtlinie hat sich in den letzten Jahrzehnten der Diskurs verschoben, ohne dass der »linguistic turn« einfach abgetan wäre. Vielmehr kommt es zu einer gewissen Relativierung, die sich in gewissen neuen Wenden »turns« ausspricht. Diese Entwicklung stellt in einer nachgängigen Deutung einen plausiblen Zusammenhang dar, ohne dass man eine Zukunftsprognose wagen könnte. Doch: Es wird immer neue Wendungen geben. Gerade diese Relativität aber gibt den einzelnen »turns« ihre wissenschaftlich zu rechtfertigende Bedeutung, wenn Wissenschaft eine Überholung ihrer selbst ist.[7]

Der letzte »turn« ist die Wende zum Bild, die in den gerade in den USA schon etablierten und in Europa entstehenden Bildwissenschaften untersucht wird. Man spricht von einem »imagic«, »iconic«, »pictorial« oder »visualistic turn«, so jedenfalls Ferdinand Fellmann, Gottfried Boehm, William J. T. Mitchell und Klaus Sachs-Hombach. Welche Programmformel man auch bevorzugen mag: Wesentlich richtet sich die Bildtheorie, die sich in diesen Programmformeln ausspricht und sich derzeit akademisch institutionalisiert, nicht allein auf konventionelle Darstellungen (»Tafelbild«), wie sie in Europa seit der Renaissance recht prominent sind. Vielmehr werden mit dem Bildbegriff auch Formen des gesellschaftlichen Umgangs und Grenzen der begrifflichen Argumentation in den Blick genommen. Insofern wird mit dem Bild-

---

[7] Vgl. mit zahlreichen Belegen und weiterführenden Hinweisen: Doris Bachmann-Medick, Cultural Turns. Neuorientierungen in den Kulturwissenschaften, Reinbek ⁴2010, bes. 7–57. 329–416.

begriff im Medium des Begriffs das reflektiert, was sich gerade dem Ausgriff des Begriffs entzieht und mit dem gesellschaftlichen Gebrauch sowie mit der sinnlichen Verkörperung des Begriffs zusammenhängt.[8]

Im Zentrum der Bildtheorie steht die Frage »Was ist ein Bild?«, die nicht im Sinn eines platonischen Essentialismus begriffen werden muss. Es gibt im Grunde vier Möglichkeiten, diese Frage zu beantworten. Die erste, die zeichentheoretische Richtung – vertreten etwa von Nelson Goodman und Oliver R. Scholz – sagt: Das Bild ist ein Zeichen. Es ist Teil eines primär kommunikativen Zeichensystems. Nicht naturwüchsige Ähnlichkeit zwischen dem Abgebildeten und seiner Darstellung, sondern kulturelle Konvention ist entscheidend; und der Umgang mit Bildern ist konventionell zu erlernen. Ein entscheidender Kritikpunkt lautet: Hier wird das Besondere des Bildbegriffs durch die Allgemeinheit des umfassenderen Zeichenverständnisses verfehlt. Insbesondere das Eigenrecht der sinnlichen Verkörperung des Bildes scheint verspielt. Die zweite, wahrnehmungstheoretische Richtung – vertreten etwa von Maurice Merleau-Ponty und Lambert Wiesing – sagt: Das Bild ist eine wahrnehmbare Erscheinung. Es ist ein Gegenstand, dessen sichtbare Eigenschaften strukturell nicht in einen lesbaren Text oder eine besondere Bedeutung übersetzbar sein müssen. Das Bild ist am Ende eine sichtbare Erscheinung, die in ihrer Sinnlichkeit einen Sinn verrät, der von der Sprache nicht eingeholt werden kann. In der französischsprachigen Bildtheorie wird diese Sinnlichkeit auch gern mit der Annahme eines affektiven Eigenlebens des Bildes kombiniert. Ein entscheidender Kritikpunkt lautet: Hier wird mit einer letzten Unverständlichkeit gespielt, die theoretisch tendenziell dualistisch und praktisch tendenziell ausgrenzend ist; noch weniger überzeugt die einseitig personalisierende Rede vom Eigenleben der Bilder, die auf die menschliche Passivität abstellt, ohne das konstruktive Vermögen des Menschen angemessen zu berücksichtigen. Hier droht im schlimmsten Fall eine neue Mythologie des Bildes. Die dritte, anthropologische Richtung – vertreten etwa von Hans Jonas und Hans Belting – sagt: Das Bild ist etwas besonders Menschliches. Das Spezifische des Bildes liegt in seiner existenziellen Menschlichkeit und das Spezifische des Menschen in seiner Bildlichkeit; nicht erst das Spre-

---

[8] Vgl. zu den genannten Schlagworten und den in ihnen zum Ausdruck kommenden Konzeptionen die folgenden Studien: FERDINAND FELLMANN, Symbolischer Pragmatismus. Hermeneutik nach Dilthey, Reinbek 1991; GOTTFRIED BOEHM (Hrsg.), Was ist ein Bild? München 1994; WILLIAM J. T. MITCHELL, Picture Theory, Chicago/London 1994; KLAUS SACHS-HOMBACH, Das Bild als kommunikatives Medium. Elemente einer allgemeinen Bildwissenschaft, Köln 2006.

chen, sondern die schon bei Immanuel Kant prominente Einbildungskraft zeichnet den Menschen aus; und in der Bildproduktion wird die weltdistanzierende Freiheit des Menschen sich selbst anschaulich. Die Rede vom geistigen und materiellen Bild ist daher keine bloße Namensgleichheit. Vielmehr geht es in beiden Fällen um das Bewusstsein von etwas, das – wie im Film oder der Vorstellungskraft – in seiner Abwesenheit gegenwärtig ist. In dieser Form realisiert das menschliche Bewusstsein seine Freiheit in der Welt und gegenüber der Welt. Ein entscheidender Kritikpunkt lautet: Hier wird mit der hermeneutisch gängigen und der auf manches anwendbaren Verschränkung von Abwesenheit und Anwesenheit das Spezifische des Bildes nur ungenau erfasst. Die vierte, die negationstheoretische Richtung – vertreten etwa von Reinhard Brandt oder Christoph Asmuth – sagt: Das Bild ist eine konkrete Negation. Es ist genau dasjenige nicht, was es abbildet; zum Beispiel ist ein abgebildetes Haus kein reales Haus, aber genau dieses bestimmte reale Haus nicht, das abgebildet wird. Dieses Bildverständnis ist allerdings nicht daran gebunden, dass das Abgebildete neben dem Bild existieren muss, sondern das Bild kann sich auf etwas beziehen, was lediglich abgebildet wird. Diese sinnlich rückgebundene Operation konkreter Negativität ist als relationale Negation erst dann zu sehen, wenn sie zumindest zugleich gedacht wird. Denn relationale Negationen müssen immer auch verstanden werden. Damit rückt die Einbildungskraft in ihrer negativen Selbstbezüglichkeit in den Mittelpunkt. Ein entscheidender Kritikpunkt lautet: Dieses Bildverständnis ist einseitig kognitiv-abstrakt und schließt darin scheinbar paradox gerade abstrakte Bilder aus, die keine Abbildungen bieten. Dies ist in der Tat ein prekärer Punkt, der sich meines Erachtens jedoch entschärfen lässt und letztlich dieses negationstheoretische Verständnis nahelegt: Zum einen sind abstrakte Bilder nur vor dem Hintergrund der Tradition gegenständlicher Bilder als Bilder verständlich, und zum anderen ist zu erwägen, ob abstrakte Bilder eben nicht Abstraktionen konkreter Negativität in ihrer Selbstbezüglichkeit darstellen.[9]

---

[9]   Vgl. zu den ersten drei Richtungen mit zahlreichen Belegen und weiterführenden Hinweisen: Lambert Wiesing, Artifizielle Präsenz. Studien zur Philosophie des Bildes, Frankfurt a. M. 2005, 17–36. Vgl. zu der vierten Richtung: Reinhard Brandt, Die Wirklichkeit des Bildes. Sehen und Erkennen – Vom Spiegel zum Kunstbild, München/Wien 1999; Christoph Asmuth, Bilder über Bilder, Bilder ohne Bilder. Eine neue Theorie der Bildlichkeit, Darmstadt 2011.

3 PROTESTANTISMUS ALS BILDRELIGION

Die gegenwärtig sich etablierende Bildtheorie stellt durchaus eine religiöse Dimension in Rechnung. Sie wird gern mit dem Schlagwort des monotheistischen Bilderverbots und dem damit verknüpften – von bekanntlich Jan Assmann forcierten, aber seit Karl Leonhard Reinhold bestehenden – Diskurs über das Gewaltpotential des Monotheismus aufgerufen.[10] Trotzdem bezieht sich der prinzipiell um anschlussfähige und gegenwartsorientierte Verständlichkeit bemühte Protestantismus kaum darauf. Auch der Hinweis, dass der erstmals von Platon gebrauchte Begriff der Theologie in einem bildtheologischen Zusammenhang eingeführt wird, so dass jede Selbstverständigung der Theologie geschichtlich daran gebunden bleibt, überzeugt scheinbar nur bedingt.[11] Ebenso wenig zieht der Hinweis: Vom biblischen Bilderverbot über die Auslegung der Kirchengeschichte – als konfessionsausbildender Streit um das Vergegenwärtigungspotenzial des Bildes (insbesondere im Ikonenstreit und im reformatorischen Bildersturm) – bis zu Inszenierungsformen der Gegenwart besteht ein theologischer Zusammenhang.[12] Auch die Entdeckung der religiösen Deutungskategorie der Kontrafaktizität – protestantisch: der Rechtfertigung – in vorgeschichtlichen Bildern könnte man anführen.[13]

Dieser Abstand zur bildtheoretischen Diskussion hängt offenkundig mit dem zusammen, was man als das Formalprinzip und das Materialprinzip des Protestantismus bezeichnen kann, nämlich der Schriftlehre und der Rechtfertigungslehre.[14] Sie sind beide auf das Wort verpflichtet, wenn das in der

---

[10] Vgl. KLAUS MÜLLER, Der Streit um Gott. Politik, Poetik und Philosophie im Ringen um das wahre Gottesbild, Regensburg 2006.

[11] Vgl. ANDREA DE SANTIS, Götterbilder und Theorie des Bildes in der Antike, in: REINHARD HOEPS, Handbuch der Bildtheologie I, Paderborn/München/Wien/Zürich 2007, 53–80.

[12] Vgl. zur Sache auch: REINHARD HOEPS, Handbuch der Bildtheologie I, Paderborn/München/Wien/Zürich 2007; ERICH GARHAMMER (Hrsg.), BilderStreit. Theologie auf Augenhöhe, Würzburg 2007; WOLFGANG SCHÖNE/ JOHANNES KOLLWITZ/ HANS FREIHERR VON CAMPENHAUSEN, Das Gottesbild im Abendland, Witten/Berlin 1957; HORST SCHWEBEL, Die Kunst und das Christentum. Geschichte eines Konflikts, München 2002.

[13] Vgl. JAMES DAVID LEWIS-WILLIAMS/JEAN CLOTTES, Schamanen, Trance und Magie in der Höhlenkunst der Steinzeit, Sigmaringen 1997; WILFRIED HÄRLE/EILERT HERMS, Rechtfertigung. Das Wirklichkeitsverständnis des christlichen Glaubens. Ein Arbeitsbuch, Göttingen 1980.

[14] Vgl. ALBRECHT RITSCHL, Ueber die beiden Prinzipien des Protestantismus. Antwort

Bibel enthaltene Wort Gottes (»sola scriptura«) als einzig maßgebende Richtschnur (»norma normans«) gilt und die Entdeckung des rechtfertigenden Glaubens sich diesem Wort Gottes verdankt weiß.[15] Ob und inwiefern beide Prinzipien in der Medientheorie zu Recht als Folge des Buchdrucks (»Gutenberg-Galaxis«) aufzufassen sind, so Marshall McLuhan, ist hier nicht zu thematisieren.[16] Zu thematisieren ist allerdings das offene Geheimnis, dass diese beiden Prinzipien in ihrer klassischen Gestalt keinen Bestand mehr haben: Mit der historisch-kritischen Auslegung ist die verbalinspirierte Lesart der Bibel als Gotteswort erschüttert; in der Moderne ist exegetisch und dogmatisch das Bewusstsein entsprechend formiert. Am bekanntesten ist vielleicht das Schlagwort von der »Krise des Schriftprinzips«, wie ein in den 1960er Jahren veröffentlichter Aufsatz von Wolfhart Pannenberg überschrieben ist.[17] Und die Rechtfertigungslehre steht selbst unter Rechtfertigungsdruck, ohne dass sie sich damit in einem wohltuenden Verhältnis selbstkritischer Durchsichtigkeit befinden würde: Spätestens seit der »kopernikanischen Wende« von Immanuel Kant ist die Anrechnung einer fremden Gerechtigkeit mit der Unumgänglichkeit der eigenen Subjektivität – vorsichtig gesagt – problematisch. Die Ausläufer dieser Problematisierung sind entfernt noch daran zu erkennen, dass selbst das Welt-Luthertum im Streit um die Rechtfertigungslehre am Ende der 1990er Jahre mit dem Vatikan zutiefst zerstritten war: Was Rechtfertigung aus Glauben bedeutet, ist selbst im Formelbestand – geschweige denn in der globalisierten Lebenswirklichkeit – innerhalb des Luthertums schwer vermittelbar.[18] Das bedeutet nicht, dass die Rechtfertigungs-

---

auf eine 25 Jahre alte Frage, in: DERS., Gesammelte Aufsätze, Freiburg/Leipzig 1893, 234–247.

[15]   Vgl. mit zahlreichen Belegen und weiterführenden Literaturhinweisen: CHRISTIAN DANZ, Einführung in die evangelische Dogmatik, Darmstadt 2010, 31–88; ROCHUS LEONHARDT, Grundinformation Dogmatik. Ein Lehr- und Arbeitsbuch für das Studium der Theologie, Göttingen ⁴2009, 37–109. 132–199. Mit der obigen Darstellung ist eine lutherische Zuspitzung gegeben; der reformierte Versuch, die Kirchenorganisation stark ins Bekenntnis einzubeziehen, steht nicht nur in der Gefahr (selbst-)gefälliger Moralisierung, sondern verspielt auch die – übrigens auch geschichtlich aufweisbare – Pragmatik evangelischer Kirchenleitung.

[16]   Vgl. CLEMENS BOHRER, Babel oder Pfingsten? Elektronische Medien in der Perspektive von Marshall McLuhan, Ostfildern 2009.

[17]   Vgl. zur Revision der altprotestantischen Prinzipien der Schriftlehre in ihrer klassischen Gestalt: JÖRG LAUSTER, Prinzip und Methode. Die Transformation des protestantischen Schriftprinzips durch die historisch-kritische Methode von Schleiermacher bis zur Gegenwart, Tübingen 2004.

lehre hinfällig wäre, sondern lediglich, dass verbale Selbstversicherungen des Traditionellen nur bedingt die Gegenwart erreichen. Es bedarf anderer Auslegungen. Unter der Hand und auch offensichtlich hat man längst in den letzten Jahrzehnten – sachlich im Einklang mit gegenwärtiger Bildtheorie – eine Sensibilisierung für Dimensionen der bildaffinen Vermittlung vollzogen, die das Wort keineswegs ausschließen.[19] Vielleicht ist hier nicht zufällig die Praktische Theologie am meisten beteiligt gewesen. So spricht etwa Michael Meyer-Blanck von einer »Inszenierung des Evangeliums«, Wilhem Gräb erkennt im Kino eine Sinnagentur mit Potenzial für die kirchliche Vermittlung und Martin Nicol konzipiert eine »liturgia cinema«. Die Wiederentdeckung des Liturgischen, Leiblichen und Rituellen, die Betonung des Sinnlichen und Bildlichen ist voll im Gang. Ohne sie kommt der Protestantismus in der Lebenswelt des spätmodernen Menschen offenbar kaum an und aus. Symboldidaktisch wird dies in den Ansätzen von Hubertus Halbfas und Peter Biehl deutlich, wie umgekehrt Eilert Herms dogmatisch die Geschichten des Evangeliums als verbalisierte Erinnerungsbilder beschreiben kann.[20]

---

[18] Vgl. zur Orientierung über die strittigen Dimensionen der lutherischen Rechtfertigungslehre und den Streit um die »Gemeinsame Erklärung zur Rechtfertigungslehre«: EBERHARD JÜNGEL, Das Evangelium von der Rechtfertigung des Gottlosen als Zentrum des christlichen Glaubens. Eine theologische Studie in ökumenischer Absicht, Tübingen ⁴2004; HERMANN FISCHER, Protestantische Theologie im 20. Jahrhundert, Stuttgart 2002, 272–304.

[19] Die Bildtheorie tendiert dazu, das Bildvermögen als Grundlage des Sprachvermögens anzusehen. Grundlage bedeutet hier zweierlei: Das Bildvermögen kommt dem Sprachvermögen phylogenetisch und ontogenetisch zuvor, doch das Sprachvermögen erhebt sich in seiner arbiträren Flexibilität zweifellos darüber. Und das heißt auch: Bildvermögen und Sprachvermögen sind letztlich nicht gegeneinander auszuspielen (vgl. MICHAEL TOMASELLO, Die Ursprünge der menschlichen Kommunikation, Frankfurt a. M. 2009). Dies ist für eine phänomenologische Bildtheorie auch in der Gegenwart von erheblicher Bedeutung (vgl. LAMBERT WIESING, Sehen lassen. Die Praxis des Zeigens, Frankfurt a. M. 2013).

[20] Vgl. WILHELM GRÄB, Sinn fürs Unendliche. Religion in der Mediengesellschaft, Gütersloh 2002; MICHAEL MEYER-BLANK, Inszenierung des Evangeliums, Göttingen 1997; MARTIN NICOL, Einander ins Bild setzen. Dramaturgische Homiletik, Göttingen ²2005; GODWIN LÄMMERMANN/ELISABETH NAURATH/UTA POHL-PATALONG, Arbeitsbuch Religionspädagogik, Gütersloh 2005, 146–178; EILERT HERMS, Die Sprache der Bilder und die Kirche des Wortes, in: RAINER BECK u. a. (Hrsg.), Die Kunst und die Kirchen. Der Streit um die Bilder heute, München 1984, 242–259. Vgl. zu weiterer Literatur: URSULA ROTH, Die Theatralität des Gottesdienstes, Gütersloh 2006. Vgl. zur Sache auch: ANNE STEINMEIER, Die Rolle des Bildes bei der Konstruktion der Persönlichkeit. Kunst als Sorge für die Seele, in: WILHELM GRÄB (Hrsg.), Gegenwartskunst und Spiritualität, Frankfurt a. M. u. a. 2011, 21–40.

Diese Diagnose kann zu einer bildtheoretischen Deutung der beiden protestantischen Prinzipien einladen. Den beiden Prinzipien kann man meines Erachtens je die äußere und innere Bildlichkeit zuordnen wollen. Was die äußere Bildlichkeit angeht, wäre das Insistieren auf der Heiligen Schrift als dem Formalprinzip des Protestantismus kritisch fortzuschreiben, und zwar als eine Öffnung der Theorie für das Inszenatorische der Schrift in einer bildlichen, leiblichen, fassbaren Form, die nicht von der Schrift selbst abzuheben ist. Der Zusammenbruch der Bibel als Formalautorität wäre also bildtheologisch so zu fassen, dass die Schrift erst in einer überzeugenden Performanz ihrer Bildlichkeit zu sich kommt. Nicht die Bibel an sich ist heilig, sondern der inszenatorisch-bildliche Umgang mit ihr führt zum Bewusstsein ihrer Heiligkeit, ihrer Besonderheit, ohne dass man damit dieses Wirken garantieren kann: Im Ritual gottesdienstlicher Inszenierung werden die antiken Texte der Bibel – ihrem Selbstanspruch gemäß – als heilig wahrnehmbar, wie dies etwas anders, mehr phänomenologisch auch Manfred Josuttis versteht.[21] Dies scheint nicht nur ritualtheoretisch, sondern auch rezeptionsästhetisch anschlussfähig; Referenzpunkte finden sich ferner in der Ökumene. Dass der Begriff des äußeren Bildes dabei weit gefasst wird, allerdings sogar mit dem des sichtbaren Druckbildes – im Anschluss an Max Imdahl stichwortartig angedeutet: Lesen als absehendes Sehen[22] – zusammenhängt, ist zugestanden und meines Erachtens zugleich operationalisierbar. Was die innere Bildlichkeit angeht, wäre dem neuzeitlichen Projektionsverdacht in gewisser Hinsicht stattzugeben: Wenn wir uns Gottesbilder einbilden, dann tun wir das, ohne zu wissen, ob den Gottesbildern eine gegenständliche Realität unabhängig von dem Vollzug der Einbildung zukommt. Doch dieser Vollzug der Einbildung selbst ist sich selbst unumgänglich, wenn diese Einbildung stattfindet. Daher ist der Vollzug als Vollzug faktisch; und diese Faktizität kann man wiederum selbst und inversiv als ein Produkt einer – dann auch göttlichen – Freiheit deuten, ohne sich deren Vorgegebenheit versichern zu können. Damit wird eine intellektuelle Sicherstellung Gottes verhindert. Anders gesagt: Mit dem bildtheoretischen Eingeständnis, womöglich sich Gott lediglich einzubilden, wird die Pointe der lutherischen Rechtfertigungslehre, Gott auch intellektuell

---

[21] Vgl. Manfred Josuttis, Ein antikes Buch wird Heilige Schrift, in: Deutsches Pfarrerblatt 113 (2013), 84–87.

[22] Vgl. zu dem in der Kunstgeschichte hochentwickelten Diskurs um Ikonographie, Ikonologie und Ikonik, der maßgeblich von Max Imdahl beeinflusst wurde: Ekkehard Kaemmerling (Hrsg.), Ikonographie und Ikonologie. Theorien – Entwicklung – Probleme, Köln ⁶1994.

nicht in den Griff zu bekommen, kulturtheoretisch eingeholt. Und nicht nur das. Auch das Grundmotiv negativer Theologie kommt zum Zug, nämlich die Negativität Gottes als Ausdruck seiner verborgenen Gegenwart zu deuten. Es ist das Motiv, das nichts anderes als die Erfüllung des biblischen Bilderverbots ist, wenn letzteres darauf abzielt, Gott nicht mit dem Ganzen oder einem Teilausschnitt der Welt gleichzusetzen.[23] Ferner kann man das Formalprinzip und Materialprinzip vermitteln, wenn man das Schriftprinzip als die sich buchstäblich selbst anschaulich gewordene Einbildungskraft des Christlichen in der Geschichte versteht. Es ist vielleicht kein Zufall, dass der dann von der Bibel aussagbare Begriff von dem kulturellen Gedächtnis aus der Bildtheorie des 20. Jahrhunderts stammt.[24]

Es bleibt die Frage: Was ist mit einer solchen bildtheoretischen Auslegung der protestantischen Prinzipien gewonnen? Zunächst einmal wird der Protestantismus damit nicht zu einer Notwendigkeit für die Zeitgenossen erklärt. Man kann auch gut in der gegenwärtigen Bildkultur leben, ohne sie im religiösen Horizont des Protestantismus zu deuten. Damit wahrt der Protestantismus die prinzipielle und faktische Freiheitserfahrung einer Spätmoderne, für welche die Religion keine Verpflichtung, sondern lediglich eine Option ist, wie dies lebensweltlich in Ostdeutschland unübersehbar deutlich wird. Umgekehrt wird aber auch plausibel, dass der Protestantismus in der Gegenwart als eine mögliche Deutung seinen Ort hat, und gerade darin seinen nicht funktionalisierbaren Eigenwert erfährt. Letzterer hat dann dialektisch die Funktion, die Funktionslosigkeit zu symbolisieren. Insofern stellt der Protes-

---

[23] Vgl. zu der Berufung auf die negative Theologie im skizzierten Sinn: HANS-JOACHIM HÖHN, Der fremde Gott. Glaube in postsäkularer Kultur, Würzburg 2008. Vgl. zur Orientierung über den Stand der alttestamentlichen Diskussion zur Bildtheologie, zum Bilderverbot und zur Ebenbildlichkeit: CHRISTOPH DOHMEN, Studien zum Bilderverbot und zur Bildtheologie im Alten Testament, Stuttgart 2012; HERBERT NIEHR, Einblicke in die Konfliktgeschichte des Bildes im antiken Syrien-Palästina, in: REINHARD HOEPS (Hrsg.), Handbuch der Bildtheologie. Band I: Bild-Konflikte, Paderborn/München/Wien/Zürich 2007, 25–52; OTHMAR KEEL, Das biblische Kultbildverbot und seine Auslegung im rabbinisch-orthodoxen Judentum und im Christentum, in: PETER BLICKLE u. a. (Hrsg.), Macht und Ohnmacht der Bilder. Reformatorischer Bildersturm im Kontext der europäischen Geschichte, München 2002, 65–96; ERNST-JOACHIM WASCHKE, Der Mensch »aus Staub« und »Gottes Ebenbild« – Anmerkungen zu unterschiedlichen anthropologischen Perspektiven, in: ARMENUHI DROST-ABGARJAN u. a. (Hrsg.), Halle 2008, 489–506.

[24] Vgl. zu der Herkunft des Konzepts des kulturellen Gedächtnisses aus den Bildtheorien Walter Benjamins, Aby Warburgs und Maurice Halbwachs: GUSTAV FRANK/BARBARA LANGE, Einführung in die Bildwissenschaft, Darmstadt 2010, 58 f.

tantismus als (post-)säkulare Religion ein kulturelles Medium der Selbstverständigung menschlichen Lebens dar, das die Welt symbolisch distanziert und gerade darin annehmbarer macht. Religion wird als Symbolisierung dessen, was nicht zwingend ist, selbst eine reflexive Gestalt der Freiheit, die der Mensch auch und gerade in einer funktionalisierten Spätmoderne als möglichen Horizont benötigt. Dies schließt auch eine Kritik an den Versuchen ein, das menschliche Bewusstsein in der Spätmoderne durch Bilder und mit Bildern zu manipulieren.

4 SCHLUSSFOLGERUNGEN ALS PERSPEKTIVEN

Die im ostdeutschen Zusammenhang erfahrbare Konfessionslosigkeit realisiert lebensweltlich, dass Religion lediglich eine Option darstellt, zu der keiner verpflichtet ist. Insofern diese Bestimmung der Religion als Option der gegenwärtigen Debatte zugrundeliegt, ob es eine vitale Renaissance oder endgültige Verabschiedung der Religion gibt, kann man nicht einfach von einem ostdeutschen Sonderweg in Sachen »Religion« sprechen. Vielmehr lädt der so deutlich werdende Charakter von Religion als einer Option dazu ein, in der von bildlichen Darstellungen und (Selbst-)Inszenierungen beherrschten Spätmoderne nach Anschlussplausibilitäten zu fragen. Sie können protestantisch darin liegen, sich als eine (selbst-)kritische Bildreligion zu verstehen. Im Sinn äußerer Bildlichkeit lässt sich das Inszenierungsparadigma des Gottesdienstes und im Sinn innerer Bildlichkeit lässt sich der Projektionsverdacht des Gottesbildes als Realisierung des protestantischen Formalprinzips und Materialprinzips deuten: Gott entzieht sich unserer Darstellung, aber genau in dieser Erfahrung ist der nicht darstellbare Gott indirekt darstellbar. Kulturtheoretisch ist dies belangvoll, weil damit die Einsicht der Freiheit, dass – entgegen bestimmten spätmodernen Tendenzen – nicht alles funktionalisierbar ist, im Horizont der Religion eigens symbolisiert und damit in unfassbarer Fassbarkeit anschaulich wird. Religion erscheint insofern, auch und besonders wenn man ihr keinen Glauben schenkt, zumindest als eine sinnige Leerstelle, und erschließt sich sachlich daher insbesondere im Konzept des Bildes, wenn dessen Sein in der Erscheinung besteht. In dieser Fluchtlinie kann ein Protestantismus als kritische Bildreligion auch zu Rückfragen an die Grenzen und Grenzüberschreitungen einer Bildkultur führen. Dabei scheint – im lutherischen Sprachgebrauch – das Amt des Protestantismus unter den christlichen Konfessionen darin zu bestehen, besonders das Verhältnis von Bild und Wort, von Einbildungskraft und Sprachvermögen in religiöser Hinsicht zu bedenken[25]; innerprotestantisch wird damit die vermeintliche Alternative zwischen einer modernen Kirche der Freiheit und einer bekenntnistreuen Kirche des Wortes fraglich.[26] Das Amt des Protestantismus im Gespräch mit der Konfessionslosigkeit könnte darin bestehen, deutlich zu machen: Die Bildlichkeit des Menschen hat im Bewusstsein negativer Selbstbezüglichkeit der Einbildungskraft einen Grund und eine Grenze, die gleichsam einen Sog ins Religiöse plausibel macht; der Mensch als Lebewesen, das Bilder bildet, neigt dazu, auch Grund und Grenze seines Lebens bildlich zu symbolisieren – in äußeren Bildern, die auf innere angewiesen sind. Wird dabei die äußere Bildlichkeit negativ so durchkreuzt, dass eine einlinige Positivität zerbricht, ist die zutage tretende Religiosität heilsam, auch wenn sie anders benannt wird. Wo diese Durchkreuzung des Sichtbaren – für das Christentum: christologisch – nicht geschieht, ist Kritik geboten.[27] Dies gilt nicht nur gegenüber religiöser Selbstverfehlung oder bekennendem Atheismus, sondern auch gegenüber religiöser Gleichgültigkeit, welche die lebensweltliche Bildlichkeit in ihrer Dialektik von Präsenz und Entzug verkennt.

---

[25] Damit ist auch gesagt: Es geht nicht um eine vermögenspsychologisch abwegige Verabsolutierung der Einbildungskraft.

[26] Wenn die Bildlichkeit zum einen der Sprache zugrunde liegt und zum anderen die oder eine elementare Form des Kreativen beziehungsweise der Freiheit darstellt, ist die genannte Alternative nicht mehr zwingend.

[27] Vgl. etwa zur Entwicklung von (dem durchaus selbstkritischen Verständnis der) Ikonen zu sozialistischen Staatsikonen in der Moderne: HANS BELTING, Faces. Eine Geschichte des Gesichts, München 2013.

Dämmerungen

Religion im konfessionslosen Alltag

Marianne Schröter, Christian Senkel

Einen unbefangenen Umgang mit christlichen Symbolen gibt es nicht mehr. Befangenheit entsteht aus Kenntnislosigkeit und Ablehnung, aber auch aus dem Bewusstsein, Symbole aneignen zu müssen und gerade davon gehemmt zu werden. Dieser Befund gilt in besonderer Weise für den sozialistischen Traditionsbruch. Verordnet waren Überzeugungen ins Kollektivformat geschrumpft. Als Religionsersatz wurde zugleich bekenntnishaft Wissenschaftsglaube propagiert: Man legte – und legt – in Weltanschauungsfragen mit einer Ausschließlichkeit Bekenntnisse ab, die alternative Thematisierungsformen des Ausgeschlossenen von vornherein abwehren. Beides hat nicht nur die traditionelle Kirchlichkeit beeinträchtigt, sondern auch die individuelle Fähigkeit zur Selbst- und Weltdeutung beschädigt.

Die wahrnehmbaren Schäden einlinig auf die sozialistische Situation und ihre Bearbeitungsfolgen zu beziehen, wäre jedoch unterbestimmt. Befangen ist der Umgang mit christlichen Symbolen längst auch unter kapitalistischen Bedingungen. Überangebote an Orientierung, Spiritualität und Heilsversprechen zerstören deren Aneignungsbedingungen durch Vergleichgültigung. Und die ungehemmte Ökonomisierung von Lebenszeit und Deutungskapazitäten erschwert Selbstvergewisserung und Weltaneignung in kaum geringerem Maß, als die sozialistische Enteignungsdisziplin es tat. Durch das Bekenntnis zu angeblich alternativlosen Sachzwängen wird auch der christliche Möglichkeitssinn herausgefordert: Soll er sich durch produktartig profilierte Konfessionalität anpassen oder sich auf Bekenntnisse zu einer Gegenwelt festlegen?

Das Symbolische verwahrt sich selbst gegen jede Prämisse von Eindeutigkeitsrationalismen. Es verbleibt in einer Form der Opakheit, die der diffusen Lage von Konfessionalität gemäß ist. Der Umgang mit dieser Mehrdeutigkeit sieht sich mit einem Szientismus unheimlicher Allianzen konfrontiert, in dem postsozialistische und spätkapitalistische Wissensformen konvergieren:

Für erstere liegt der Erfolg neuzeitlichen Wissens in der Überwindung christlicher Kosmologie, die zugleich als feudalistisches Relikt diskreditiert wird. Index der Überwindung ist die – scheinbare – Durchsichtigkeit kausalistischen Denkens. In spätkapitalistischer Perspektive darf Wissenschaft zwar nicht an die Stelle christlicher Symbolressourcen treten, da ihr Methodencredo solcherart Einmischungen verbietet. Dennoch will eine philosophische Weltdeutung christliche Sinnversprechen als unhaltbar aufdecken, ja aufgrund ihres welttranszendenten Erwartungshorizontes als gefährlich brandmarken. Deshalb tritt skeptische Resignation mit einem neostoischen Menschenbild an die Stelle der christlichen Anthropokosmologie.[1] In der Konsequenz beider Wissensformen liegt ein Wissenschaftsglaube mit dem Anspruch auf anthropologische, geschichtsphilosophische und kosmologische Deutungsmacht.

Die Massivität szientistischer Eindeutigkeitsattitüden erschwert es dem symbolischen Wissen, sich nicht in privatreligiöse Deutungsräume zu verziehen. Selbstdeutung ist immer an Weltdeutung geknüpft (Objektivität) und, sofern diese sich im Fluss des Symbolischen bewegt, an institutionelle Kohärenzbildung (Interpretationsgesellschaften). Man symbolisiert weder für sich allein, noch ohne Unterscheidungskultur. Darauf muss sich auch ein Versuch einrichten, das Formenspiel der Konfessionalität in eine Deutung christlicher Symbole einzubeziehen.

Der neue Symbolismus muss die Weltanschauungskämpfe der Gegenwart einerseits unterlaufen, um eine kreatürliche Dimension anzusprechen, die sich jene in aller Formelhaftigkeit versagen. Die *Evidenzen* des auf die Lebenswelt reduzierten, solchermaßen aber symbolträchtigen Kosmos, entreißen dem Szientismus, was er erledigt wähnt, aber nie begriff: Sinnbildung. Um andererseits diese nicht auf einen bloßen Gegensatz zu reduzieren, sondern mittels ihrer auch die soziopathischen Rhythmen des Ökonomismus zu durchbrechen, bedarf es einer eigenen *Transparenzbildung*. Sie erzeugt *synoptisch* Klarheit aus den Evidenzen der lebensweltlichen Natur (Schöpfung) und den Kohärenzen der Deutungskunst (Kirche, Kultur).

---

[1]   Exemplarisch könnte man dazu Schüler von Hans Blumenberg und Odo Marquard nennen, etwa die Schriften von FRANZ JOSEPH WETZ, zum Beispiel: Die Kunst der Resignation, München 2003, oder DERS., Lebenswelt und Weltall. Hermeneutik der unabweislichen Fragen, Stuttgart 1994.

Mit letztgenannten Stichworten und Beschreibungshinsichten ist auf einen Hermeneuten des Religiösen verwiesen, der mittels eines *Miniaturisierungsverfahrens* Möglichkeiten der Orientierung innerhalb des disparaten, nur scheinbar eindeutigen kontingent-geschichtlichen Erfahrungsraums aufgewiesen hat. Der Münchner Systematiker Hermann Timm hat seit den 1980er Jahren in zahlreichen Arbeiten eine auf die Entdeckung von Sinnressourcen zielende Deutung des Alltags unternommen. Diese Alltagsdeutung zielt darauf, Tradiertes in seiner hermeneutischen Erschließungskraft wiederzuentdecken und in ihrem Licht unverfügbare *Zwischenfälle* des Lebens zu deuten.[2] »Wie das Religiöse im Alltäglichen stattfinden kann, soll erläutert werden an dem eminenten Fall von Wirklichkeit, der *Zwischenfall* genannt wird. Zwischenfälle sind nichts, was man engagieren und wofür man sich engagieren kann, denn es gehört zu ihrem Begriff, den Rahmen eines vorgängigen, selbstsicheren Bescheidwissens zu sprengen.« (12 f.).

In Fallstudien wird konfessionelle Überlieferung alltagsbezogen zitiert und szenisch dargestellt. Diese unverfügbaren Begebenheiten und Begegnungen stehen für Ereignisse, die man als Kleine Kontingenzen bezeichnen kann. Sie sind in ihrer Unverfügbarkeit auf eine besondere Weise angeordnet; über das szenisch-Singuläre und Individuelle hinausgehend siedelt Timm sie im Tagesverlauf an. Sie erheben Anspruch auf individuelle Allgemeinheit im Sinn eines »*Diariums*, einem in der Religionsgeschichte altvertrauten Ordnungsprinzip, das in der christlichen Tradition eingeübt worden ist durch die liturgische Praxis der Horen und der zur Meditation bestimmten Stundenbücher« (20). Der solchermaßen inszenierte Tagesverlauf steht also für den Gang des Lebens mit seinen Zwischenfällen und den durch sie erschlossenen Deutungsmöglichkeiten. So wird eine Verlaufsform bestimmt, »die ursprünglicher ist als der *Kosmos*, das Ordnungsgefüge der griechischen Lichtwelt, und das *Credo*, nach dessen Maßgabe die Glaubensinhalte der Kirche theologisch reflektiert werden«. (20).

Timms Gespür für das symbolische Grundieren des Alltags hat unseres Erachtens auch Erschließungspotential für die Debatte um Konfessionslosigkeit und Konfessionalität. Das Durchbrechen der Erwartungserwartungen unter den Teilnehmern ist durch Zwischenfälle gut möglich; der Diariumscharakter sichert Allgemeinheit ohne szientistischen Methodenzwang und

---

[2] Hermann Timm, Zwischenfälle. Die religiöse Grundierung des All-Tags, Gütersloh 1983. Im Folgenden werden die Nachweise aus dieser Studie als in Klammern gesetzte Angaben im Haupttext mitgeführt.

der nach bestandenem Zwischenfall lösende Humor mag manche Identitäts-starre erweichen. Eine Sensibilisierung für das lebensweltlich Offene der christlichen Überlieferung kann allen Teilnehmern am Diskurs der Konfessionalität nur nützen.

I POSTKOPERNIKANISCHE DÄMMERUNG. WELT-ANSCHAULICHES

Jede starke Identitätsbehauptung, sei sie dogmatisch-konfessionalistisch, militant-atheistisch oder skeptisch-agnostisch verfasst, wird durch Zwischenfälle in ihrem Geltungsanspruch gestört. Diese Störungen erlauben eine neue Sicht auf die Kontexte, deren Irritation einen orientierenden Neuanfang ermöglicht. In der Logik von Timms Diarium steht dafür der Morgen:[3]

Der Tagesanbruch zeigt sich im optisch neutralen Morgengrauen diffus. Das Bedürfnis nach Identifizierbarkeit wird zunächst enttäuscht. Unterscheidung von Dauer und von Entfernungen ermöglicht erst das anbrechende Licht. Die Morgenröte bringt Farbigkeit und »wohltemperierte[s] Behagen« (25). In der zunehmenden Helligkeit bildet sich ein Anschauungsraum, in dem Konturen erscheinen, der den Ort des Betrachters identifizierbar macht und der ganz allgemein Relationen erschließt. Aber zugleich erweist sich im Morgenaufgang das Versprechen eindeutiger und totaler Anschaubarkeit als uneinlösbar: die Lichtquelle selbst muss wegen Überstärke verborgen bleiben. Die Sonne muss in den Rücken nehmen, wer wahrnehmen und differenziert sehen will: »Am farbigen Abglanz haben wir das Leben.«[4] Auch die moderne Philosophie kennt den hermeneutischen Schwung jener Umwendung: »Wer mehr sieht, hat recht.«[5] Der Sonnenaufgang wird gegenüber dem szientifisch korrekten, heliozentrischen Weltaufgang lebensweltlich rehabilitiert, sodass auch vormoderne Sichtweisen des Morgens recht haben können: »Die güldne Sonne voll Freud und Wonne bringt unsern Grenzen mit ihrem Glänzen ein herzerquickendes, liebliches Licht«.[6] Der lebensweltlich evidente Einstieg in

---

[3]   Auf dem Cover von Timms Buch ist programmatisch Philipp Otto Runges *Der Große Morgen* (1803) abgebildet.

[4]   JOHANN WOLFGANG GOETHE, Faust II, I. Akt, 4727, in: Goethes Werke Bd. 3, hg. von ERICH TRUNZ, München ¹²1982.

[5]   Edmund Husserl, zit. n. HERMANN TIMM, Das Weltquadrat. Eine religiöse Kosmologie, Gütersloh 1985, 39.

[6]   Evangelisches Gesangbuch.

den Tagesablauf zeigt, wie die Selbstbeschränkung auf ein Sehen in Hinsichten durch Abschattung neue Wahrnehmungsräume erschließt. Das ist evangelisch verbürgt: Es kommt immer auch darauf an, *in der* Wahrheit zu sehen, nicht nur *die* Wahrheit zu erkennen.[7]

Die evidente Alltagswahrnehmung wurde unter dem Eindruck kopernikanischer Unhintergehbarkeiten vielfach verkannt. In eine strikte Alternative zu diesen gesetzt, verlor sie ihre symbolische Ausdeutbarkeit. Doch nicht nur aus dieser kosmoästhetischen Reorientierung ergibt sich ein Bezug auf die Konfessionalitätsthematik, sondern auch aus einer Wendung in der Wissenschaftsgeschichte: Die Erfüllung des Traums von der Anschaubarkeit der Welt durch die Astro- bzw. Kosmonautik hat den Szientismus erschüttert – sie hat das Streben ins Fernste des Universums umgekehrt. Entgegen der im Kalten Krieg jeweils ideologisch kontextualisierten Metapher vom Ausbruch aus dem Weltkerker bildet der Rückblick auf den blauen Planeten eine Anschauung der Welt mit der Sonne im Rücken.[8] Der Rückblick bewegt, relativiert, rührt: ›Welt-Anschauung‹ ist statt auf den Begriff auf ein Bild gebracht, das neu darüber orientiert, dass die Erdenwelt als Lebenswelt alle Menschen unbedingt angeht. So stehen differente, sich antagonistisch gebende weltanschauliche Perspektiven unter einem gemeinsamen Titel.

Als Ressource aufzehrbar und deshalb mit neuartiger universeller Umsicht zu behandeln, symbolisiert der blaue Planet in seiner filigranen Totalität zugleich die Undurchdringlichkeit der Lebenswelt. An solcher Welt-Anschauung im neuen Sinn brechen sich die bekenntnishaften weltanschaulichen Identitäten, sie stehen im Licht der morgendlich-planetaren Ikone vor den Schatten, die sie selber werfen. Das muss jeden Inhaber eines Schattens stutzig machen: Die Quelle der Erkenntnis liegt unhintergehbar im Rücken, sie steht nicht zur Verfügung, ermöglicht aber gleichwohl ein Sehen in ihrem Licht. So gerät sie zum Ausgang des Erkennens der Begrenztheit eigenen Bekennens wie zu seinem Ermöglichungsgrund.

Die verschränkte Wahrnehmung eröffnet einen Blick für Diversität. Man sieht sich gemeinsam, aber unterschieden vor einem Horizont. Diese Situation übergreift jede Variante auf der konfessionellen Skala: Die dogmatisch-konfessionelle Haltung erkennt im vermeintlich Draußenstehenden den gar nicht so anderen, der bekennerhaft Konfessionsfreie sieht sich vielleicht nicht als

---

[7]   Im johanneischen Schriftencorpus, aber zum Beispiel auch Kol 1,6.

[8]   Vgl. zum Weltkerker Hannah Arendt, Vita activa oder Vom tätigen Leben, München/Zürich [6]2007, 7 ff.

religiös bedürftig, wohl aber als *animal symbolicum,* und der indolenten Konfessionslosigkeit eröffnet sich ein Einblick in die Prägnanz von Symbolwelten.
Vor dem gemeinsamen Horizont erstreckt sich dann ein west-östlicher Er-
kenntnisboden: Der Himmel geht noch nicht »auf alle über«, aber »über allen
auf«.[9]

2 SELBSTBEGEGNUNG

Der Mensch als *animal symbolicum* weiß sich welt-anschauend eins mit all
den anderen, die unbenommen davon ganz differente Perspektiven gewinnen.
Diese strukturelle anthropologische Gleichheit gilt nun auch für den Blick,
der auf die eigene Person gewendet wird. Timm illustriert diesen Sachverhalt
an einer dreigliedrigen Sequenz vormittäglicher Szenen, die von der morgendlichen Toilette, über das Hinaustreten ins Freie bis hin zu dem – hinsichtlich des Ortes im Diarium, aber auch des Zufallscharakters etwas konstruierten – erfrischenden Bad als Beispiel des »Sich-über-Wasser-Halten[s]«
(65) im Lebensvollzug reicht. Zwischenfälle solcher Selbstbegegnungen und
ihre symbolische Ausdeutung sollen dabei für die Begegnungen im Sozialen
sensibilisieren, es geht Timm darum, »den kreatürlichen Resonanzraum für
die verbale Kommunikation erfahrungsmäßig einzubringen« (72). Aufgrund
dieses funktionalen Zusammenhangs werden die fraglichen Szenen hier im
Zusammengriff besprochen.

2.1 SELBSTANSCHAUUNG. KONFESSORIK UND WAHRNEHMUNG VON INDIVIDUALITÄT

Das morgendliche Aufstehen startet eine Reihe von Bewegungsprozessen,
die bei ansteigender Motorik immer größere Radien umfassen. Zunächst
führt der Weg allerdings ins Bad, wo der Blick in den Spiegel versucht, den
Punkt zu erhellen, der »den blinden Fleck der sonnigen Weltanschauung«
(37) dargestellt hat. Mit dem Spiegelbild, in dem über die Subjekt-Objekt-
Identität im wörtlichen Sinne Re-flexion allererst in Gang gesetzt wird, nimmt
Timm eine spekulative Basismetapher auf und führt sie lebensweltlich
aus. Hier unterstützt auch die der Toilette dienende Benetzung des Gesichts

---

[9]   Evangelisches Gesangbuch. Ausgabe für die Ev. Kirche im Rheinland, die Ev. Kirche
von Westfalen, die Lippische Landeskirche in Gemeinschaft mit der Ev.-ref. Kirche [...],
Gütersloh u. a. 1996, Nr. 611. Text: Wilhelm Willms 1974.

mit kaltem Wasser, insofern sie Auge und Geist weckt und reinigend ermuntert.

So vorbereitet fasziniert am Spiegelbild, zu dem der Blick sich wieder richtet, dass dem Erkennen seiner selbst als solchem deutliche Grenzen gesetzt sind. Der Spiegel zeigt das spiegelbildliche Konterfei »richtungs- und seitenverkehrt« (40), dazu in unendlicher Fortsetzung des Bildes in den eigenen Pupillen. Diese verstörende Erfahrung erhellt aber auch die Disposition unseres Wahrnehmens: »Erst an der Brechungsfläche des alter ego wird die Eigenwirklichkeit des Geistes, sein Sich-von-sich-Unterscheiden und Auf-sich-Zurückkommen anschauungsmäßig zugänglich [...]« (41). Hier wird nicht Transzendenz verabschiedet, nicht einmal Transzendentalität oder die spekulativ-kreative Kraft des Sich-Einbildens, aber deren narzisstische Ich-zentrierung. Der schaffende Spiegel verbürgt eine Spekulativität, die als allgemeinmenschliche Imaginationskraft beschrieben werden kann. Die so gefasste Reflexivität stellt den Übergang von der Innenansicht zur Außensicht dar. Sie blickt »vom selbst undurchschaubaren Zentrum« weg »in den von ihm gebildeten Horizont der Umsicht«. (46).

Starre Bekenntnishaftigkeit pflegt eine Identitätssicherung, die den Bekennenden zuverlässig von diesem Horizont abhält. Mit seinem Selbstbild wird das jeweilige weltanschauliche Bekenntnis zwanghaft oder selbstverliebt bestätigt. Beiden Formen der Identitätssicherung entgehen die Spiegelverkehrtheit und Gebrochenheit von Selbstbildern. Starke Konfessionalität aller Art vergisst ihre eigene Entstehung. Sie verfehlt den Erkenntniswert von Bekenntnissen, indem sie die Perspektivität des Sehens verkennt. Dagegen erlaubt die am Zwischenfall der Selbstspiegelung bewusst gemachte Beschränkung der Verallgemeinerbarkeit eine Perspektive auf andere. Diese Perspektivität trägt der mit dem ersten Artikel des Apostolicum gesetzten Kondeszendenz aller Gottessprache Rechnung: »Ich gläube, daß mich Gott geschaffen hat sampt allen Kreaturn«.[10]

Welt-Anschauung und Selbst-Bild sind unvermeidbar, gerade deshalb darf man sich ihnen aber nicht ganz und gar überlassen. Ohne Selbst-Bild kann kein Horizont entstehen – ohne Welt-Anschauung verabsolutiert sich die Selbstwahrnehmung. Nur unter der Voraussetzung solch einer kritischen Brechung kann Konfessionalität Welterfahrung gewinnen und das zu Bekennende auslegen.

---

[10] MARTIN LUTHER, Kleiner Katechismus, in: Die Bekenntnisschriften der ev.-luth. Kirche, Göttingen [10]1986, 510.

2.2 WELTERFAHRUNG. KONFESSIONELLE IDENTITÄT UND PRÄSENZ VON VIELSTIMMIGKEIT

Das Ende der Spekulation (Hegel) über den ›höchsten Sinn‹ (Goethe) durch die Gesichtswäsche hat eine ironische Note: Man kann nicht vor dem Spiegel stehen bleiben, wenn man als schaffender Spiegel des göttlichen Geistes Erfahrungen machen will. Das Diarium muss deshalb von der Selbstanschauung in eine Welterfahrung führen. Es geht nach Draußen, wo man versucht, »auf dem Laufenden [zu] sein« (47).

Die Bewegung im und durch den Alltag berührt die Intentionalitäten des Tagesgeschäfts. Diese kleinen Teleologien sind einesteils unentbehrlicher als die großen ihrer Art, da sie den individuellen Weltumgang viel unmittelbarer prägen. Anderenteils sind die alltäglichen Teleologien auch leichter durch Zwischenfälle zu stören. Wer das Ziel der Universalgeschichte nicht im ersten Anlauf zu bestimmen vermag, kann seine Fragestellung wieder aufnehmen, wer aber einen Termin verbummelt oder eine Chance verstolpert, hat unmittelbar das größere Problem. Doch dafür machen die Unterbrechungen der Intentionen und kleinen Teleologien des Alltags die Erfahrung des Tagesverlaufs bewusst.

Im Verstolpern kommt auf komische Art auch ein reflexives Element zum Zug. Wer stolpert, hat das Gleichgewicht verloren, ein Gleichgewicht allerdings, das schon vor dem Zwischenfall prekär war. Gehen, auf dem Laufenden sein, ist ein permanent vermiedenes Hinfallen. Timms Grundton ist weisheitlich: »Erst wenn […] das Eigenleben der Widerfahrnisse modifizierend in den Vorgriff hat aufgenommen werden können, entsteht jenes spezifische Wissen, das Erfahrung heißt, im Unterschied zur Gradlinigkeit der Theorie.« (56) Frei ist, wer fallen kann, um wieder aufzustehen und auf diese Weise das »nichtthetische, nichtpositionale Sich-gehen-lassen-Können« (52) als Geisteshaltung erlernt.[11]

Timms Bild ist ein Mittel gegen Risiken, wie sie nicht nur in Konsequenz konfessioneller Positionierungen entstehen, sondern wie sie im Diskurs über Konfessionalität und Konfessionslosigkeit begegnen. Die Gefahr einer verhärteten Unbeweglichkeit liegt auf der Hand. Mit der Bewegtheit von Welterfahrung geht gerade die Bewährbarkeit von konfessionellen Positionen ver-

---

[11] »Sich über Wasser halten« (59) ist der vierte Zwischenfall. Er steigert die Fortbewegungsmöglichkeiten ins Dreidimensionale. Das Moment einer aktiv-passiven Bewegung steht auch hier im Vordergrund, aktualisiert aber keine Welterfahrung, sondern die Geisterfahrung, den Kopf über dem Andringen elementarer Kräfte oben zu behalten. Der Geist gleitet in seinem eigenen »prärationalen Inbegriffensein […]« (68).

loren – das gilt insbesondere auch für konfessorische Attitüden des Szientismus und des militanten Atheismus, die um ihre Bekenntnishaftigkeit oft gar nicht wissen. Auf Timms Metapher bauend, aber themenbezogen über sie hinausgehend, wäre auch die gegenteilige Gefahr zu benennen: Die postkonfessionelle Kolonisierung religiöser Symbolwelten führt zu einem diffusen Synkretismus, der in ein Sich-gehenlassen-Müssen mündet. Die Bewegung ist ins Hektische gesteigert, die Erfahrungsinhalte gehen verloren.

Gegenüber beiden Extremen gilt es, eine Beweglichkeit zu erhalten, die eine vorläufige konfessionelle Identifizierbarkeit zum Ziel hat. Als Bewegungsraum ist dafür die Vielstimmigkeit des Wirklichen erschlossen. Timms Doppelmetapher des fest-bewegten Draußenseins aufnehmend, stellt sich die Frage: Wie stößt man reflexiv beweglich und doch überzeugungsfest zur konstruktiven Wahrnehmung des Stimmengewirrs vor, das sich transindividuell zur Polyphonie ordnet? Die kommenden Zwischenfälle zeigen es.

3 BEGEGNEN UND BEKENNEN

Mitten im Alltagsgeschäft unterwegs haben die meisten schon den Lapsus der unfreiwilligen Begegnung erfahren: Zwei Passanten laufen aufeinander zu und vertreten einander den Weg. Sie weichen nicht voreinander aus – keine Höflichkeitsregel greift vorwegnehmend – vielmehr laufen beide spiegelbildlich-seitlich voreinander her. Bevor der Vorgang quälend wird, stellt sich indes meist beidseitig und nicht selten gleichzeitig die Lösung wie von selbst ein: Nachdem die Fehlleistung den Beteiligten die Sprache verschlug, finden sie mit einem Lächeln zum lösenden Wort. Es kann eine gemurmelte Entschuldigung sein, eine Absichtserklärung oder ein Scherz – phänomenologisch wichtig ist der Übergang vom versehentlich konfrontativen Anfang zum vorsätzlich befriedeten Ende. Der Übergang erfolgt im »Zugzwang zur Intimität« (76) hin, er erschließt eine wortarme, aber intensive Weise vom Gebundensein zum Gelöstsein; zwar nicht als »Versöhnung [...] mitten im Streit«,[12] aber als (Er)Lösung aus der Verlegenheit.

Timm korreliert die Begegnungsszene – zunächst überraschend – mit der bei Plutarch überlieferten Erzählung vom Tod des Gottes Pan, dem zur

---

[12]   FRIEDRICH HÖLDERLIN, Hyperion oder Der Eremit in Griechenland. Fragmente Sämtliche Werke 11, Frankfurt am Main 1982, 782.

Mittagszeit eine endgültige Gottesdämmerung widerfahren sein soll.[13] Das Entsetzen über das Ende des Gottes hat der Mittagszeit eine eigene Form des Schreckens aufgeprägt: die Panik, eine rauschhafte Angst angesichts des Naturschweigens. Timm deutet die panische Angst überlieferungsbezogen als »Katastrophe der Wichtigkeiten« (80). Mit einer solchen Katastrophe ist der Untergang einer alten und der Aufgang einer neuen Welt verbunden. Man könnte also auch den Schrecken über drohenden oder erlittenen Verlust der zweiten Natur, der religiösen und kulturellen Verlässlichkeiten, als Panik deuten.[14]

Die Panik und ihre schwere Deutungsschleppe haften nur am ersten Teil des Begegnungsgleichnisses. Denn die Peripetie aus der Wegblockade folgt. Aus ihr entsteht jene Interpersonalität, die den Lapsus des Blockierens voraussetzt, ohne dass dieser sie verursachte. Fehltritt und Verlegenheit erstarren gerade dann nicht vor Schreck, wenn die ganz großen Sinnressourcen im Kleinen schöpferisch nutzbar werden. Timm erläutert diesen Vorgang zum einen aus der evangelischen Präsentation des Absoluten im »trivial scheinenden *sermo humilis*« (81),[15] zum anderen aus der enthierarchisierenden Denkfigur des weisen Laien (*docta ignorantia*).[16] Gemeinsam vollziehen diese Blickweisen auf den großen Gott dessen eigene Kondeszendenz nach, um die »in metaphysischen Allgemeinplätzen Gottesgelehrsamkeit dozierenden Experten« (81) in der Meisterschaft sprachlicher Kleinräumigkeit zu entsockeln.[17]

---

[13] PLUTARCH, De defectu oraculorum/Vom Verschwinden der Orakel. In der Erzählung des Philippus, einer der erzählenden Figuren des Texts, ist Epitherses, Vater von Philippus' Rhetoriklehrer, als Zeuge genannt. Das Naturschweigen spielt an zwei Stellen der Erzählung eine Rolle: als Windstille vor der Mitteilung, der große Pan sei tot, und als Windstille, die es erlaubt, den Bewohner der Insel Palodes den Tod des Gottes Pan mitzuteilen. Die Deutung des Vorfalls ist in der Geschichte selbst offen.

[14] Womit ein physiologischer Reduktionismus abgewiesen wäre: Timm zeigt gerade, wie die Auflösung der blockierenden Begegnung zwangsläufig alles Natürliche überschreitet.

[15] Vgl. zum Zusammenhang ERICH AUERBACH, Mimesis. Dargestellte Wirklichkeit in der abendländischen Literatur, Bern [8]1988, 19ff., 44–48, 73ff.

[16] NIKOLAUS VON KUES, Idiota de sapientia / Der Laie über die Weisheit, hg. von RENATE STEIGER, Hamburg 1988. Der Zusammenhang von Demut, belehrter Unwissenheit und Lektüre aus Gottes Büchern findet sich programmatisch schon früh im Text (4,8).

[17] Vgl. dazu weiter HERMANN TIMM, Weisheit. Die Entsockelung der kanonischen Megatheologie, in: DERS.: Sage und Schreibe. Kampen 1995, 65–78.

Nun auch ist abzusehen, wie sich Timms Begegnungsmodell mit seinem religionskulturellen und kategorialen Deutungsansinnen auf den Zusammenprall von Bekenntnissen und Formen der Konfessionslosigkeit übertragen lässt. Die Erschließungskraft liegt im Entschärfen aussichtsloser Konfrontationen, das die üblichen Schauplätze bekenntnishafter Kommunikationsblockaden kondeszendent umgeht. Beide Vorgänge bedingen einander, sie können in der folgenden Anwendung nicht getrennt beschrieben werden.

Der Zwischenfall des ebenso beidseitig wie unabsichtlich blockierten Wegs vermag als eine »Katastrophe der Wichtigkeiten« die aussichtslosen Konfrontationen zwischen angespannten Konfessionalitätsprofilen zu entschärfen. Wer nur bekennt – sei es kirchlich, sei es konfessionsfrei –, wird zum Gespräch nicht gelangen, sondern dem anderen weiter den Weg vertreten. Keinerlei doktrinäre Richtigkeiten vermögen jene Bindung zu lösen, in der Andersdenkende sich befinden, die spiegelbildlich-seitlich mit ihren Bekenntnissen voreinanderher laufen. Die unausweichlich konfrontative Begegnung »bringt den Geschäftsbetrieb ebenso zum Erliegen wie den gängigen, selbstsicher daherkommenden Redefluß.« (84)

Eine Lösung kann nur aus der gemeinsamen Überwindung der Situation selbst kommen. Das verlegene Lächeln oder ein entschuldigender Scherz ermöglichen ein beidseitiges Einlenken, wenn auch kein inhaltliches. Der Zwischenfall der lächelnd überwundenen Wegblockade verstört heilsam das Bewusstsein der Eigentlichkeit und unterbricht es lösend. Die so gewonnene offene Positionalität findet »zwischen Gedächtnis und Erwartung« eine »sinnerfüllte Gegenwart« (84), statt starken Identitäten nachzuhängen und Selbstsicherungen vorzunehmen. Vielmehr erweist sich das Einlenken als Weg zu jener Wahrheit, in der man überhaupt erst sieht. Dieser Weg kann für eine sekundäre Deutung dessen frei werden, worauf sich das jeweilige Bekenntnis bezog. Das gilt sogar für die Indolenz gegen alles Bekennen, ist sie doch als eine skeptische Zumutung auch Blockade. Im Zweifelsfall ist es gut evangelisch, mit dem Freigeben des Weges anzufangen, schon weil der Weg nur so ein gemeinsamer werden kann. Evangelische Humilität und die enthierarchisierende *docta ignorantia* bilden ein entwaffnendes Angebot, Konfessionalität als Außenhülle von Wichtigerem zu erkennen.

4 Ankunft bei Anderen

Mit dem Zwischenfall der Wegblockade ist eine Reihe eröffnet, die Atmosphären und Strukturen von Interpersonalität prägt. Beides ist wichtig für das Verständnis von Timms Diarium und seine Übertragung auf Konfessionalitätsformen im Raum von Konfessionslosigkeit. Um das Diarium knapp abzubilden, sind die übrigen Begegnungsformen in einen Abschnitt gefasst.

4.1 West-östliches Liebesbekenntnis. Wenn zueinander findet, was zusammengewachsen ist

Wenn der Ausnahmefall der Normalfall ist, dann hat die Liebe in Fragen der Konfessionalität den Rang eines *casus confessionis*. Unter dem Titel *Das Verhältnis – Die Zähmung des Eros* bestimmt Timm die Geschlechtsliebe als ein Widerfahrnis, das ähnlich der Wegblockade beginnt, aber zu stetiger Intimität führen kann. Wer sich verliebt, verschaut sich. Auch das Liebesverhältnis beginnt mit dem für die Zwischenfälle notorischen prärationalen Inbegriffensein. Scheues Wegsehen und kokettes Äugeln als Extreme meidend fokussiert sich der Blick zu jenem Sehen, das sich gesehen weiß und ersehen zu sein begehrt. Indes reicht der verliebte Blick nicht zum Verhältnis, weder das affektive noch das reflexive Potenzial des Verhältnisses kämen darin voll zum Zuge. Dafür bedarf es einer Sprache, die zwischen stammelnder Unsagbarkeit und auratisch fatalem Gerede hindurchfindet.

An dieser Stelle kommt das Bekenntnis als Liebesbekenntnis ins Spiel. Als zweite Reflexivitätsstufe zum Sich-Verlieben setzt das Sich-Versprechen die Zweideutigkeit des Verhältnisses fort, indem es mit leicht hochstaplerischer, weil über Affekte verfügender Garantieerklärung in die nächste Reflexivitätsstufe stolpert.[18] Sich zu umarmen schließt das fragwürdige sprachlogische Nacheinander der Liebesbekenntnisse ab, ja deren Sukzession war nur Grund für das Bessere, das nun kommt. Die vereinigten beiden sind weder mystisch eins geworden noch intersubjektiv vermittelt. Aller diesbezüglich klarstellende Wortwechsel bleibt den Liebenden im Rücken. Sie verständigen sich buchstäblich post-konfessionell miteinander.

Nicht als Gleichnis für die Diversität auf dem Feld von Konfessionslosigkeit und Konfessionalität taugt der bekennende Eros, wohl aber als Irritation von

---

[18] Entscheidend ist, dass es dabei durchaus um Abschattungen von Rationalität geht. Das ist im Blick auf die Begegnungen im Raum der Konfessionslosigkeit wichtig. Viele betont Konfessionsfreie operieren ja mit einem normativen Rationalitätsverständnis.

Zurechnungen auf dem konfessionellen Feld. Wer sich verliebt, wählt nicht nach Identitätskartenformat. Wer sich verspricht, zuerst zur Ermöglichung, dann zur Verstetigung von Liebe, benennt Unsagbares. Wer sich umarmt, verlässt die Symbolizität des Bekenntnisses, seine erkenntnisbezogene Halbheit, um sich zu einer metasprachlichen Ganzheit zu vereinigen. In all diesen Zügen liegt eine Besonderheit des Liebesbekenntnisses als solchen, die im west-östlichen Liebesverhältnis wohltuend prekär wird: Liebe entgrenzt alle Arten der Konfessionalität und überwindet Konfessionslosigkeit in der ihr eigenen Bekenntnislogik. Diese schmilzt identitätsbildende Unterschiede nicht ein, transformiert sie aber ins Akzidentelle. So werden west-östliche Prägungen lebensdienlich nivelliert, ohne in Vergessenheit zu geraten. In einem Identitätspanzer kann man einander nicht umarmen, und wer seine Seele behalten will, verliert am Ende die identisch geglaubte. Wenn irgendwo, dann zergehen Weltanschauungsreste gewaltlos im Liebesbekenntnis. Und erst im west-östlichen Liebesverhältnis wird aus dem Beitritt Vereinigung.

4.2 BROT BRECHEN IM TRADITIONSBRUCH. VOM NEBENEINANDER ZUM MITEINANDER

In Timms Diarium steht die freundschaftliche Geselligkeit für eine weitere Überschreitung des Alltäglichen mitten im Alltag. Die dyozentrische Liebe wird durch eine polyzentrische Begegnungsform ergänzt. Diese Polyzentrik und ihre Sprache verändern den Symbolwert der Begegnung. Nach der Irritation rationaler Eindeutigkeit durch die Wegblockade und das Liebesversprechen steht nun eine neue, spezifische Rationalität des Symbolischen auf dem Programm. Demgemäß verändert sich auch die Übertragung des Zwischenfalls auf die Konfessionalitätsthematik.

Unter dem Titel *Am runden Tisch – Sinneswandel* (101) beschreibt Timm die Begegnung mehrerer Personen zum Gespräch bei Speise und Trank. Der Zufall tritt hier anders als bei den vorigen Zwischenfällen sekundär in Kraft. Auswahl und Sitzordnung der Anwesenden geschehen bei einem gemeinsamen Essen ja meist nicht zufällig. Dennoch verschwindet der Zufall nicht. Er wohnt in Zwischenräumen von planbarer Geselligkeit und empathischer Gemütlichkeit, die Kontingenz muss buchstäblich mit vollem Mund bewältigt werden. Die durch Getränke gelockerte Zunge bringt ihrerseits Zufälle heraus, hilft aber auch dabei, Ausgeplaudertes abzuschwächen oder unverhofft Kränkendes sofort zu therapieren.

Wie bei allen anderen ist auch bei dieser Modellszene das prärationale Inbegriffensein sinnlicher Natur: Der *homo sapiens* folgt als Sinnenwesen seiner Natur vergeistigend. Das geschieht noch in rudimentären Formen gemeinsamer Nahrungs- oder Getränkeaufnahme, um wie viel mehr aber in festlich-geselliger Form. Die Aneignung des Lebensnotwendigen verwandelt als Abundanzpartizipation das sinnliche Bedürfnis in Sinn. Daher muss sich die Festtafel biegen und den vertikalen Sinneswandel verbürgen. Ein Abschnitt von der Begegnung am runden Tisch ist deshalb mit *in vino veritas* überschrieben. Der US-Filmregisseur und Autor Woody Allen drückt die Bedingungen des enthusiastischen Sinneswandels in einem berühmten Ausspruch ironisch aus: »Der Mensch lebt nicht vom Brot allein. Nach einer Weile braucht er einen *drink*«.

Der horizontale Sinneswandel des *animal symbolicum* findet am runden Tisch in einem spezifischen Austausch statt, den Timm mit dem nachaufklärerisch neu belebten Begriff des *sensus communis* bezeichnet.[19] Allerdings handelt es sich um einen elementaren Gemeinsinn, den Timm weiter fasst und aus verschiedenen Quellen ableitet (114 ff.). Vor allen Planrationalitäten des Bürgersinns gelegen schließt er diese nicht aus, ohne jedoch zwingend in sie überzugehen. Die vielen Rationalitäten hat man schließlich alle Zeit, nicht so den, der sich als Herr des Festes und gleichermaßen als Gefeierter herunterlässt.

Vom kondeszendenten Gottessohn her verbindet das gemeinsame Mahl christliche Teilnehmer enthierarchisierend zu weiser Ignoranz: Wie man den Offenbarer des Vaters nicht immer hat und die ganz große Wahrheit nur wie durch einen Spiegel sieht, verhält es sich auch in den Zonen der Geselligkeit. Alles können Tischgenossen nicht voneinander wissen, müssen sie aber auch nicht, um einander eines gelungenen Abends vergewissern zu können. Am Ende hat sich der erhabenste Geist in Zwischentönen gezeigt und konfessionelle Identität zu kosten gegeben, statt sie zu erpressen. Das festliche Brechen des alltäglichen Brotes kann gebrochene Tradition erneuern – am Altar kann es ja nur für christliche Insider stattfinden.

Der Sinneswandel der Tischgenossen sublimiert auch Konfessionalität. Einem vollmundig-angeheiterten Aufschub letzter Identitätsfragen entsprechen klärende Nebensätze, heimliche Andeutungen und verbindender Humor. Das suspendiert jene Fragen nicht um einer bloßen Partykultur willen, wohl aber

---

[19]   Aus der englischen und schottischen Aufklärungsphilosophie zumal durch Immanuel Kant in deutschsprachigen Debatten beheimatet, verschwindet der Begriff des Gemeinsinns vor allem aus der deutschen Philosophie des 19. Jahrhunderts. In der Ordinary-Language-Philosophie wird er weiterdiskutiert, so auch in ethischen Zusammenhängen und insbesondere in der normativen Politologie, wie sie unter dem lastenden Eindruck des Nationalsozialismus entsteht.

zugunsten einer Atmosphäre, die Weltanschauungskrämpfe löst. Sie legt nahe, nirgendwo anders als im Vorletzten (Bonhoeffer) nach Analogien auf all unsere konfessionellen Insistenzen und Indolenzen zu suchen. Das vielartige Anderssein am runden Tisch ist ein Zusammenkommen im Vorletzten.[20]

Am runden Tisch mit Andersdenkenden wird schließlich auch die Sorge um Traditionsbrüche kleiner, die Bedeutung der ausdauernd mit *powerpoint* an die Wand gemalten Anankasmen einer soziologischen Apokalyptik schrumpft. Wer vor der Tafel quantifizierender Richtigkeiten das volle Tuch des christlichen Symbolismus ausbreitet, erzeugt vitalisierenden Gemeinsinn. Auf ihn kommt es an, soll man sich miteinander in die großen Gottesgeschichten verstricken.[21]

5 Minimale Verklärung

Mit der letzten Begegnungsszene aus Timms Diarium rundet sich eine Gruppe von Zwischenfällen. Nun muss das symbolistische Deutungsangebot christlichen Lebenssinns noch inbegrifflich gefasst werden. Analog zur spekulativen Reflexion der Reflexion bedarf es eines Symbols für das Symbolisieren. Timm findet es gemäß dem *liber naturae*, aber auch nach den Büchern der Offenbarung und der Geschichte am Abend: Es ist das Werden und Vergehen des Abends, entsprechend dem postkopernikanischen Sonnenaufgang.

In der suggestiven Symbolik des Diariums entspricht dem morgendlichen Offenbarwerden eines Horizontes dessen Entzug im verblassenden Lichtraum. Das werdende Halbdunkel regt eine Optik der Wehmut an, die Übergangszeit des Abends weckt Heimweh und Fernweh. Im Verschwinden des Sichtbaren beginnt die Erinnerung ans Gesehene und Geschehene, »das vergoldete Zuspät« (120) einer abschiedlich sich selbst reflektierenden Wahrnehmung. Die Gegenwart zieht sich zusammen auf einen prekären Punkt zwischen einem Konservatismus gegen das dem Tag Geschuldete und einer Zukunftsskepsis angesichts des täglichen Vergehens.

---

[20] Die Metapher vom runden Tisch hat sich seit der politischen Wende 1989/90 redensartlich durchgesetzt. Ihre Suggestivität besteht darin, sich unter einer gemeinsamen Motivation versammelnd verschiedene Handlungsoptionen auszubalancieren. Timms Beschreibung wird durch die Anwendung der Metapher gerade deshalb bestätigt, weil eine Überlieferungsabhängigkeit nicht zu vermuten ist.

[21] Vgl. zum Begriff »Gottesgeschichte« Thomas Mann, Joseph und seine Brüder, Frankfurt am Main 1994.

Doch nicht nur im Hereinbrechen des Dämmerlichts besteht der eigentliche Zwischenfall, sondern in einem intuitiven Sehen, das sich ereignet, wenn der abendliche Sog der naturhaften Entkräftung künstlich aufgehalten wird. Die Plausibilität von Kausalitäten und Sachzwängen tritt zurück, das diffuse Licht eröffnet neue Deutungszusammenhänge: »[…] die erforderliche Muße für das Niedergangserlebnis [ist] reichlich vorhanden, weil es in etwa mit dem Ende der Arbeitszeit zusammenfällt, wenn man in die Wohnwelt heimkehrt, um *Feierabend* zu machen« (120). Zu neuer Vitalität öffnen sich die eben noch müden Augen dann, und zum klaren Sehen ins Dunkle hinein. Auch ein asymmetrischer Wortwechsel kann sich ergeben, in dem jeder Anwesende bekenntnisnah seine Ankunft im Milieu zwischen Erinnerung und Hoffnung erzählt.

Schon an dieser Stelle ergibt sich eine Übertragung auf die vieldeutige konfessionelle Lage. Mit der wehmütigen Relativierung vermeintlicher Überzeugungssicherheiten kommt es zu einer Resonanz auf die morgendliche Neusymbolisierung der Welt-Anschauung. Nun ist es das abendliche Verdämmern, das eine Resymbolisierung dessen ermöglicht, was bekennende Christen, bekennende Atheisten, bekenntnisfreie Agnostiker und indolente Konfessionslose voneinander trennt. Statt nun die Gretchenfrage zu stellen, wie das Gegenüber es mit der Religion halte, wäre zu fragen, wie viel Verklärung für ein Leben erforderlich sei, das mehr sein soll als illusionsloses Überleben nach dem Zuschnitt des jeweiligen Bekenntnisses. Damit ist der Resymbolisierung eine Richtung gewiesen.

Ein evangelischer Symbolismus kann aus eigener Gewissheit heraus Deutungsvorschläge zum alltäglichen Lebenssinn machen, um minimale Verklärungserfordernisse von Konfessionslosen oder Konfessionsfreien zu thematisieren. Mit solchen Vorschlägen wäre die Arbeit am protestantischen Defizit zu verbinden, Bekenntnisse alltagsgerecht auszulegen. Dieses Defizit ist mehreren Aufklärungsschüben geschuldet, deren Verlustrechnungen nicht hinreichend durchlitten worden sind. So hat nach der Aufklärung des 18. Jahrhunderts der romantische Symbolismus in der evangelischen Theologie nur vereinzelt wurzeln können – wie die Lebensthematik nach Nietzsches kleiner Privataufklärung oder die Kleinen Transzendenzen des Alltags nach der theologischen Religionskritik des 20. Jahrhunderts. Die mehrfache Aufwertung einer symbollosen Rationalität wäre auch *pro domo* abzuarbeiten.

Diese Aufgabe konnte hier nur angedeutet werden, aus Platz-, aber auch aus Sachgründen. Denn nicht das bessere Wissen, sondern ein besseres symbolistisches Arrangement ist am abendlichen Ende des Diariums fällig. So soll die überlieferte Ambivalenz des Dämmerlichts als evangelisches Entspannungsangebot an Konfessionalisten aller Art eingespielt werden.

Timms Überlieferungsmaterial reicht vom Schöpfer, der abends durch seinen mit dem Menschen geteilten Garten streift, über die Noah zufliegende Taube der Verheißung bis in die unfassbare heilige Nacht und den abendlichen Augenöffner für die Emmausjünger. Auch Hölderlins *Brod und Wein* kann hier zitiert werden, vergegenwärtigt es doch das biblisch Altüberlieferte im Zeichen des Abends: »Was der Alten Gesang von Kindern Gottes geweissagt, Siehe! wir sind es, wir; Frucht von Hesperien ists!«.[22] Wollte man gegen dieses Aufgebot an abendländischem Selbstdeutungsinventar einwenden, es berühre eben nur die ohnehin schon davon Berührten oder Berührbaren, so bliebe doch als ein Gegenargument: die Frische des Überlieferten, das sich für manche eben in einer Erstbegegnung erschlösse. Was aber spricht gegen eine solche, wenn nur ein dogmatischer Konfessionalismus die Einrede dagegen unterlässt?

6 Konfessionalitätsdämmerungen. Christentum als symbolistische Alltagsreflexion

Die Abendsonne ist ein Realbild der Gnadensonne, angesichts derer man nur das Nach-Sehen haben kann. Hat man es aber – und bewährt es in einer für verschiedene Teilnehmer offenen evangelischen Symbolkultur – dann erweist sich das Nachsehen als Gabe (1 Kor 4,7): Es lässt das Leben in seiner Opakheit nachsichtig ›Revue passieren‹. Nichts anderes ist Alltagsreflexion auf der symbolistischen Basis von Zwischenfällen. Sie bewegt sich zwischen dem minimalistischen Vertrauen auf die alltägliche Wiederholung des gewohnten Guten und der maximalistischen Hoffnung auf die Herrlichkeit des endgültigen Schöpfungsmorgens.

In die abschließenden Überlegungen zur Frage, wie mit der Situation der Gemengelage von Konfessorik und Konfessionslosigkeit umzugehen wäre, können Gedanken der letzten zwei Zwischenfälle aus Timms Diarium einbezogen werden. Zum Umgang mit dem Konfessionalitätsthema zeichnen sich zwei Grundzüge ab: Die Anlage des Diariums ermöglicht eine ungezwungene Versammlung verschiedener, auch gegensätzlicher Konfessionalitätsformen,

---

[22] Friedrich Hölderlin, Brod und Wein. An Heinse, in: Ders., Gedichte, Frankfurt am Main, 1984, 119.

die zumindest eines teilen, nämlich gewisse Strukturanalogien im Tagesablauf. Ein weiteres Potenzial liegt in der Wahrnehmung einer besonderen
Reflexionsform, die – wenngleich noch in die Reihe der phänomenalen Zwischenfälle gehörig – eine Metaebene erreicht.

Das Diarium enthält notwendigerweise vielfach Kontingenzen. Sie er-
schüttern und irritieren fixe Vermutungen über die Wirklichkeit und norma-
tive Erwartungen an diese. So schwächen die Erfahrung solcher Zufälle und
deren symbolisierendes Bewusstmachen konfessorische Identitäten. Hier
kommt die Metapher der Dämmerung zum Tragen: Das Widerfahrnis des
zwielichtig Schwebenden veruneindeutigt manche Kausalrationalität, setzt
indes durch diese Veruneindeutigung eine alternative Reflexionsform frei.
Die wechselseitige Abhängigkeit von Reflexivität und Lebensvollzug bedarf
der Symbolisierung. Reflexivität ist unabschließbar, weil ihr jeder neue Le-
benskontext neue Inhalte und Ausdrucksformen von Erfahrung aufgibt. Der
Vorteil des evangelischen Symbolismus liegt in der Verschränkung von tra-
ditionaler Verlässlichkeit und innovatorischer Tüchtigkeit. So vermag dieser
Symbolismus zugleich, ein fatales Progredieren des *homo symbolicus* ins Unendliche zu verhindern, indem seine Formen zu einem ausgewogenen Belas-
sen und Bearbeiten anregen. In der Dämmerung sind keineswegs alle Kühe
schwarz, ist doch das veruneindeutigende Dämmern zugleich der Anfang von
Mehrdeutigkeit. Das heuristische Potential für die Theologie liegt in einer
doppelten Wahrnehmungsschärfung; die Relektüre des christlich-religiösen
Intertextes und die aufgeschlossene Lektüre kultureller und damit konfessionell vielartiger Umgebungen befruchten einander wechselseitig.

Die besondere Reflexionsform, mit der Timms Diarium eine Metaebene
erreicht und auf der auch das Konfessionalitätsthema verortet werden muss,
ist buchstäblich der Nacht entstiegen. Der nächtliche Erfahrungsraum ist
lichtlos oder zumindest lichtarm; klare Erkenntnis wird durch das Spiel der
Phantasie ersetzt. Die Phantasie erweist ihre Macht. Sie taucht ab, ihr Sinn
für kreative Unordnung strebt ins Untere, Nächtige, wo sie Bilder von »unter
Tage« (130) heraufholt. Die Suggestion dieser Bewegung ist unwidersteh-
lich, sie stößt auf einen Zustand des Halbbewussten, der wehrlos macht. Frei
von Gewalt ist dieser reflexionslogische *descensus ad inferos* nicht, weshalb
auch er – wie zuvor schon der Eros – gezähmt werden muss. Gezähmt gibt
er eine Quelle des Symbolischen frei, die auf anderem Weg nicht erreicht
werden kann. Anders als beim Eros schießt beim Angriff der Phantasie
elementare Lebendigkeit dermaßen stark in die bewusste Selbstkontrolle
hinein, dass diese den Genuss der Situation nicht verbürgen kann. So entstehen »Bild-Worte« (146) für die nicht zu bewältigende Kontingenzfülle des

Lebens,[23] Bildworte, die die Alltagsreflexion gelingen lassen. Die Abhängigkeit von solch vage-heiklen Quellen schwächt starke Identitäten und konfessorische Haltungen ab, stärkt aber das Symbolisieren. Das Christentum kann mehr zum Leben sagen, wenn es eigene und andere konfessionelle Selbstthematisierung überschreitet, als wenn es dies unterlässt. Der Konfessorik dämmert so gesehen der Abschied, evangelische Symbolkultur dämmert herauf.

---

[23] HERMANN TIMM, Poiesis und Mimesis. Kontingenzwaltung nach Dichters Art, in: DERS., Dichtung des Anfangs. Die religiösen Protofiktionen der Goethezeit, München 1996, 33–37.

MISSIONSGEBIETE?

Überlegungen zur Verortung von Theologien in Ostdeutschland *

Daniel Cyranka

Ostdeutsche Gegenden werden inzwischen hin und wieder als ›Missionsgebiete‹ charakterisiert. Dabei wird Mission wohl als eine Reise ins Fremde verstanden werden, zumindest als eine Reise ins Widerständige. Es stellt sich die Frage, wer als Missionar gilt und was demzufolge Mission ist. Ein Missionar ist in der durch den Historismus figurierten klassischen Missionsgeschichte stets der eigentliche Akteur, das handelnde Subjekt, das es mit Objekten der Mission zu tun hat.[1] Was damit zum Ausdruck kommt, entspricht einer Situationsbeschreibung der eurozentrischen Missionsgeschichtsschreibung bzw. einem eurozentrischen Selbstverständnis von Theologie und Kirche. Trifft das unser heutiges Verständnis von Mission und religiöser Kommunikation?[2]

Eine solche klassische Missionsperspektive ist bereits auf den *ersten* Blick durch ein Problem gebrochen: Wir befinden uns hier nicht in Übersee, wir befinden uns - um mit der Tagespresse zu sprechen - im Kernland der Re-

---

*   Für kritische Anmerkungen zu diesem Beitrag danke ich Georg Bucher, Erik Dremel, Lars Fiedler, Constanze Schaaf, Christian Senkel und Friedemann Stengel.

[1]   Vgl. dazu ANDREAS NEHRING, Das »Ende der Missionsgeschichte« - Mission als kulturelles Paradigma zwischen klassischer Missionstheologie und postkolonialer Theoriebildung, in: BThZ 27 (2010), 161-193.

[2]   Vgl. dazu NEHRING, Ende (s. Anm. 1) sowie KLAUS HOCK, Einführung in die Interkulturelle Theologie, Darmstadt 2011, bes. S. 147-150. Als neue Einführungen in die Horizonte Interkultureller Theologie sind ebenfalls zu nennen: VOLKER KÜSTER, Einführung in die Interkulturelle Theologie, Göttingen 2011 (UTB 3465) sowie HENNING WROGEMANN, Interkulturelle Theologie und Hermeneutik. Grundfragen, aktuelle Beispiele, theoretische Perspektiven, Gütersloh/München 2012 (Lehrbuch Interkulturelle Theologie / Missionswissenschaft 1).

formation. Wer will hier also eigentlich wen missionieren? Wo liegt dieses Europa, aus dessen Selbstverständnis die missionarischen Strategien stammen? Und wer sind die widerständigen Eingeborenen? Wo situieren wir uns als Theologen und Kirchenleute in diesem klassischen missionarischen Spannungsfeld? Wer würde es erlauben, eine Differenz von Subjekten und Objekten zu machen? Wer ist Subjekt der Mission?[3]

Kirche und Theologie in Ostdeutschland: Welche Perspektive wird eigentlich eingenommen, wenn dieses Thema bearbeitet wird? Die Missions-Synode der EKD fand 1999 in Leipzig statt. Zeigt sich hier eine Ost-Perspektive oder eine Perspektive auf den Osten?

1 Spezielle Mission in Ostdeutschland?

Im Anschluss an die Missionssynode der EKD 1999 in Leipzig wurde ein Text unter dem Titel »Das Evangelium unter die Leute bringen« formuliert und 2001 veröffentlicht.[4] Das Kollegium des Kirchenamtes der EKD – also die oberste Verwaltungsgruppe des Zusammenschlusses evangelischer Landeskirchen in Deutschland – hatte dafür eine elfköpfige Kommission einberufen, der auch zwei Mitglieder aus östlichen Gliedkirchen angehörten.[5] Für die westlichen Gliedkirchen wird in diesem Text ein Bleiben der Religion in veränderter Gestalt diagnostiziert. Es gäbe eine neue Religiosität, die frei schwebend wäre, insofern neue religiöse Bewegungen und andere religiöse Traditionen praktisch keinen Zulauf von denen hätten, die aus den Kirchen austräten.[6]

---

[3]   Mission als missio dei verstanden, bedeutet die Öffnung unseres Alltags; vgl. etwa die missionstheologischen Bestandsaufnahmen, die vom ÖRK bereits vor einigen Jahren herausgegeben wurden: Missio dei revisited: Willingen 1952–2002, in: International review of mission 92 (2003), 461–638.

[4]   Das Evangelium unter die Leute bringen. Zum missionarischen Dienst der Kirche in unserem Land, EKD-Texte 68 (2001) (http://www.ekd.de/EKD-Texte/44639.html, 05.03.2013).

[5]   Der Kommission gehörten an: 1) Generalsekretär Pfarrer Hartmut Bärend, Berlin; 2) Oberkirchenrat i. R. Klaus Baschang, Karlsruhe, Vorsitzender; 3) Oberkirchenrätin Doris Damke, Bielefeld; 4) Professor Dr. Michael Herbst, Greifswald; 5) Generalsekretär Pfarrer Ulrich Parzany, Kassel (bis Dezember 1999); 6) Pfarrer Dr. Klaus Schäfer, Hamburg; 7) Oberkirchenrat Rüdiger Schloz, Hannover; 8) Generalsekretär Theo Schneider, Dillenburg; 9) Landeskirchenrat Klaus Teschner, Düsseldorf; 10) Professor em. Dr. Eberhard Winkler, Gutenberg; 11) Oberkirchenrätin Petra Fichtmüller, Geschäftsführung.

Nach der Beschreibung westdeutscher Verhältnisse wird Ostdeutschland thematisiert. Während dem Westen also frei schwebende Religiosität bescheinigt wird, scheint es das im Osten nicht zu geben:

»(5) In Ostdeutschland ist die Situation dadurch bestimmt, dass die Kirchen durch die kommunistische, atheistische Staatsdoktrin seit den 50er Jahren systematisch minorisiert und marginalisiert wurden. Heute gehört nur noch ein Viertel der Bevölkerung einer christlichen Kirche an. Ihr Altersaufbau ist so, dass sich die Zahl der Mitglieder in kurzer Zeit erheblich verringern wird. Ein Großteil der Bevölkerung lebt schon in der zweiten oder gar dritten Generation ohne Kirchenzugehörigkeit, ja meist mit einem anerzogenen Vorurteil gegen Religion und Kirche, vor allem aber ohne das Gefühl, dass ihnen etwas fehle, weil sie nicht Mitglieder einer Religionsgemeinschaft sind.«[7]

Wie ist das zu deuten? Die Religionssoziologie beschäftigt sich inzwischen seit langer Zeit mit ›Ost-Phänomenen‹. Eine neuere Deutung sei hier exemplarisch herausgegriffen.

2 FORCIERTE SÄKULARITÄT

Monika Wohlrab-Sahr nennt diese ›Ost-Phänomene‹ *forcierte Säkularität* bzw. *forcierte Säkularisierung*. Die Autorin, seit vielen Jahren an der Universität Leipzig tätig, ist ebenso lange mit der Frage von Religions- und Kirchensoziologie in dieser Gegend befasst. Sie beschreibt forcierte Säkularisierung letztlich als einen Habitus:

»Forcierte Säkularisierung wird zum Eigenen, zur Haltung der Säkularität auch im Prozess familialer Tradierung. Es käme einer völlig überraschenden

---

[6] »[I]n den 70er Jahren des vorigen Jahrhunderts, als die neuen religiösen Bewegungen einen besonderen Aufschwung nahmen, verloren die großen Kirchen in Westdeutschland durch Kirchenaustritte etwa zwei Millionen Mitglieder. Die Zahl der Mitglieder in neuen religiösen Bewegungen dagegen belief sich bei großzügiger Schätzung am Ende dieses Zeitraums auf nicht mehr als 30 000, das sind nicht einmal 2 % derer, die den Kirchen verloren gingen. Die neue Religiosität ist also frei schwebend. Sie entwickelt keine gemeinschaftlichen Bindekräfte. Aber sie dringt in die Köpfe und Seelen der Menschen ein. Geraten diese in eine persönliche Krise, wird die Bereitschaft groß, sich einer Sekte oder Weltanschauungsgruppe anzuschließen.« (http://www.ekd.de/EKD-Texte/evangelium2_2001.html, 05.03.2013).

[7] Ebd.

›Erweckungsbewegung‹ gleich, wenn sich nennbare Anteile der konfessions- und oft auch religionslosen Bevölkerung der DDR heute wieder zu einer religiösen Form der Zugehörigkeit bekennen würden. Wo drei Viertel der Bevölkerung keiner religiösen Gemeinschaft angehören, setzt sich die Distanz zu Religion und Kirchen oft selbstverständlich fort, so wie auch religiöse Bekenntnisse meist in Familien tradiert werden.«[8]

Monika Wohlrab-Sahr klassifiziert die Situation ›des Ostens‹ als Übergang und redet in diesem Zusammenhang von »Normalbedingungen«.[9] Sie spricht von »Semantiken ostdeutscher Identität« wie »Semantiken der Gemeinschaft und Ehrlichkeit, aber auch der Arbeit«, die als »idealisierende Bezüge« in den geführten Interviews immer wieder auftauchten. Horizonte des Religiösen werden in diesen Kontexten also nicht thematisiert, vielmehr gehe es um Verbindung nach innen und um Abgrenzung gegenüber dem gesellschaftlichen Wandel, der alte Lebensweisen zersetze. Es gehe um Abgrenzung gegenüber »den Menschen, die diese neuen Wertsetzungen repräsentieren und dazu beitragen, die Relevanzen der Lebenswelt der DDR zu entwerten«. Als idealisierende Beschreibungen der Vergangenheit einer entpolitisiert repräsentierten, untergegangenen Gesellschaft sind Gemeinschaft, Arbeit und Ehrlichkeit nach Wohlrab-Sahr letztlich »ideologische Deutungen«. Nicht um Religion oder Religiosität geht es also, sondern um Identitätssemantiken, die sich nach Wohlrab-Sahr religionssoziologisch als Formen ›mittlerer Transzendenz‹ beschreiben ließen, als Formen des ›Religioiden‹ (Georg Simmel). Mit der Formel des ›Religioiden‹ deutet Wohlrab-Sahr diese Identitätssemantiken als eine Art Vorstufe von Religion, die mit Simmel als anthropologische und soziale Konstante zu betrachten wäre. Aus der Sicht einer solchen Theoriebildung erscheinen derartige ›Identitätssemantiken‹ notwendigerweise als defizitär, sie sind dementsprechend nach Wohlrab-Sahr Formen, »mit denen das Leben in der DDR und der daraus hervorgehende Habitus überhöht werden«.[10]

Die Deutung religionssoziologischer Befunde wie auch bereits die Generierung religionssoziologischer Fragestellungen und Hinsichten markieren

---

[8]   Monika Wohlrab-Sahr, Forcierte Säkularität *oder* Logiken der Aneignung repressiver Säkularisierung, In: Gert Pickel/Kornelia Sammet (Hrsg.), Religion und Religiosität im vereinigten Deutschland. Zwanzig Jahre nach dem Umbruch, Wiesbaden 2011, 145–163; Wiederabdruck in: Michael Domsgen u. a. (Hrsg.), Was gehen uns »die anderen« an? Schule und Religion in der Säkularität, Göttingen 2012, 27–48, 46.

[9]   Vgl. a. a. O., 45 ff.

[10]   Ebd.

unter Umständen divergente Wirklichkeitsverständnisse. Hier sind immer wieder grundsätzliche Fragen zu stellen, die auch den eigenen Problematisierungshorizont einschließen:

1) Welchen Standpunkt habe ich / haben wir zum Thema Säkularität, Konfessions- und Religionszugehörigkeit?
2) Was ist der – auch hier vorausgesetzte – ›Normalfall‹ mit dem wir uns auseinandersetzen?
3) Aus welcher Perspektive und aus welcher Haltung heraus konstruieren wir unseren Kontext?
4) Wie formt unser Kontext uns?
5) Wie werden wir wahrgenommen?
6) Auf welche Adressaten beziehen sich also unsere theologischen Versuche?

Diese und derartige Fragen sollten zu klären sein, wobei ich nicht den Anspruch erhebe, das hier stellvertretend zu tun. Vielmehr möchte ich Anregungen geben. Vielleicht können wir uns abseits einer Dichotomie von *Normalität* und ›ostdeutschem‹ *Ausnahmefall* auf unseren jeweiligen Kontext einlassen, um dann zu fragen, welche Rolle unser Christ-Sein in diesem Kontext spielt oder nicht spielt, spielen könnte oder spielen sollte.

Dass dies nicht selbstverständlich ist, sei mit einer Äußerung des Erfurter Theologen Eberhard Tiefensee angedeutet, in der die ›Ausnahmesituation‹ mit dem Stichwort »neue Heiden« konnotiert wird. Nach einigen Hinweisen auf Phänomene der Konfessionslosigkeit hält Tiefensee fest:

> »Die Beispiele lassen sich leicht vermehren. Die wesentliche Erkenntnis, die aus ihnen zu ziehen ist, dürfte sein, dass sich christliche Mission in Westeuropa, besonders aber in den neuen Bundesländern und vielleicht noch im böhmischen Raum, erstmalig mit einem Milieu konfrontiert [!] sieht, das so selbstverständlich areligiös ist, wie Bayern oder Polen katholisch erscheinen. Wenn diese These stimmt, dann stehen wir vor einer neuen Herausforderung: Denn in ihrer 2000jährigen Geschichte traf christliche Mission bisher immer auf eine Art Volksreligiosität, auf mehr oder minder ausgereifte Gottesvorstellungen, an die sie kritisch anknüpfen und die sie korrigieren oder weiterentwickeln konnte. Ein solcher Anknüpfungspunkt ist bei den ›neuen Heiden‹ erheblich schwieriger zu finden, als manch wohlmeinender Rat meint.«[11]

---

[11] EBERHARD TIEFENSEE, Ökumene der ›dritten Art‹. Christliche Botschaft in areligiöser Umgebung, in: DERS. u. a. (Hrsg.), Pastoral und Religionspädagogik in Säkularisierung

Derzeitige Mission wird von Tiefensee somit als Teil einer kontinuierlichen und konsistenten zweitausendjährigen Missionsgeschichte beschrieben, in der es letztlich um die Umcodierung vorhandener Gottesvorstellungen gehe. Bemerkenswert ist, dass Bayern und Polen in dieser Aussage »katholisch erscheinen«, die zweitausendjährige Missionsgeschichte jedoch »immer … eine Art Volksreligiosität« und »mehr oder minder ausgereifte Gottesvorstellungen« vorgefunden habe. Eine derart homogenisierte Grundkonzeption führt tatsächlich zur Feststellung des totalen Traditionsabbruches im Hinblick auf ostdeutsche Verhältnisse. Abseits damit zusammenhängender missionsgeschichtlicher Unwägbarkeiten ist zu fragen: Ist ›Mission‹ im 21. Jahrhundert mit einem solchen Konzept angemessen beschrieben? Klaus Hock stellt demgegenüber fest, dass die hegemonialen diskursiven Positionierungen einer ›Invasionschristenheit‹ (Werner Ustorf) endgültig gebrochen seien, dass es nicht (mehr) um die ›Besetzung‹ von Missionsfeldern gehe. Hock sieht die missionstheologische Aufgabe Interkultureller Theologie darin, die Unabgeschlossenheit des Christlichen in den Blick zu nehmen, er reklamiert eine »Offenheit für veränderte kulturelle Materialisierung des Christlichen, für seine neuen Formen der Hybridisierung, der Kreolisierung, des Transkulturellen«.[12] Hock betont mit diesen Stichworten die Variabilität des Christlichen. Er weist darauf hin, dass es keine starren Identitäten zu verzeichnen gibt, sondern dass die Veränderungsprozesse in der Geschichte und Gegenwart des Christentums letztlich der ›Normalfall‹ sind. Christentum ist im Kontakt mit ›Anderem‹ in fluiden Austauschprozessen zu sehen, die mit den Stichworten ›Hybridisierung‹ und ›Kreolisierung‹ und ›Transkulturalität‹ benennbar sind. Die Geschichte des Christentums ist – wie seine Gegenwart – interkulturell. Dieser Analyse und Aufgabenbeschreibung stehen traditionelle europäische Erwartungshaltungen und ihre homogenen Wesensbeschreibungen des Christentums diametral gegenüber. Die Frage der kulturellen Verflechtung des Christlichen ist aus der Perspektive Interkultureller Theologie regional zu stellen und in ein ökumenisch-globales Feld einzuzeichnen. Hier zeigt sich eine andere Aufmerksamkeit auf die Verwobenheit von Christentum und Kultur, als in Positionierungen, die Religion (im Singular!) als eine differente, eigene Kultur beschreiben. Eine Positionierung, wie sie etwa Engelbert Groß vornimmt, zieht dementsprechend gar eine klare kulturelle Grenze in ein- und

---

und Globalisierung, Münster 2006 (Forum Religionspädagogik Interkulturell 11), 17–38, 21.

[12] Hock, Einführung (s. Anm. 2), 149.

derselben Gegend. Begegnung von ›Religion‹ und ›Nichtreligion‹ ist nach Groß »ein interkulturelles Geschehen«, denn: »In Religion wird Anderes gepflegt als in Nichtreligion«.[13] Damit wird neben einer religiösen Entfremdung eine kulturelle Entfremdung eingeschrieben, indem Christentum bzw. Christentümer nicht etwa als kulturell plurale und auch potentiell widersprüchliche, sondern als kulturell letztlich homogene Entitäten thematisiert werden, die von ›Nicht-Religiösen‹ getrennt sind. Die damit logisch einhergehende Nähe zu ›religiösen‹ Nachbarn, z. B. zu Muslimen in Deutschland, die ein Postulat bleiben muss, wird von der gleichzeitig festgeschriebenen kulturellen Entfremdung von ›Nicht-Religiösen‹ überlagert. Ein derart kulturalistisch entworfenes Religions- und Christentumskonzept scheint mir an der kulturellen Verwobenheit und Bedingtheit der unterschiedlichen Glaubensvollzüge selbst vorbeizusehen. Begegnen sich tatsächlich verschiedene Kulturen, wenn in mehrheitlich areligiösen ostdeutschen Kontexten christlicher Glaube thematisiert wird?

3 Wer oder was ist ostdeutsch?

Eine kürzlich veröffentlichte Studie von Autoren um die Politikwissenschaftler Rebecca Pates/Leipzig und Maximilian Schochow/Halle macht deutlich, wie mediale Repräsentation Wirklichkeit in dieser Hinsicht produziert. Unter dem Titel: »Der ›Ossi‹. Mikropolitische Studien über einen symbolischen Ausländer«[14] finden sich Texte, die allein schon wegen der in ihnen gesammelten Zitate über Ossis provozieren. Interessant sind sie aber vor allem darum, weil sie verdeutlichen, dass mediale Repräsentationen Wirklichkeiten erzeugen, die sich nicht einfach aus der Welt schaffen lassen.

Das ›Anders-Sein‹ sogenannter Ostdeutscher wird dieser Studie zufolge im öffentlichen Diskurs essentialisiert, zum unveränderlichen, zumindest zum systemisch bedingten ›Wesen‹ erklärt. Das lässt sich bereits an folgender Beobachtung ablesen: Pates schreibt, dass Ostdeutsche überall als Ostdeutsche beschrieben würden, »während ein Wessi dies nur im Osten« sei, in den er sich auch angesichts von Widrigkeiten vorgewagt habe.[15]

---

[13] Engelbert Gross, Säkularisierung und Globalisierung. Einführung, in: Tiefensee u. a. (Hrsg.), Pastoral, 7–15, 10.

[14] Rebecca Pates/Maximilian Schochow (Hrsg.), Der »Ossi«. Mikropolitische Studien über einen symbolischen Ausländer, Wiesbaden 2013.

[15] Rebecca Pates, Einleitung – Der »Ossi« als symbolischer Ausländer, in: Pates/Schochow, »Ossi« (s. Anm. 14), 7–20, 9.

»Über Ostdeutsche als solche wird berichtet unabhängig davon, wo sie sich gerade befinden, während ein Wessi dies nur im Osten ist. Und er wird dann nur als solcher gekennzeichnet, wenn es sich, wie der Kontext klar stellt, um Individuen handelt, die sich mutig in ›den Osten‹ vorgewagt haben. Im Vordergrund stehen dann Widrigkeiten, welche sie ›dort‹ erwarten, nicht ihre Personen und ihr Werdegang in der Bundesrepublik.«[16]

Pates identifiziert außerdem systemische, kollektive Zuschreibungen gegenüber Ostdeutschen:»Im Gegensatz zu den als Individuen dargestellten Westdeutschen, deren Handlungen als selbstbestimmt und zielgerichtet gedacht werden, können den Ostdeutschen Züge zugeschrieben werden, welche systemisch bedingt sind und ihre Persönlichkeitsstruktur ausmachen.«[17] Aus diesem Blickwinkel wird deutlich, dass eine Beschreibung ostdeutscher Kontexte nicht ohne Bezugnahmen auf derartige Repräsentationen auskommt, sondern diese vielmehr wahrnehmen und kritisch zu reflektieren hat. Wie repräsentieren Kirche und Theologie einen ostdeutschen Kontext – als einen nicht-westdeutschen? Wie verhält sich die Konstruktion des ›anderen Deutschen‹ zum Thema Religion, das in der genannten Studie interessanterweise überhaupt nicht thematisiert wird? Geht es um die vielzitierte ›Mauer in den Köpfen‹, die nach der deutschen Teilung und Wiedervereinigung immer noch da sei? Oder geht es vielleicht um die Einschreibung und Fortsetzung von symbolischen Repräsentationen, die allerdings äußerst relevant sind, insofern sie ständig und immer wieder Identitäten produzieren, die sich in Selbst- und Fremdzuschreibungen als Differenzen äußern? Woran diese Studie schon mit ihrem provozierenden Titel erinnert ist wichtig. Denn für die hier interessierende Frage nach der Konfessionslosigkeit, nach Theologie und Religion im säkularen Kontext ist entscheidend, was diese Frage voraussetzt bzw. impliziert – oder auch einschreibt und fortschreibt. Ich möchte also fragen: Wer oder was ist der vorausgesetzte oder implizite bzw. reproduzierte oder produzierte Normalfall?

---

[16]   Ebd.
[17]   A. a. O., 10.

4 WER ODER WAS IST DER NORMALFALL?

Die Frage nach diskursiver Hegemonialität ließe sich auf verschiedene Weise stellen. Eine mögliche Anregung geben die Stichwörter ›Normalismus‹ bzw. ›Normalitätsproduktion‹ (Jürgen Link).[18] Hier wird im Anschluss an Michel Foucault vorausgesetzt, dass Diskurse Anordnungen sprachlicher Strukturen bzw. von Aussagen sind, die gesellschaftliches Handeln organisieren. Dementsprechend sind die regulierenden Folgen von ›Normalitätsproduktion‹ im Blick. Was ist der ›Normalfall‹? Wie entsteht der ›Normalfall‹? Was bewirkt der ›Normalfall‹?

Im Gegensatz zu *Normativität*, die Werte und Normen setzt, konstituiert *Normalismus* z. B. mittels Statistiken das Normale erst im Nachhinein, indem das jeweilige Feld anhand seiner Daten interpretiert wird. Hier entsteht der Eindruck von Objektivität und wissenschaftlicher Neutralität. Normalismus lässt sich mit Link nun noch einmal unterteilen. Und diese Unterteilung ist hier von Interesse. Der sogenannte »fixistische Protonormalismus« lehnt sich verschiedentlich an Normativität an und schränkt somit ein was als normal gilt und was nicht (mehr).

Dagegen setzt der »flexible Normalismus« dezentrale Grenzen dessen, was als normal gilt und was nicht. Damit schließt der flexible Normalismus deutlich mehr Phänomene in den Bereich des Normalen ein, als der sogenannte Protonormalismus und erst recht als Normativität, nach der ja letztlich nicht sein kann, was nicht sein darf. (Allerdings darf nicht übersehen werden, dass auch ein flexibler Normalismus letztlich konkrete Fragen, Statistiken und Auswertungen selbst generiert, die auf akademische und gesellschaftliche Rezeption abzielen.)

Was heißt das für die Frage nach Religion und Kirche in einem ostdeutschen Kontext? Eine Position, die Religion auf irgendeine Weise zu einem *Wesensmerkmal* des Menschseins erklärt, wäre aus der Sicht der Normalismustheorie als »protonormalistisch« zu klassifizieren, die festschreibt (»fixiert«). Der flexible Normalismus erhebt dagegen zunächst eine Datenstruktur aus dem zu untersuchenden Feld. Dabei stellt er fest, dass ein bestimmter Prozentsatz der Bevölkerung so oder so zum Thema Religion steht »und daß dieser Anteil folglich normal ist«[19]. Ohne die Normalismustheorie hier näher

---

[18] JÜRGEN LINK, Versuch über den Normalismus. Wie Normalität produziert wird, Göttingen, ³2006.

[19] A. a. O., 71.

diskutieren zu wollen lässt sich festhalten, dass der ›Normalfall‹ historisch singulär ist. Er bezieht sich auf eine Situation, die so ist, wie sie ist – die aber auch anders sein könnte; eine Situation, die nicht notwendig ist, sondern kontingent. Der oft implizit oder subkutan konstruierte ›Normalfall‹ ist kulturell verwoben und aus seinen jeweiligen Kontexten zu erheben. In Frage steht dann, in welcher Weise Kontexte beschrieben und wie Grenzziehungen bzw. Ausgrenzungen und Einschreibungen sichtbar gemacht werden können.

Auf einer solchen Grundlage lässt sich also fragen: Kann man unsere ostdeutschen Kontexte, die eine religionsstatistische Ausnahme darstellen,[20] auch mit einigem Recht als Normalfall begreifen? Denn woher gewinnt man die Norm, nach der unsere Gegend *uneigentlich* ist und somit ein *Ausnahmezustand*, keinesfalls aber die Regel sein darf?

Diese Nähe zur Normativität ist es, die unser Umfeld in unseren eigenen Grundannahmen als exzeptionelle Zone erscheinen lässt, und damit performativ als uneigentliche Ausnahme, die mit üblichen Mitteln kaum zu beschreiben ist, mit verwirklicht. Ostdeutsche Kontexte sind eine letztlich unbegreifliche Ausnahme. Fassungslosigkeit und Resignation machen sich breit – oder auch Genugtuung über das nahe Ende der Religion. Im Hinblick auf den religionsstatistischen Normal- vs. Ausnahmefall könnte man wieder von einer Mauer sprechen, insofern die Erklärung zur Ausnahme den Normalfall schützt: Die Ausnahme bestätigt die Regel. Unabhängig davon, ob und wo außerhalb des Ausnahmefalls ein Normalfall tatsächlich zu finden ist, scheint die bedrohliche Situation von Kirche und Religion in Ostdeutschland durch ihre sich wiederholende Erklärung zur Ausnahme gebändigt. Auch in diesem Sinne stabilisiert die Ausnahme die bedrohte Regel.

Aus der Perspektive eines *solchen* Normalfalls ist der *religionslose* Osten also die *typische* Ausnahme. Das hat weitreichende Konsequenzen für Christen im Osten. Denn damit wird der *religiöse* Osten nach zwei Seiten hin isoliert bzw. ist eine mehrfache Ausnahme. Der religionslose Osten wird in dieser Hinsicht mit einer Brechung repräsentiert. Der religiöse Osten hat es gleich mit mehreren Brechungen zu tun. In der Sprache der oben zitierten Studie

---

[20]   Auch für Heiner Meulemann ist der Ost-West-Unterschied in Deutschland ein »special case«, den er u. a. mit demographischen Faktoren begründet; vgl. Heiner Meulemann, Religiosity in Europe and in the Two Germanies: The Persistence of a Special Case – as revealed by the European Social Survey, in: Gert Pickel/Olaf Müller: Church and Religion in Contemporary Europe. Results from Empirical and Comparative Research, Wiesbaden 2009, 35–48.

formuliert ist der religiöse ›Ossi‹ ein uneigentlicher Fall an einem (utopischen) Ausnahme-Ort. [21]

Welche Folgen hat das für Christen und Kirchen, die in dieser typisch ostdeutschen religionslosen Landschaft ostdeutsche Christen und Kirchen sein wollen? Sind wir dann überhaupt noch wirklich oder echt ostdeutsch? Nehmen wir unser Umfeld in dieser Eigendynamik und Eigenprägung ernst genug oder setzten wir letztlich doch die hegemoniale Beschreibung des Abnormen voraus und schreiben sie damit ständig fort? Was bestimmen wir auf welche Weise als Kontext? Eine postkoloniale Perspektive gibt unter Umständen Hinweise auf unsere üblichen Denkmuster. Wir bewegen uns damit im Rahmen der Interkulturellen Theologie, die postkoloniale und kontextuelle Perspektiven zum Ausgangspunkt ihrer Theoriebildungen und Analysen macht.[22]

5 DER ORIENTALE ALS AUSGANGSPUNKT POSTKOLONIALER PERSPEKTIVEN

Lässt sich mit Rückgriff auf eines der Gründungsdokumente der postkolonialen Studien, die die neuere Missionswissenschaft und Interkulturelle Theologie prägen, etwas für die Frage nach Religion und Religiosität in Ostdeutschland entdecken? Dass in repräsentativer Öffentlichkeit der Kollektivsingular ›Ossi‹ oder ›Ostdeutscher‹ als kollektive Repräsentation eines symbolischen Ausländers gezeichnet wird, ist u. a. mit Bezug auf Pates/Schochow für eine lange Phase nach 1989 ohne weiteres festzustellen (s. o.). Wie ›der Ostler‹ *als Orientale* entstand, darüber berichtete Edward Said in seiner Studie »Orientalismus«[23] bereits 1978. Ohne auf Saids Thesen insgesamt eingehen zu wollen, verweise ich auf einen Aspekt, der vor dem Hintergrund der oben zitierten Aussagen von Pates aufhorchen lässt. Es geht um kollektive Repräsentationen des Orients, die Said darauf zurückführt, dass anstelle echter Menschen künstliche Entitäten im Vordergrund stünden, abstrakte Kollektive wie »Ori-

---

[21] Vgl. dazu auch die Ausführungen von FRIEDEMANN STENGEL in diesem Band (bes. Abschnitt 2).

[22] Vgl. dazu NEHRING, Ende (s. Anm. 1), HOCK, Einführung (s. Anm. 2), 43–45 sowie KÜSTER, Einführung (s. Anm. 2), 53–109; zurückhaltender dagegen WROGEMANN, Theologie (s. Anm. 2), 331–341.

[23] EDWARD SAID, Orientalismus, Frankfurt am Main ³2012 (orig.: Orientalism, New York 1978).

entalen, Asiaten, Semiten, Muslime, Araber, Juden, Völker, Mentalitäten, Nationen und dergleichen«, die zum Teil aus rein textlichen Begriffsbildungen in die Wirklichkeit gekommen und darin wirksam geworden seien.[24] Die kollektive Repräsentation des Orients als Nicht-Okzident war nach Said ein Moment in dessen kolonialer Beherrschbarmachung. Die Unterscheidung zwischen Orient und Okzident, zwischen Asien und Europa löste die Vielfalt in diesem Dualismus auf:»Das Kollektiv Orient ließ sich leichter zur Veranschaulichung von Theorien heranziehen als einzelne Menschen, denn zwischen Orient und Okzident kam es, gleichsam selbstbestätigend, eben nur auf die anonyme Masse an«.[25]

Der Hinweis auf kollektive Repräsentationen markiert in unserem Zusammenhang die sich wiederholenden Festschreibungen Ostdeutschlands als (mehrheitlich) nicht-religiöse Gegend, die einen essentiellen und systemisch-kollektiv repräsentierten Unterschied zu anderen Gegenden herstellen: Der Osten erscheint als Ausnahme. Entscheidend dabei ist, dass hier keine abständige Zuschreibung aus der Ferne vorliegt, sondern eine gewissermaßen selbst produzierte gesamtdeutsche Festschreibung, eine kollektive Zuschreibung, innerhalb derer ›ostdeutsch‹ als ›nicht-westdeutsch‹ erscheint und als nicht-religiös. Dies lässt sich sowohl als Fremd- wie auch als Selbstzuschreibung ausmachen, finden diese Identitätspositionierungen doch in ein- und demselben Diskurs statt und bestätigen sich gegenseitig.

Saids Thesen regten die Orientalismus-Debatte an und gelten als ein wesentlicher Ausgangspunkt postkolonialer Ansätze auch in den Theologien, in denen sich die Akteure selbst zu Wort melden.

---

[24] A.a.O., 182. Es geht Said um die »Einsicht, dass die Orientalisten, wie viele andere Denker des frühen 19. Jahrhunderts, die Menschheit nur als abstraktes Kollektiv auffassen konnten und nicht willens oder in der Lage waren, Individuen einzubeziehen, so dass bei ihnen künstliche […] Entitäten vorherrschen. So gibt es Orientalen, Asiaten, Semiten, Muslime, Araber, Juden, Völker, Mentalitäten, Nationen und dergleichen […]«(ebd.). Diese kollektiven Repräsentationen setzten sich laut Said fort bzw. durch.

[25] Ebd.

6 KONTEXTUELLE THEOLOGIEN ZWISCHEN GLOBALITÄT UND LOKALITÄT

Im Hinblick auf solche kontextuellen Theologien denkt man zuerst und mit Recht an postkoloniale Situationen, an Theologie der Befreiung und andere sogenannte Dritte-Welt-Theologien in Asien, Afrika und Lateinamerika. Man findet sozio-ökonomisch und politisch ausgerichtete Theologien wie die genannte Theologie der Befreiung in Lateinamerika; man findet ebenso afrikanische und asiatische Inkulturations- und Dialogtheologien und andere.[26] Grundsätzlich geht es darum, den biblischen Text und die Geschichte der Menschen vor Ort zusammenzubringen. Dabei ist entscheidend daran gelegen, *Lokalität* und *Kontextualität* mit *Globalität* und *Ökumenizität* ins Verhältnis zu setzen.[27]

In kontextuellen Theologien geht es darum, dass die konkreten Kontexte sehr ernst genommen werden – und gleichzeitig auch ökumenisch auf andere Kontexte bezogen werden. In dieser Weise ließe sich der jeweils eigene Kontext, die eigene Gesellschaft und Lebenswelt nicht als uneigentlich, als Ausnahme beschreiben. Vielmehr wäre dieser Kontext (im Sinne eines flexiblen Normalismus) nüchtern und klar und realistisch auf die Frage der vorausgesetzten und damit fest- und fortgeschriebenen Normalität zu beziehen. Konzeptionelle Überlegungen kontextueller Theologien beruhen auf dieser Klarheit.

Steht uns eine solche klare Sicht auf unsere (›ostdeutschen‹) Kontexte zur Verfügung oder beschreiben wir unseren konkreten Kontext letztlich jeweils im Modus der Uneigentlichkeit? Repräsentieren wir selbst unseren Kontext nicht als eine Ausnahme von einer Regel? Als eine Ausnahme von einer Regel einer so hier nicht vorhandenen Realität? Wenn das stimmt, dann tun wir – in diesem Sinne – alles andere, als einen kontextuellen theologischen Ansatz zu verfolgen.

Das gilt für die Wiederbelebung kulturprotestantischer Ambitionen wie für kirchliche Strukturen. Vergleicht man die kirchlichen Strukturen und die amtstheologischen oder auch berufsständischen Gegebenheiten heute mit

---

[26] HOCK, Einführung (s. Anm. 2), KÜSTER, Einführung (s. Anm. 2), WROGEMANN, Theologie (s. Anm. 2).

[27] Zur Notwendigkeit, Kontextualität und Christlichkeit in Beziehung zu setzen bzw. Regionalität mit dem universalen Anspruch des Evangeliums vgl. ROBERT J. SCHREITER, Abschied vom Gott der Europäer. Zur Entwicklung regionaler Theologien, Salzburg 1992 u. ö. (*Constructing Local Theologies*, London 1985 u. ö.).

z. B. Ideen der 1970er Jahre, sieht man eine enorme Spannung.[28] Nun ist deutlich, dass wir nicht mehr in den 1970er Jahren leben und zum Glück auch nicht mehr in der DDR leben müssen. Wir leben in Mitteldeutschland, in Sachsen-Anhalt, in Thüringen. Durch unser staatliches wie auch kirchlich-strukturelles Beitrittshandeln Anfang der 1990er Jahre scheint mir aber einer problematischen Entwicklung Vorschub geleistet worden zu sein: Ostdeutsche sind zu ›den Anderen‹ geworden; zu den anderen Deutschen, den Ausnahmen von der Regel. In das regelgerechte Normalsein passen sie sich nicht ohne weiteres ein.[29] ›Der Ostdeutsche‹ wird dementsprechend medial inszeniert und er entwickelt in diesem Zusammenhang – durch Fremdzuschreibung wie durch Selbststilisierung – eine etwas verkrümmte Sonder-Identität (vgl. forcierte Säkularität). Das gilt selbstverständlich nicht nur für Religion und Kirche. Aber die sind gerade unser Thema.

7 INTERKULTURELLE THEOLOGIE VOR ORT?

Interkulturelle Theologie könnte also auch im wenig weltoffenen Osten hilfreich sein, insofern sie Kontextualität ernst nimmt und ökumenisch reflektiert. Das gilt erst recht, wenn wir in bester ökumenischer Absicht die Legitimität kontextueller und postkolonialer Theologien in anderen Kirchen und Weltgegenden grundsätzlich anerkennen.

Die Repräsentation ›des Ostlers‹ und seines Umfeldes geschieht häufig in der Manier, dass eine Art authentisches Geheimwissen überliefert wird. Antwortend auf Fragen wie: ›Wieso sind die so?‹ oder ›Wie kommt man auf die Idee, im Osten Theologie zu studieren?‹ fühlt man sich als Experte gefragt, als jemand, der nicht zu denen da gehört, auch wenn er ja zu denen ge-

---

[28] Man vergleiche etwa das Arbeitspapier zur Ausbildung für kirchliche Berufe des BEK von 1975 mit derzeitigen Kirchenordnungen bzw. -verfassungen; vgl. DIETER ASCHENBRENNER/KARL FOITZIK, Plädoyer für theologisch-pädagogische Mitarbeiter in der Kirche. Ausbildung und Praxis in den Kirchen der Bundesrepublik und der DDR, München 1981, S. 187–215: Anhang Nr. 1: »Arbeitspapier über die Konzeption für die Ausbildung kirchlicher Mitarbeiter im Gemeindedienst zur Vorbereitung der Synode des Bundes der Evangelischen Kirchen in der DDR im September 1975«. Andere Beispiele finden sich im Beitrag von FRIEDEMANN STENGEL in diesem Band (bes. Abschnitt 3).

[29] Das gilt unbeschadet der Beobachtung, dass ›der Ostdeutsche‹ zwischen ›Ostalgie‹ und ›Umbruchskompetenz‹ durchaus widersprüchlich konstruiert wird, wie Rebecca Pates signalisiert; vgl. PATES, Einleitung (s. Anm. 15), 11.

hört – als ein ›Ossi‹, der aber ansprechbar ist, weil er sich als religiös positioniert.

Wenn wir uns Gedanken über religiöse Kommunikation in Ostdeutschland machen, über kontextuelle Theologie, dann leben wir zunächst gewissermaßen vom Reiz eines derartigen Geheimwissens. Wovon ist unser kirchlicher und theologischer Diskurs aber bestimmt? Reden wir von unseren Nachbarn, Kollegen, Freunden und Verwandten oder reden wir von ›Ostdeutschen‹ – oder wie auch immer sie heißen mögen – von denen uns *unsere* religiöse Sprache durch *deren* religiöse Sprachlosigkeit trennt?

Wenn es unsere Nachbarn etc. sind, über die wir gerade reden, dann müssen wir die inhärente Logik unseres Redens über Mission, Botschaft, Verkündigung etc. überdenken. Denn diese Logik setzt ein *hier* und *dort* voraus, eine Art Missionsreise. Aber sind wir nicht immer schon da? Leben wir nicht im Paradox, wenn wir so agieren? Wenn ja, wo können wir dann ansetzen? Wir stehen als evangelische Christen im Osten zwischen der Andersartigkeit unseres nichtreligiösen ostdeutschen Nachbarn und unseres religiösen westdeutschen Nachbarn. Beides *nicht* zu sein ist Teil unserer Identität. In gleicher Weise werden unsere Nachbarn und Partner im Diskurs als Angehörige klar typologisierter Gruppen positioniert und damit festgeschrieben.

Wir haben also an der Frage nach dem Kontext anzusetzen, mit Hilfe kontextueller Theologie, die eben nicht zwischen *ihr* und *wir* trennt, sondern unsere Gesellschaft in einem tieferen Sinn als *gemeinsamen* Kontext wahrnimmt und ernst nimmt. Unsere Theologie hat zu beachten, dass wir in einem säkularen Kontext leben. Säkular? Konfessionslos? Atheistisch? Religiös indifferent? Oder religionslos? Vermutlich ist es diese *Leerheit,* diese *Religionslosigkeit,* die unseren Kontext am massivsten prägt und zugleich ist diese Leerheit ein offener Raum, den wir kommunizierend betreten sollten und auch könnten.

– Wenn Religion im Stile des 19. Jahrhunderts als vorwissenschaftlich angesehen wird.
– Wenn Glaube an ›Wissenschaft‹ dominiert und der Ausschluss aus der Welt des wissenschaftlich Relevanten ein Ende oder *das* Ende eines existenziellen Interesses an Religion bedeutet.
– Wenn das Ende des Interesses die Ebene des Religiösen aus den Biographien eliminiert.

Wo leben wir dann? In einem Kontext, in dem wir mehrheitlich von Leuten umgeben sind, die sich ihrer Religionslosigkeit (noch) nicht bewusst sind?

Leben wir in einem Kontext, in dem Theologie und Kirche die Aufgabe hat, Menschen auf ihre eigentlich ja doch vorhandene Religiosität hinzuweisen, sie gewissermaßen religiös zu belehren?

Oder leben wir in einem Kontext, der andere Aufgaben für Theologie und Kirche bereithält? Aufgaben, die wir noch gar nicht sehen, weil wir unseren Kontext im Modus der Uneigentlichkeit wahrnehmen.

8 Was ist unser Kontext?

Wir gehen nicht auf Reisen. Wir sind immer schon da. Wir sollten erst einmal zuhören, unsere Nachbarn ernst nehmen, auch auf den Ebenen, die für *uns* Thema des Religiösen sind. Und wir sollten in freier Rede von uns hören lassen, damit nichtreligiöse Nachbarn eine Ahnung von dem bekommen, was als das Religiöse von ihnen abgelehnt wird, wenn sie sich ›typisch ostdeutsch‹ als nichtreligiös positionieren bzw. repräsentiert werden. Ist das religiöse Kommunikation in spezifisch ›ostdeutscher‹ Weise innerhalb und außerhalb von Kirchen? Legt die theologische und kirchliche Praxis eine spezifische Sicht auf ›unsere kontextuellen Theologien‹ frei, wenn sie auf Formen und Hinsichten religiöser Kommunikation in Ostdeutschland eingeht, die nicht in der üblichen Konkurrenz zwischen religiösen Zugehörigkeiten und Deutungsmustern aufgehen?

Wenn man dies tut, dann sieht man – im Sinne postkolonialer Ansätze –, in welcher Weise die Rede vom ›symbolischen Ausländer‹ funktioniert. Und wenn man dies vor Augen hat, dann liest man unsere kirchlichen und theologischen Äußerungen über Mission, Kirchlichkeit, Glaube, Unkirchlichkeit, religiöse Indifferenz und Atheismus vielleicht anders. Dann zeigt sich unter Umständen, dass wir es ganz *grundsätzlich* mit der Kontextualität unserer Theologie nicht wirklich ernst nehmen, weil wir unseren Kontext nämlich nicht wirklich ernst nehmen, insofern wir ihn als irgendwie *uneigentlich* ansehen.

Entweder ist hier im Osten alles ein bisschen peinlich und ein paar Nummern zu klein für unsere hierarchisch gestuften Ämter und Amtsverständnisse wie für unsere theologischen Ansprüche. Oder die Schere zwischen ›Normal‹-anspruch und Alltags- wie Sonntagserleben geht so weit auseinander, dass wir daran verzweifeln und unsere Möglichkeiten gar nicht mehr sehen können.

Bereits lange vor 1989 waren die evangelischen Kirchen in dieser Region schwache Minderheitskirchen. Sie sind es – entgegen manchem anderen äußeren Anschein – geblieben. Trügt dieser äußere Anschein? Was ist unser latentes Leitbild? Rückkehr? Wachstum? Muss Kirche erfolgreich sein? Wenn ja, womit, bei wem und woraufhin? Auf die Institution selbst oder auf deren Auftrag?

Im Zusammenhang der Frage nach Normalität und Mission in ostdeutschen Kontexten lassen sich durchaus auch Überlegungen des US-amerikanischen Theologen Joerg Rieger adaptieren, die er im Zusammenhang der Interaktion von Postmoderne und den ›Rändern‹ (margins) entwickelt. Als ein solcher ›Rand‹ dürften dann die religiös abnormen ostdeutschen Kontexte anzusehen sein, die in einer merkwürdigen Position zwischen ›Erster‹, ›Zweiter‹ und ›Dritter Welt‹ verschwimmen, denn keiner dieser ›Welten‹ gehören sie an. Rieger fragt in theologischer Perspektive nach Rändern und nach Normalität und bezieht sich dabei auf den französischen Psychoanalytiker Jaques Lacan. Er schreibt:

»Um ein tieferes Verständnis der Interaktion von Postmoderne und den Rändern zu entwickeln, kann die von Jacques Lacan entwickelte Vorstellung des Symptoms hilfreich sein. Lacan zeigt, dass Symptome des Leidens und Konflikts nicht einfach zufällig und im Grunde unbedeutende Abweichungen von einem ansonsten normalen Zustand sind, Abweichungen, die daher wegkuriert werden können. Dies ist gewöhnlich die Art und Weise, wie der Status quo, sei dieser nun modern oder postmodern, dazu tendiert, Symptome zu interpretieren. Die meisten unserer Wohlfahrtsprogramme […] basieren auf der Idee, dass die Menschen an den Rändern in ein ansonsten gut funktionierendes System integriert werden müssen. In diesen Perspektiven wird das Leben der Menschen an den Rändern in der Tat als zufällig und als im Grunde genommen unbedeutende Abweichungen von einem ansonsten normalen Zustand gesehen (Menschen, die eine Pechsträhne haben, Menschen, denen aus irgendeinem Grund diejenigen Ressourcen fehlen, die normale Menschen haben). Menschen an den Rändern werden daher als Objekte von Sozialhilfe oder Wohltätigkeit klassifiziert; sie werden als eine ›zu erledigende Aufgabe‹ betrachtet; kurz, sie brauchen eine Wiedereingliederung in das System.«[30]

Eine Missions-Perspektive, die Normalismen mit-produziert, mit deren Hilfe Nachbarn zu unnormalen religiösen Außenseitern im hegemonialen Diskurs werden, ist also grundsätzlich in Frage zu stellen. Noch einmal Joerg Rieger:

---

[30] Joerg Rieger, Theologie und die Macht der Ränder in einer postmodernen Welt, in: Interkulturelle Theologie. Zeitschrift für Missionswissenschaft, 38 (2012), 63–89, 84.

»Das Interesse an den Rändern erinnert uns daran, dass Menschen sich ge-wöhnlich nicht selbst marginalisieren, und schließlich verweist es uns auf die Wahrheit über das System selbst. In diesem Sinne ergibt postmoderne Theologie, selbst wo sie an Befreiungstheologie, Volkskultur, Differenz und dem anderen interessiert ist, nur Sinn, wo sie beginnt, einen tieferen Blick unter die Oberfläche zu richten.«[31] Im Blick auf ostdeutsche Kontexte bedeutet das, nicht nur die Zeit vor 1989 als Erklärungsmuster heranzuziehen, sondern sich ebenso der Zeit danach und radikal der eigenen Gegenwart mit ihren Prägungen und Fragestellungen zu widmen. Die Frage nach der Konfessions-losigkeit in Ostdeutschland, die derzeit theologisch Konjunktur hat, verlängert und produziert in diesem Sinne auch diejenige Situation, die sie sachlich zu beschreiben vorgibt.

Vielleicht helfen uns also theologische Anstöße von Dritten *unserem heutigen Kontext* und ihm angemessener Theologie und Kirchlichkeit auf die Spur zu kommen. Vielleicht können wir das Ernstnehmen des Kontextes neu oder wieder lernen. Interkulturelle Theologie verweist auf Kontexte. Sie kann uns die Legitimität, nein die Notwendigkeit der Kontextualität von Theologie und Kirche in Erinnerung rufen. Diesen Impuls sollten wir ernst nehmen. Es geht in theologischen Positionierungen nicht um universale, suprahistorische und damit ihrem Kontext entzogene Wahrheiten, die uns in ihrer kontextlosen Übergeschichtlichkeit zur Verfügung stünden. Es geht in theologischen Posi-tionierungen ebenso wenig um das Aufgehen im Vorfindlichen, um Anpas-sungsleistungen bis zur Unsichtbarkeit. In theologischen Positionierungen geht es vielmehr um Unterbrechungen in konkreten Situationen, um die evan-gelische Rede vom gnädigen Gott. Es geht um konkrete Menschen *in* konkre-ten Kontexten, und es geht zugleich auch um die prophetische Warnung *vor* konkreten Kontexten – auch vor dem eigenen Kontext. Es geht um Lebenssi-tuationen von Einzelnen und von Gesellschaften, die weder ganz gut sind noch ganz schlecht. Lebenssituationen stehen vielmehr – theologisch gesehen – im Horizont prophetischer Warnung oder Hoffnung und im Horizont der Zuwendung zum Einzelnen – glaubend oder nicht, konfessionell oder nicht, religiös oder nicht, säkular oder nicht.

---

[31]   A. a. O., S. 85.

MISSION IMPOSSIBLE?

Religiöse Kommunikation in Ostdeutschland

Michael Domsgen

Dass für Verständnis und Profilierung religiöser Kommunikation der jeweilige Kontext eine grundlegende Rolle spielt, ist in praktisch-theologischer Perspektive gänzlich unumstritten. Das heißt jedoch nicht, dass dies auch immer ausreichend berücksichtigt werden würde. Am Beispiel Ostdeutschlands lässt sich gut vor Augen führen, wie grundlegend der Kontextbezug ist, wo dabei spezielle Herausforderungen liegen und was dies für die religiöse Kommunikation im Allgemeinen und die Kommunikation des Evangeliums im Besonderen bedeutet.

I RELIGIÖSE KOMMUNIKATION ERFOLGT IMMER KONTEXTBEZOGEN

Religiöse Kommunikation ist wie jegliche Kommunikation auch vom Kontext geprägt, in dem sie erfolgt. Vermeintlich eigene Positionen werden immer vom Gegenüber mitgeprägt und bestimmt. Ob der Andere wirklich so anders ist oder nur anders gesehen wird, spielt dabei gar keine Rolle. Ein Kontext existiert nicht einfach, sondern wird in hohem Maße konstruiert. Schon deshalb ist es schwierig, ein einziges Schlagwort zu identifizieren, mit dem die Rahmenbedingungen religiöser Kommunikation angemessen beschrieben werden können. Gut vor Augen führen kann man sich das am Terminus der »forcierten Säkularität«, den Monika Wohlrab-Sahr geprägt hat. Die darin steckende Mehrdeutigkeit ist bewusst gewählt. »Etwas kann von außen erzwungen - ›forciert‹ - werden, es kann aber auch von innen in ›forcierter Weise‹ vorangetrieben werden.«[1] Damit eignet sich dieser Terminus gut, um den

---

[1] MONIKA WOHLRAB-SAHR, Forcierte Säkularität *oder* Logiken der Aneignung repressiver

Prozess der Entkirchlichung in der DDR zu beschreiben. »›Forcierte Säkularität‹ ist eine Chiffre«, die auf die in der DDR sozialisierten Generationen zutrifft. »Die Haltung der Jüngsten erfasst sie nicht mehr«[2], wie Wohlrab-Sahr selbst schreibt. Bei den nicht mehr in der DDR sozialisierten Jugendlichen lässt sich nämlich eine vorsichtige Öffnung religiösen Fragen gegenüber beobachten. Das schlägt sich noch nicht in der Einstellung zum Glauben an Gott nieder. Aber in der Frage eines Lebens nach dem Tod sowie der Vorstellung eines Himmels zeigen sich deutliche Unterschiede im Vergleich zu den Generationen ihrer Eltern und Großeltern. Die jüngsten Generationen legen eine höhere Zustimmung zu transzendenzbezogenen Fragen an den Tag. Sie sind bereit, sich experimentellen Denkbewegungen anzuschließen. Insofern bringen sie »Bewegung in das religiös-weltanschauliche Feld«[3].

Deutlich wird hier, wie ein und derselbe Kontext einer weitgehenden kulturellen Verdrängung der christlichen Religion in den Generationen unterschiedlich verarbeitet wird. Währenddessen die Elterngeneration in der forcierten Säkularität verharrt, gibt es bei der jüngeren Generationen vor allem die mehr oder weniger starren Denkbarrieren hinsichtlich des Religiösen so nicht mehr. Gemeinsam ist beiden Generationen, dass es mehrheitlich nicht zu einer »substanziell religiösen Positionierung«[4] kommt, allerdings ist die jüngere Generation dem viel näher als die Elterngeneration.

Interessant ist, dass die Wahrnehmung des Kontextes nicht nur innerhalb der Generationen differiert, sondern auch jenseits davon unterschiedlich wahrgenommen wird zwischen denjenigen, die sich als religiös und denen, die sich als nicht religiös verstehen. Dabei jedoch werden die Mehrheitsverhältnisse gar nicht so eindeutig interpretiert, wie man das auf den ersten Blick meinen würde.

Innerhalb des Hauptseminars »Wie in Halle Weihnachten gefeiert wird« haben die Teilnehmenden im Dezember 2012 eine kleine empirische Untersuchung durchgeführt. Sie befragten Besucherinnen und Besucher des Hal-

---

Säkularisierung, in: Michael Domsgen u. a. (Hrsg.), Was gehen uns »die anderen« an? Schule und Religion in der Säkularität, Göttingen 2012, 27–48, 28. Der Begriff rückt also den Prozess der »subjektiven Aneignung des mit Zwangsmitteln Betriebenen«, aber die »subjektiven Grundlagen des durch repressive Maßnahmen Forcierten« (ebd.) in den Blick.

[2] A. a. O., 32.

[3] Monika Wohlrab-Sahr/Uta Kahrstein/Thomas Schmidt-Lux, Forcierte Säkularität. Religiöser Wandel und Generationendynamik im Osten Deutschlands, Frankfurt/New York 2009, 27.

[4] Ebd.

lenser Weihnachtsmarkts dazu, wie sie Weihnachten feiern und welche Rolle dabei religiöse Elemente spielen. Interessant war dabei – neben vielem anderen –, dass sowohl Kirchenmitglieder als auch Konfessionslose mit dem ostdeutschen Kontext ihre Probleme hatten. Dass Kirchenmitglieder das Gefühl haben, die Umgebung, in der sie leben, sei nicht gerade religionsfreundlich, verwundert nicht übermäßig. So sagt Stefan, 32 Jahre, katholisch, zum Verständnis von Weihnachten: *»Ja, für mich ist das ganz klar, entgegen der Vorstellung, die man hier jetzt vermittelt bekommt, ein religiöses … eine religiöse Feier im Ursprung.«* Er nimmt seine Umgebung also als religionshemmend wahr. Allerdings scheinen auch Konfessionslose das Gefühl zu haben, sich rechtfertigen zu müssen, weil sie Weihnachten nicht explizit religiös verstehen und gestalten. So meinte Hans, 47 Jahre, auf die Frage, ob er »irgendwie religiös oder so« sei: *»Wir sind gar nicht religiös eingestellt, im Gegenteil«*, um kurz darauf fortzufahren: *»Und ich bin der Meinung, das wollte ich zum Abschluss nochmal sagen, ich bin mit Sicherheit wie die meisten Leute so eingestellt, man muss Weihnachten, Silvester nicht unbedingt religiös eingestellt sein, um das Fest zu schätzen. Wollte ich mal noch sagen, weil es oft so rüber kommt, dass diejenigen das nicht zu schätzen wissen, find ich irgendwo ein bisschen nicht ganz so gerechtfertigt.«*

Der ostdeutsche Kontext kann also ganz unterschiedlich gedeutet und interpretiert werden. Zugespitzt könnte man sagen, im Osten ist die Wahrscheinlichkeit recht hoch, religiös einsam zu sein. Die Konfessionsgebundenen fühlen sich in der Minderheit, weil es so viele Konfessionslose gibt. Die Konfessionslosen, vor allem die Jüngeren unter ihnen, fühlen sich in gewisser Weise anders, weil ihrer Meinung nach alle Welt religiös ist. Das klingt beim ersten Hören vielleicht überraschend. Aber auch andere Befunde weisen in diese Richtung.

2 Religiöse Kommunikation auch ausserhalb der Kirchen wahrnehmen

Dass der ostdeutsche Kontext als besonders schwierig hinsichtlich religiöser Kommunikation wahrgenommen wird, hat seine Ursache auch darin, dass in empirischen Untersuchungen vor allem Religiosität in Gestalt von Kirchlichkeit in den Blick genommen wird. Dies kann sachlich mit durchaus gewichtigen Argumenten begründet werden, insofern Religiosität in Ostdeutschland in besonderem Maße an Kirchlichkeit gekoppelt ist. Religiosität begegnet auch in ihren unterschiedlichen Facetten vor allem dort, wo »ein religiöser

Rahmen überhaupt noch gegeben ist, nämlich in den Kirchen«[5]. Allerdings scheint dies für die jüngste Generation nicht mehr so klar zu gelten. Deren größere Offenheit für religiöse Fragen ist bereits angesprochen worden. Interessant ist nun, dass sich Jugendliche, die nicht religiös sozialisiert worden sind, mit Blick auf eine eigene religiöse Praxis, wie beispielsweise das Gebet, eigene Tradierungswege suchen, über die wir momentan nur wenig wissen. So sagten 42 % der im sachsen-anhaltischen Religionsunterricht befragten Schülerinnen und Schüler, mit denen als Kind nicht gebetet wurde, dass sie zumindest manchmal beten.[6] Personen im familialen Nahbereich, von denen dies gelernt werden konnte, gab es nicht. Insofern ist anzunehmen, dass den Medien hier eine besondere Funktion zufällt. Gestützt wird diese Hypothese durch eine Untersuchung, die Sarah Demmrich momentan an der Forschungsstelle Religiöse Kommunikations- und Lernprozesse durchführt.[7] Sie erforscht Persönlichkeit und Rituale im Kontext religiöser Überzeugungen Jugendlicher. Dabei fand sie unter den 23 von ihr interviewten Jugendlichen 18, die beten oder Gebetsäquivalente entwickelt haben. Von denen wiederum waren 13 konfessionslos. Interessant ist hier für unsere Fragestellung vor allem, dass Jugendliche, die in ihren Familien nicht beten gelernt haben, dies aufgrund medialer Impulse ausprobieren. Dabei wird auch hier der Kontextbezug deutlich. Die befragten Jugendlichen gehen nämlich aufgrund der medialen Einflüsse von der Annahme aus, dass die Mehrheit der Menschen, die um sie sind, betet. So erklärt Jessica, konfessionslos, auf die Frage nach den Beweggründen: *»Na eigentlich von allen Seiten, weil man weiß, dass es 'ne Bibel gibt und alles und dann dacht ich halt, na vielleicht hilft das ja und im Fernsehen hat man's dann halt auch gesehen, wie die, die halt gläubig sind, halt auch gebetet ham' und dann dacht ich, ich probier's auch.«* Ein nicht zu vernachlässigendes Movens, sich experimentell dem Gebet zu nähern, liegt im Bedürfnis, zu einer Mehrheit dazugehören zu wollen.

---

[5] MONIKA WOHLRAB-SAHR, Kommentar, in: DETLEF POLLACK/GERT PICKEL (Hrsg.), Religiöser und kirchlicher Wandel in Ostdeutschland 1989–1999, Opladen 2000, 371–376, 374.

[6] MICHAEL DOMSGEN/FRANK M. LÜTZE, Schülerperspektiven zum Religionsunterricht. Eine empirische Untersuchung in Sachsen-Anhalt, Leipzig 2010, 81. 5,1 % derer, mit denen als Kind nicht gebetet wurde, sagen, dass sie beten. 37 % sagen, sie würden es manchmal tun.

[7] Nähere Informationen dazu finden sich unter: http://www.theologie.uni-halle.de/pt_rp /rkl/demmrich/.

Hier begegnet also wieder eine ganz individuelle Sicht auf den ostdeutschen Kontext. Sie lässt sich nicht mit dem Schlagwort einer forcierten Säkularität einfangen, sondern steht geradezu in Spannung dazu. Auffällig ist zudem, dass die Annäherung an die religiöse Dimension immer auch lebensgeschichtlich relevant sein muss. Für die von Sarah Demmrich befragten Jugendlichen war das Bedürfnis, zur gefühlten Mehrheit derer, die beten, dazugehören zu wollen, nicht unerheblich. Anders betrachtet: Die Annäherung an Religion geht hier also mit einer Defiziteinschätzung einher. Um dies zu bearbeiten, wird ein experimenteller Zugang gewählt.

An dieser Stelle zeigt sich ein Spezifikum religiösen Lernens unserer Tage. Es liegt in der Rolle des Einzelnen. Bis in das letzte Jahrhundert hinein hatte religiöses Lernen »soweit es beiläufig: ›funktional‹ geschah, einen wesentlichen inkulturierenden und soweit es absichtsvoll: ›intentional‹ veranstaltet wurde, einen wesentlich formativen Charakter«[8]. Dies hat sich in den letzten Jahrzehnten grundlegend verändert. Im Zuge der Individualisierung und Entinstitutionalisierung steht nun der Einzelne mit seiner individuellen Entwicklung im Vordergrund. Daran ist nicht vorbeizugehen. Bei alledem gilt, dass es zu lebensgeschichtlichen Verknüpfungen kommen muss. Religiöses Lernen muss etwas bringen. Nur bei einer solchen Relevanz werden neue Erfahrungen gesucht.

3 RELIGIÖSE KOMMUNIKATION INITIIEREN UND BEFÖRDERN HELFEN

Die eben angesprochenen religiösen Kommunikationsmodi jenseits bzw. am Rande kirchlicher Religiosität sind sehr genau wahrzunehmen. Gleichzeitig darf dadurch nicht die Mehrheit der Ostdeutschen aus dem Blick geraten, die von sich sagen, nicht religiös zu sein. Bei der bereits angesprochenen Umfrage auf dem Weihnachtsmarkt begegnete diese Einstellung in verschiedenen Variationen. Eine Ehefrau, 50 Jahre alt, die mit ihrem Mann unterwegs war, erklärte: *»Wir sind sozialistisch aufgewachsen, ja also, ich hab die … ich sehe mir gerne Kirchen an von innen, aber ich hab einmal 'ne Predigt gehört, die fand ich unmöglich … 'ne Weihnachtspredigt … da hat er irgend … naja … nee … das war nicht für mich … das war nur Lästerei über die Nicht-Gläubigen.«* Als

---

[8] RUDOLF ENGLERT, Religionspädagogische Grundfragen. Anstöße zur Urteilsbildung, Stuttgart [2]2008, 283.

dann die Interviewerin noch einmal hinsichtlich der Konfession nachfragte, meinte sie »*... neeee, auch nicht. ... Sozialistische Namensweihe ... ratten-katholisch wie man so schön sagt.*« Und ein 77jähriger Rentner aus Halle ant-wortete auf die Frage, ob Weihnachten für ihn eine religiöse Bedeutung habe, kurz und knapp: »*Nö*«. Mit diesem »Nö« war keine Aversion gegenüber Reli-gion verbunden. Es war lediglich eine Situationsbeschreibung. Religion spielt schlichtweg keine Rolle. Auf die Frage, was er denn Weihnachten feiere, meinte er: »*nur Zusammensein. Ersten Feiertag ham wa Endenbraden zu essen, das war dann schon alles. Bescherung findet nich statt, wir schenken uns nischt, weil wir nun Erwachsene sind, wir ham an sich alles. Und wenn man unsinniges Zeuch schenkt, bild ich mir ein ... das is nischt, vielleicht e Dankeschön irgend-wie, das kann schon mal vorkommen, so große Geschenke machen wa nich.*«

Innerhalb der Religionssoziologie werden für dieses Einstellungsspek-trum Begriffe wie »religiöse Indifferenz« oder »Areligiosität« verwendet, »da Atheismus als religiöse Einstellungsqualität ebenfalls eher abgelehnt und so-mit auch nicht als dem Christentum konträre Weltanschauung empfunden wird.«[9] Dabei ist jedoch nicht von einem Vakuum auszugehen, zumindest nicht aus der Sicht der Betroffenen. Die Mehrheit der ostdeutschen Konfessi-onslosen greift für die Bewältigung persönlicher Krisen ausschließlich auf praktische und diesseitige Lösungsstrategien zurück. »Ein derart ›diesseits-bezogener Pragmatismus‹, wie es ... Kersten Storch nennt, kann als weiteres Indiz für das vorangeschrittene Stadium der Entfremdung zwischen ost-deutschen Konfessionslosen sowie religiösen Traditionen und Institutionen gelten.«[10] Die im Osten weitverbreitete religiöse Indifferenz »befindet sich au-ßerhalb des Gegensatzes von Glauben und Unglauben, da sie die Frage nach der Existenz Gottes gar nicht aufwirft.«[11] Werte, die in dieser Welt liegen, wie Familie, Freunde, Liebe, die eigene Person, der eigenen Verstand, persönliche Vorstellungen und Stärken fungieren als Ankerpunkte. Vor allem sind es die familialen Beziehungen, die als bedeutsam erlebt werden.

Führt man sich das vor Augen, verwundert es nicht, dass der Familie für die religiöse Kommunikation von Menschen ein entscheidender Stellenwert zukommt. In der Familie wird vor allem am Modell gelernt. Wenn es aus

---

[9]   TABEA SPORER, Tradierung religiöser Einstellungen in der Familie. Diss. Uni Jena 2005, 165.

[10]   KATJA KLEINSORGE, Religion. Wozu? Das Phänomen religiöser Indifferenz, in: SEBAS-TIAN MURKEN (Hrsg.), Ohne Gott leben. Religionspsychologische Aspekte des Unglaubens, Marburg 2008, 141–153, 146.

[11]   A. a. O., 148.

kirchlicher Sicht gut läuft, erfolgt eine einweisende oder zumindest hinweisende religiöse Erziehung.[12] Für Heranwachsende steigt damit die Wahrscheinlichkeit, selbst religiös zu agieren. Hier käme es dann darauf an, die familialen Beziehungen zu stärken. Bei denjenigen, die in ihren Familie nicht explizit religiöse Impulse erhalten, verhält sich die Sache anders. Die Stärkung familialer Beziehungen hat keine Auswirkung auf deren Religiosität. Wie Untersuchungen zeigen, u. a. die schon genannte von Sarah Demmrich, aber auch die von Wilfried Meißner, der ebenfalls an der Forschungsstelle Religiöse Kommunikations-und Lernprozesse eine Untersuchung zur Erwachsenentaufe im Kontext von Konfessionslosigkeit durchführt[13], geht eine religiöse Neuorientierung von Menschen, die nicht religiös sozialisiert wurden, immer auch mit einer Neubewertung der familialen Verwurzelung einher. Das, was bei religiöser Sozialisation von der Tendenz eher ungünstig zu sein scheint, nämlich die Abkehr von familial erfahrenen religiös-weltanschaulichen Orientierungsmustern, ist bei nicht religiöser Sozialisation geradezu eine notwendige Begleiterscheinung für eine religiöse Neuorientierung.

Überaus deutlich wird, dass Selbst- und Fremdsozialisation miteinander zusammenhängen. Dabei scheint es jedoch – anders als bisher angenommen – keine klare Abfolge zu geben. Religion lernt man also nicht nur von außen nach innen, sondern auch umgekehrt. Wichtig jedoch ist, dass eigene religiöse Positionen oder Riten fremdsozialisatorisch verstärkt werden. Geschieht dies nicht, besteht die Gefahr, dass entsprechende Entwicklungen ins Stocken geraten oder nicht weiterverfolgt werden.

Religiöse Kommunikation kann innerhalb des weiten Feldes der religiösen Indifferenz schwerlich durch Instruktion gefördert werden. »Wo kein (bewusster) Glaube ist, wird Belehrung nichts nützen. Da muss der Weg der Mathetik – der Anlässe, Gegebenheiten, Herausforderungen und des geduldigen Abwartens – besonders strikt eingehalten werden«[14], formuliert Hartmut von Henting völlig zu Recht. Eine Mathetik betrachtet Lernprozesse aus dem Blickwinkel des Lernenden und charakterisiert das didaktische Verhältnis als symmetrisch und herrschaftsfrei. Das bedeutet, Lernende und Lehrende

---

[12] Zur Differenzierung zwischen einweisender und hinweisender religiöser Erziehung vgl. GÜNTER RUDOLF SCHMIDT, Religionspädagogik. Ethos, Religiosität, Glaube in Sozialisation und Erziehung, Göttingen 1993, 131f.

[13] Nähere Informationen dazu finden sich unter: http://www.theologie.uni-halle.de/pt_ rp/rkl/taufe_lebensgestaltung/.

[14] HARTMUT VON HENTING, Glauben lernen? Zehn Gedanken zu einer Mathetik des christlichen Glaubens, in: Christenlehre/Religionsunterricht – Praxis 4 (2004), 4–6, 4.

stehen auf einer Ebene. In der Konsequenz heißt das, religiöses Lehren vor allem als strukturiertes, umfassendes Angebot an den Lernenden zu sehen, das nicht nur auf der Inhalts-, sondern auch auf der Beziehungsebene abläuft.

Das Ziel aller Aktivitäten zur Beförderung religiöser Kommunikation sollte darin liegen, Sinn für den Sinn von Religion zu entwickeln. Dies kann nur geschehen, wenn des Räume gibt, in denen Menschen die wesentlichen Fragen ihres Lebens überdenken und einander begegnen können. Dass es dabei nur um eine Begegnung auf Augenhöhe gehen kann, versteht sich selbst. »Was wir brauchen, ist eine Auseinandersetzung über die Deutung von Erfahrungen, die wir teilen.«[15] Die vorhandene religiöse Indifferenz, die erlebte Irrelevanz hinsichtlich der religiösen Dimension hängt zu einem guten Teil auch damit zusammen, dass wir die grundlegenden Fragen des Lebens nur noch selten zur Sprache bringen und uns nur selten Anteil geben an dem, was uns stärkt und uns über uns hinauswachsen lässt. In Ostdeutschland ist dies von besonderer Bedeutung, weil das sog. »wissenschaftliche Weltbild« weitverbreitet ist.[16] Dahinter verbirgt sich eine Haltung, die von vornherein alles ausschließt, was verstandesmäßig nicht erfasst werden kann. Damit hängt auch eine Entgegensetzung von Wissenschaft und Religion zusammen.

Die Thematisierung von Grundfragen des Lebens böte auch Gelegenheit Christsein zu plausibilisieren als eine »das Leben in umfassender Weise erschließende Praxis«[17]. Dabei könnte vielleicht auch deutlich werden, was Menschen dazu antreibt, sich beispielsweise am Sonntagmorgen in einen Gottesdienst zu setzen, wobei dann auch ganz schlichte Beweggründe eine Rolle spielen können. Hans Joas bringt das in einem Gespräch im aktuellen Zeitmagazin sehr schön auf den Punkt: »Jeden Sonntag in den Gottesdienst gehen heißt für den Katholiken ja nicht, dass er immer eine sein Selbst mitreißende Erfahrung macht, sondern dass er diese bestimmte Erfahrung garantiert nicht machen wird, wenn er nicht geht.«[18]

---

[15] »Diese Erfahrung ist universell« Auch Atheisten kennen die Erfahrung der Selbsttranszendenz. Sie deuten diese nur anders als religiöse Menschen, in: Können wir ohne Glauben leben? in: Zeitwissen 1 (2012/2013), 24–26, 24.

[16] Vgl. Heiner Meulemann, Werte und Wertewandel. Zur Identität einer geteilten und wieder vereinten Nation, Weinheim 1996, 340.

[17] Christian Grethlein, Fachdidaktik Religion, Göttingen 2005, 272.

[18] »Diese Erfahrung ist universell« Auch Atheisten kennen die Erfahrung der Selbsttranszendenz. Sie deuten diese nur anders als religiöse Menschen, in: Können wir ohne Glauben leben? in: Zeitwissen 1 (2012/2013), 24–26, 24.

Religiöse Kommunikation findet öfter statt, als das gemeinhin angenommen wird. Dies sollte näher ausgeleuchtet werden, wobei dem Verstehen der Perspektive der Kommunizierenden eine besondere Bedeutung zukommt.

4 Religiöse Kommunikation und die Kommunikation des Evangeliums ins Verhältnis setzen

Im Feld religiöser Kommunikation kommt den Kirchen trotz aller Marginalisierungstendenzen eine bedeutsame Rolle zu, da sie unverwechselbar als Religionsvertreter gelten. Insofern könnten und sollten sie als Impulsgeber des Religiösen überhaupt agieren. Damit verbunden ist eine gewisse Selbstlosigkeit im Umgang mit Menschen. Ziel aller Aktivitäten darf nicht sein, dass Menschen in der Kirche bleiben – auch wenn das nicht ausgeschlossen werden soll –, sondern dass sie Erfahrungen machen, die über sie hinausweisen und auf diese Weise Sinn für den Sinn von Religion entwickeln. Religiöse Kommunikation im Allgemeinen und die Kommunikation des Evangeliums gehören durchaus zusammen, können aber auch in Spannung zueinander treten.[19] Für Ostdeutschland halte ich dennoch einen weiten Zugang für unverzichtbar, um Menschen für Spuren der Transzendenz zu sensibilisieren. Allerdings geht die Kommunikation des Evangeliums darin nicht gänzlich auf.

Christentumsgeschichtlich lässt sich aufzeigen, dass die Kommunikation des Evangeliums »stets zu einem Ineinander von Inkulturation und Kontrakulturation führte«[20]. Kommunikation des Evangeliums kann sich zum einen nur innerhalb eines konkreten Sprach- und Kulturraums vollziehen. Insofern wirken die jeweiligen Plausibilitätsstrukturen prägend. Zum anderen wird aber schon im Wirken Jesu die kulturkritische Seite dieser Kommunikation deutlich. Eine Kommunikation des Evangeliums, die sich nur affirmativ an

---

[19] Günter R. Schmidt spricht hier mit Blick auf das Verhältnis von religiöser und christlicher Erziehung von einem dialektischen Verhältnis. Christliche Erziehung »knüpft positiv an religiöse Erziehung an, sofern diese auf ›Spuren der Transzendenz‹ (Berger) verweist, sie verneint sie in ihrer Tendenz, die ktisis (Schöpfung) anstelle des Ktisas (Schöpfers) religiös aufzuladen (Röm 1,25)«; Ders., Religionspädagogik (s. Anm. 12), 223.

[20] Christian Grethlein, Pfarrberuf vor alten und neuen Herausforderungen. Überlegungen zu Orientierung und Transformation eines theologischen Berufs, Vortrag auf der 6. Tagung im Konsultationsprozess »Konzentration im Pfarrberuf« 26. November 2010, masch. 9 Seiten, 5.

die bestehenden Verhältnisse anpasst, droht kraftlos zu werden. Umgekehrt besteht – abgesehen von besonderen politischen Situationen antichristlicher Prägung – die Gefahr bei Überbetonung des Gegenkulturellen, dass es zu fundamentalistischen Einseitigkeiten und so zu einem Verlust des Zugangs zur Öffentlichkeit kommt.[21] Beide Impulse müssen also ausbalanciert werden. Dies ist nur konkret vor Ort und in der Kommunikation mit konkreten Menschen möglich. Gleichzeitig ist ein Blick auf grundlegende religionssoziologische Forschungsergebnisse hilfreich, weil er dazu verhelfen kann, größere Linien wahrzunehmen.

Die Kommunikation des Evangeliums passiert nicht losgelöst von sonstigen Kommunikationsprozessen, sondern ist in sie eingebettet. Insofern kommt es darauf an, »allgemein menschliche Kommunikationsformen auf die Nähe der Gottesherrschaft hin durchsichtig zu machen«[22].

Grundlegend dabei ist zu überlegen und erfahrbar zu machen, welche Bedeutung der christliche Glaube in den verschiedenen Lebensphasen haben kann. Dabei geht es um die Vertiefung und Neudeutung menschlicher Kommunikation.

Vor Augen führen kann man sich das an der Deutung des aaronitischen Segens in Verbindung mit dem abendlichen Zu-Bett-Geh-Ritual. »Wenn die Mutter sich lächelnd über das Bett des Kindes beugt, geht für das Kind die Sonne auf. Seine Existenzgrundlage wendet sich ihm zu. Im Bereich religiöser Sprache wird dieses Bild vom aaronitischen Segen ... aufgenommen: ›Der Herr lasse sein Angesicht leuchten über dir, der Herr erhebe sein Angesicht auf dich.‹ Auf der frühkindlichen Erlebnisbasis können diese Worte auch vom Erwachsenen unmittelbar nachempfunden werden. Das Angesicht der Mutter geht über dem Kind auf und verkörpert ihm Geborgenheit. So verbindet sich das menschliche Gesicht mit zahllosen Erwartungshaltungen des Kindes.«[23]

Der christliche Glaube ist nicht etwas schlichtweg anderes als unsere zwischenmenschlichen Erfahrungen. Er stellt sie allerdings in ein neues Licht.

Insgesamt wird es darum gehen müssen, unter den bereits genannten Bedingungen Angebote zu unterbreiten, die Menschen mit christlichen Themen, Räumen und Personen in Beziehung setzt, ohne sie dabei zu vereinnahmen. Letztlich geht es darum, den Glauben als hilfreich für die eigene Le-

---

[21]   Vgl. a. a. O., 5 f.

[22]   A. a. O., 5.

[23]   Hans-Jürgen Fraas, Die Religiosität des Menschen. Ein Grundriß der Religionspsychologie, Göttingen ²1993, 169.

bensführung und Persönlichkeitsentwicklung erlebbar werden zu lassen. Genau darin liegt der Schlüssel für die Profilierung solcher Angebote.

Inhaltlich ergibt sich die große Herausforderung, die Konstruktion religiöser Aussagen offenzulegen, also den Erfahrungshintergrund christlicher Grundbegriffe zu benennen und darzustellen. Evangelium gibt es nicht in Reinkultur, sondern nur in der lebensgeschichtlichen Aneignung. Diese Aneignung sollte thematisiert werden.

Eine große Hilfe hinsichtlich einer lebensgeschichtlich relevanten Kommunikation des Evangeliums stellt die von Grethlein benannte dreifache Differenzierung der Kommunikationsmodi des Evangeliums dar. Er unterscheidet die verbale Kommunikation des Lehrens und Lernens von der Kommunikation beim gemeinschaftlichen Feiern und den Vollzügen beim Helfen zum Leben.[24] Angesichts des Ineinanders aller drei Kommunikationsformen im Wirken Jesu muss nicht zuletzt gefragt werden, ob sich das heute noch so durchhält. Vor allem die Tendenz zur Belehrung sowie die Separierung der Diakonie sind wohl problematische Entwicklungen.

»Kommunikation muss sich auf Bekanntes beziehen und zugleich darüber hinausweisen.«[25]

Bei Jesus lässt sich beobachten, wie er in den drei bereits benannten Kommunikationsmodi des Lehrens und Lernens, des gemeinschaftlichen Feierns und des Helfens zum Leben an bestehende Traditionen anknüpft, sie jedoch neu in den neuen Horizont der anbrechenden Gottesherrschaft rückt und damit auch verändert. Worauf diese Kommunikation hinausläuft, steht vorher nicht fest. Sie ereignet sich eben, ohne dass es gesagt werden könnte, zu welchem Ziel dies geschieht. Diese »Ergebnisoffenheit von Kommunikation erweist sich als irritierende Ungewissheit, aber zugleich als Bedingung für neue Einsichten bei den Kommunizierenden. ... Von daher behindern lehrmäßige Fixierungen von ›Evangelium‹ dessen Kommunikation, wenn sie diese regulieren wollen. Sie haben vielmehr die Aufgabe, für den Kommunikationsprozess Gesichtspunkte zur Verfügung zu stellen.«[26]

---

[24] Vgl. CHRISTIAN GRETHLEIN, Praktische Theologie, Berlin, Boston 2012, 163–167.

[25] A. a. O., 179.

[26] Ebd.

5 VON DER MISSION IMPOSSIBLE ZUR MISSION POSSIBLE

Eine so verstandene Kommunikation des Evangeliums nimmt einerseits die positiven Aspekte eines missionarischen Wirkens im herkömmlichen Sinne auf und will gleichzeitig deren problematische Seiten vermeiden. Positiv ist das Bedürfnis, mit anderen Menschen ins Gespräch zu kommen, ihnen von dem zu erzählen, was einem selbst wichtig ist, mit Fulbert Steffensky gesprochen, zu »zeigen, was man liebt«[27]. Problematisch jedoch wird es, wenn das Gegenüber nicht als Gegenüber, sondern nur als zu missionierendes Gegenüber verstanden wird. Wer denkt, mit dem Mähdrescher Gottes die reiche Ernte der verlorenen Schafe einfahren zu können, wird zu Recht die Erfahrung einer mission impossible machen. Vergleichbares gilt auch für die kirchlicherseits gern bemühte Rede, die mit den Worten beginnt: »Die Menschen brauchen dies und das«. Großnarrative verbieten sich von selbst. Vielmehr haben die Einzelnen mit ihren jeweiligen Bedürfnissen und Befindlichkeiten im Mittelpunkt zu stehen.

Eine mission possible könnte sich dem eröffnen, der alle hegemonialen Phantasien hinter sich lässt und zuallererst einmal zuhört. Der wird staunen, welche Erfahrungen von Leben auf der anderen Seite vorhanden sind. Vielleicht wird er darüber ins Grübeln geraten und Eigenes auf den Prüfstand stellen. Vielleicht wird er bisweilen auch betrübt sein, dass das, was ihm selbst so wichtig ist, von anderen nicht geteilt wird. Aber aller Wahrscheinlichkeit nach wird er dem Gegenüber als einer in Erinnerung bleiben, der für etwas brannte. Solche Begegnungen sind selten folgenlos.

---

[27] FULBERT STEFFENSKY, Der alltägliche Charme des Glaubens, Regensburg ⁶2009, 75.